"浙学大家"丛书

浙江省习近平新时代中国特色社会主义思想研究中心课题成果

以义制利

陈 亮

吴 光 主编

董 平 韩书安 著

浙江人民出版社

图书在版编目（CIP）数据

以义制利 ：陈亮 / 董平，韩书安著 ；吴光主编 .
杭州 ：浙江人民出版社，2025. 6. -- ISBN 978-7-213
-11956-9

Ⅰ. B244. 91

中国国家版本馆 CIP 数据核字第 20257KR794 号

以义制利：陈亮

董 平　韩书安　著　吴　光　主编

出版发行：浙江人民出版社（杭州市环城北路 177 号　邮编　310006）
　　　　　市场部电话：(0571)85061682　85176516
责任编辑：高辰旭　何　婷　　　　　责任校对：汪景芬
责任印务：程　琳　　　　　　　　　封面设计：厉　琳
电脑制版：杭州天一图文制作有限公司
印　　刷：杭州钱江彩色印务有限公司
开　　本：880 毫米 × 1230 毫米　1/32　　印　　张：9.75
字　　数：192.5 千字　　　　　　　　插　　页：2
版　　次：2025 年 6 月第 1 版　　　　印　　次：2025 年 6 月第 1 次印刷
书　　号：ISBN 978-7-213-11956-9
定　　价：68.00 元

如发现印装质量问题，影响阅读，请与市场部联系调换。

"浙江文化研究工程成果文库"总序

  有人将文化比作一条来自老祖宗而又流向未来的河,这是说文化的传统,通过纵向传承和横向传递,生生不息地影响和引领着人们的生存与发展;有人说文化是人类的思想、智慧、信仰、情感和生活的载体、方式和方法,这是将文化作为人们代代相传的生活方式的整体。我们说,文化为群体生活提供规范、方式与环境,文化通过传承为社会进步发挥基础作用,文化会促进或制约经济乃至整个社会的发展。文化的力量,已经深深熔铸在民族的生命力、创造力和凝聚力之中。

  在人类文化演化的进程中,各种文化都在其内部生成众多的元素、层次与类型,由此决定了文化的多样性与复杂性。

  中国文化的博大精深,来源于其内部生成的多姿多彩;中国文化的历久弥新,取决于其变迁过程中各种元素、层次、类型在内容和结构上通过碰撞、解构、融合而产生的革故鼎新的强大动力。

中国土地广袤、疆域辽阔，不同区域间因自然环境、经济环境、社会环境等诸多方面的差异，建构了不同的区域文化。区域文化如同百川归海，共同汇聚成中国文化的大传统，这种大传统如同春风化雨，渗透于各种区域文化之中。在这个过程中，区域文化如同清溪山泉潺潺不息，在中国文化的共同价值取向下，以自己的独特个性支撑着、引领着本地经济社会的发展。

从区域文化入手，对一地文化的历史与现状展开全面、系统、扎实、有序的研究，一方面可以借此梳理和弘扬当地的历史传统和文化资源，繁荣和丰富当代的先进文化建设活动，规划和指导未来的文化发展蓝图，增强文化软实力，为全面建设小康社会、加快推进社会主义现代化提供思想保证、精神动力、智力支持和舆论力量；另一方面，这也是深入了解中国文化、研究中国文化、发展中国文化、创新中国文化的重要途径之一。如今，区域文化研究日益受到各地重视，成为我国文化研究走向深入的一个重要标志。我们今天实施浙江文化研究工程，其目的和意义也在于此。

千百年来，浙江人民积淀和传承了一个底蕴深厚的文化传统。这种文化传统的独特性，正在于它令人惊叹的富于创造力的智慧和力量。

浙江文化中富于创造力的基因，早早地出现在其历史的源头。在浙江新石器时代最为著名的跨湖桥、河姆渡、马家浜和良渚的考古文化中，浙江先民们都以不同凡响的作为，在中华民族的文明之源留下了创造和进步的印记。

浙江人民在与时俱进的历史轨迹上一路走来,秉承富于创造力的文化传统,这深深地融汇在一代代浙江人民的血液中,体现在浙江人民的行为上,也在浙江历史上众多杰出人物身上得到充分展示。从大禹的因势利导、敬业治水,到勾践的卧薪尝胆、励精图治;从钱氏的保境安民、纳土归宋,到胡则的为官一任、造福一方;从岳飞、于谦的精忠报国、清白一生,到方孝孺、张苍水的刚正不阿、以身殉国;从沈括的博学多识、精研深究,到竺可桢的科学救国、求是一生;无论是陈亮、叶适的经世致用,还是黄宗羲的工商皆本;无论是王充、王阳明的批判、自觉,还是龚自珍、蔡元培的开明、开放,等等,都展示了浙江深厚的文化底蕴,凝聚了浙江人民求真务实的创造精神。

代代相传的文化创造的作为和精神,从观念、态度、行为方式和价值取向上,孕育、形成和发展了渊源有自的浙江地域文化传统和与时俱进的浙江文化精神,她滋育着浙江的生命力、催生着浙江的凝聚力、激发着浙江的创造力、培植着浙江的竞争力,激励着浙江人民永不自满、永不停息,在各个不同的历史时期不断地超越自我、创业奋进。

悠久深厚、意韵丰富的浙江文化传统,是历史赐予我们的宝贵财富,也是我们开拓未来的丰富资源和不竭动力。党的十六大以来推进浙江新发展的实践,使我们越来越深刻地认识到,与国家实施改革开放大政方针相伴随的浙江经济社会持续快速健康发展的深层原因，就在于浙江深厚的文化底蕴和文化传统与当今时代精神的有机结合，就在于发展先进生产力与发展先进文化的有机结合。今后一个时期浙江能否在全面建设小康社会、加快社会主义现代化建设进程中继续走在前列，很大程度上取决于我们对文化力量的深刻认识、对发展先进文化的高度自觉和对加快建设文化大省的工作力度。我们应该看到，文化的力量最终可以转化为物质的力量，文化的软实力最终可以转化为经济的硬实力。文化要素是综合竞争力的核心要素，文化资源是经济社会发展的重要资源，文化素质是领导者和劳动者的首要素质。因此，研究浙江文化的历史与现状，增强文化软实力，为浙江的现代化建设服务，是浙江人民的共同事业，也是浙江各级党委、政府的重要使命和责任。

2005 年 7 月召开的中共浙江省委十一届八次全会，作出《关于加快建设文化大省的决定》，提出要从增强先进文化凝聚力、解放和发展生产力、增强社会公共服务能力入手，大力实施文明素质工程、文化精品工程、文化研究工程、文化保护工程、文化产业促进工程、文化阵地工程、文化传播工程、文化人才工程等"八项工程"，实施科教兴国和人才强国战略，加快建设教育、科技、卫生、体育等"四个强省"。作为文化建设"八项工程"之一的文化研究工程，其任务就是系统研究浙江文化的历史成就和当代发展，深入挖掘浙江文化底蕴、研究浙江现象、总结浙江经验、指导浙江未来的发展。

浙江文化研究工程将重点研究"今、古、人、文"四个方面，即围绕浙江当代发展问题研究、浙江历史文化专题研究、浙江名人研究、浙江历史文献整理四大板块，开展系统研究，出版系列丛书。在研究内容上，深入挖掘浙江文化底蕴，系统梳理和分析浙江历史文化的内部结构、变化规律和地域特色，坚持和发展浙江精神；研究浙江文化与其他地域文化的异同，厘清浙江文化在中国文化中的地位和相互影响的关系；围绕浙江生动的当代实践，深入解读浙江现象，总结浙江经验，指导浙江发展。在研究力量上，通过课题组织、出版资助、重点研究基地建设、加强省内外大院名校合作、整合各地各部门力量等途径，形成上下联动、学界互动的整体合力。在成果运用上，注重研究成果的学术价值和应用价值，充分发挥其认识世界、传承文明、创新理论、咨政育人、服务社会的重要作用。

我们希望通过实施浙江文化研究工程，努力用浙江历史教育浙江人民、用浙江文化熏陶浙江人民、用浙江精神鼓舞浙江人民、用浙江经验引领浙江人民，进一步激发浙江人民的无穷智慧和伟大创造能力，推动浙江实现又快又好发展。

今天，我们踏着来自历史的河流，受着一方百姓的期许，理应负起使命，至诚奉献，让我们的文化绵延不绝，让我们的创造生生不息。

2006 年 5 月 30 日于杭州

"浙学大家"丛书总论

吴　光

一、引言

浙学概念的正式提出虽然始于南宋，但作为一种富有地域特色的学术文化形态则可以追溯到更远，大致萌芽于古越国而成形于秦汉时期的会稽郡时期。习近平同志在浙江工作期间，就很重视对浙学与浙江文化的研究，他曾多次到南孔圣地衢州调研考察，在2005年9月6日第五次到衢州调研时，曾指示："衢州历史悠久，是南孔圣地，孔子文化值得很好挖掘、大力弘扬，这一'子'要重重地落下去。"2004年10月27日，习近平同志在致陈亮国际学术研讨会组委会的贺信中说："陈亮是我国著名的爱国主义者，杰出的思想家、文学家。他创立的永康学派，强调务实经世，为'浙江精神'提供了重要的历史文化内涵。研究陈亮学说，就是要探寻浙江优秀文化传统，在研究浙江现象、总结浙江经验、提炼'浙江精神'方面取得创造性成果，为我省经济发展、社会进步、文化繁荣，提供重要的精神动力。"2006年3月28日，习近平同志在致黄宗羲民本思想国际学术研讨会组委会的贺信中说："黄宗羲是我国明清之际杰出的思想家、史学家、文学家和教育家，是浙江历史上的文化伟人。他所具有的民主启蒙性质的民本思想，在中国思想文化史上产生了很大影响。"这些重要的贺信、讲话与指示，对于我们今天深入发掘浙学基本精神、开展"浙学大家"系列研究是有指导性意义的。

2023年春，浙江省文史研究馆领导委托我主持编写《浙学与治国理政》一书，主要作者是我与张宏敏研究员。该书出版后，在政界、学界和企业界颇受关注。省委宣传部领导赞同浙学的理念，并积极支持省文史馆组织写作团队策划名为"浙学大家"丛书的项目。于是，文史馆领导召集了多次有馆员与工作人员参加的会议，并组成了汇合馆内外专家参与的项目团队。大家推举我任丛书主编，并遴选了王充、吕祖谦、陈亮、叶适、王阳明、刘宗周、黄宗羲、章学诚、章太炎、马一浮等十大浙学名家作为"浙学大家"丛书第一辑立传对象，各卷作者则分别选定由白效咏、徐儒宗、董平（兼陈亮、王阳明二卷）、何俊、张宏敏、吴光、钱茂伟、宫云维、邓新文等九位专家担任。之所以选这十大浙学名家，是因为王充是浙学史上第一个有系统哲学思想和政治思想的思想家，可视为"浙学开山祖"。吕祖谦、陈亮、叶适分别是南宋浙学鼎盛时期的主要代表，王阳明、刘宗周是明代浙学的领袖，黄宗羲、章学诚则是清代浙东经史学派的创立者和理论代表，章太炎可谓集大成的浙学宗师，马一浮则是富有中华文化自信的杰出代表，被誉为"现代新儒家三圣之一"。总之，这些思想家既是浙学的代表，又各具独立的思想体系。这个项目经文史馆申报后很快获得浙江文化研究工程领导小组评审通过，被列为省重大社科研究项目。后续还将进一步推进"浙学大家"丛书编写工作。

二、"浙学"的文化渊源与思想内涵

既然叫"浙学大家"丛书，不能不就浙学的内涵、外延及其发展脉络、基本精神、当代价值等问题作出较为系统的论述。先从浙学的文化渊源谈起。

浙学之名，虽然始于南宋朱熹，但浙学之实源远流长，甚至可以追溯到史前浙江距今约7000年的"河姆渡文化"与距今约5000年的"良渚文化"等文物遗存。

首先需要强调的是，浙学并不是孤立的存在，而是华夏文化，也即大中华文化中一个具有鲜明地域特色的重要分支。作为地域文化的重要分支，她从古越国时代就已发端，在汉唐时期已具雏形，而在北宋时期形成学派，在南宋时期走向鼎盛，历经元明清以至近现代，绵延不断。总之，浙学在宋元明清时代蓬勃发展，逐渐从文化的边缘走向中心，在中华文化发展史上起到了重要作用。在习近平新时代中国特色社会主义思想的指引下，随着浙江经济社会的长足发展和学术文化的日益繁荣，人们对隐藏在蓬勃发展背后的文化动力日益关注并进行了深层次的探讨。

从地域文化的历史看，浙江在古代属于吴越文化地区。吴、越地区包括现在的苏南、上海和浙江全境，自古以来就有着密不可分的文化联系。据历史文献记载，"吴""越"的称谓始于殷周之际。据《史记·吴太伯世家》《吴越春秋》《越绝书》等书记载，3100多年前，周太王古公亶父的长子泰伯、次子仲雍，为了避让王位而东奔"荆蛮"，"自号勾吴"，"荆蛮义之，从而归之者千有余家，共立以为勾吴"①。后来，周武王伐纣胜利后，"追封太伯于吴"。到吴王阖闾时，国势强盛。其子夫差，一度称霸诸侯，国土及于今之江、浙、鲁、皖数省，后被越王勾践所灭，其地为越吞并。至于"越"之缘起，据史书所载，因夏禹死后葬于会稽②，夏后帝少康封其庶子于此，传二十余世而至允常、勾践父子，自立为越王，号"於越"（"於"读作"乌"）。其时吴越争霸，先是吴胜越败，后来越强灭吴，勾践称霸，再传六世而为楚所灭。

然而，作为诸侯国的吴、越虽然灭亡，但其所开辟的疆土名称及其文化习俗却一直传承发展至今。从地理而言，吴越分

---

① 《吴太伯传》，见赵晔撰、薛耀天译注：《吴越春秋译注》，天津古籍出版社1992年版，第4页。勾（句）吴，在今江苏无锡境内。

② 相传夏朝始祖大禹卒后葬于会稽山麓。今浙江绍兴东南郊的会稽山麓有"大禹陵"建筑群，由禹陵、禹祠、禹庙三大建筑组成。大禹陵始建于明嘉靖年间，清康熙年间重修，20世纪90年代又经绍兴市政府整修，现为全国重点文物保护单位。自1995年以来，当地政府每年都要举行公祭大会祭奠大禹。

属两地却有许多重叠，如"吴会"，或指会稽一郡，又指吴与会稽二郡；如"三吴"，既含吴地，又含越地，跨越今之江、浙、沪二省一市；如"吴山"，却不在吴都（今属苏州）而在越地（今属杭州）。正如《越绝书·纪策考》所记伍子胥言"吴越为邻，同俗并土"，以及同书《范伯》篇所记范蠡言"吴越二邦，同气共俗"。这说明吴、越地区的文化联系历来非常密切，其习俗也相当接近。这也是人们经常合称"吴越文化"的历史原因。

但严格地说，"吴越文化"是有吴文化与越文化的各自特色的。"吴文化"主要指苏南、上海地区的文化传承，"越文化"则主要是指今浙江地区的文化传承。考古发掘的材料已经确证：距今1万年左右的上山文化遗址①，距今8000年以上的跨湖桥文化（在今浙江杭州市萧山区境内）、距今7000年的河姆渡文化（在今浙江余姚市境内），以及稍后兴起的、距今4000—5000年的良渚文化（在今浙江余杭境内），以其在当时堪称先进的制陶、制玉工艺和打制、磨制、编制的石器、骨器、木器、竹器等生产工具、生活用具以及干栏式建筑，向全世界宣告了长江三角洲地区特别是浙江地区史前文明历史的悠久与发达。而在上古文明史上，浙江以其古越国、汉会稽郡、五代吴越国的辉煌历史著称于世。这一切，为浙江人文精神传统的形成及代表这个传统的"浙学"的形成提供了丰富厚重的历史依据。然而，

---

①上山文化遗址最早发现于浙江金华市浦江县上山村，属于新石器时代文化类型，距今8500—11000年。

从学术发展的脉络而言，作为一种具有地域文化特色的"浙学"的思想源头，可以追溯到东汉会稽郡上虞县的杰出思想家王充那里。我研究王充思想历有年所，于1983年6月发表的文章中概括了王充思想的根本特点是"实事疾妄"①，又于1993年10月在"全国首届陈亮学术研讨会"上明确提出"王充为浙学开山祖"②的观点。2004年，我在《简论浙学的内涵及其基本精神》一文中首次提出浙学内涵的狭义、中义、广义之别，拙文指出：

> 关于"浙学"的内涵，应该作狭义、中义与广义的区分。狭义的"浙学"（或称"小浙学"）概念是指发端于北宋、形成于南宋永嘉、永康地区以陈傅良、叶适、陈亮为代表的浙东事功之学；中义的"浙学"概念是指渊源于东汉、酝酿形成于两宋、转型于明代、发扬光大于清代的浙东经史之学，包括东汉会稽王充的"实事疾妄"之学、南宋金华之学、永嘉之学、永康之学、四明之学以及明代王阳明心学、刘宗周慎独之学和清代以黄宗羲、万斯同、全祖望为代表的浙东经史之学；广义的"浙学"概念即"大

①吴光：《王充学说的根本特点——"实事疾妄"》，载《学术月刊》1983年第6期。
②萧文在《全国首届陈亮学术讨论会综述》中指出，"对陈亮思想的渊源，前人无甚论说。吴光认为，首先是荀子，在先秦儒家中，他的富国强兵，关注现实的态度得到了陈亮充分的回应。其次是王充，作为浙学的开山祖，应该是陈亮思想的一个源头"。参见永康市陈亮研究会编：《陈亮研究论文集》，杭州大学出版社1994年版，第212页。

浙学"概念，指的是渊源于古越、兴盛于宋元明清而绵延于当代的浙江学术思想传统与人文精神传统。这个"大浙学"，是狭义"浙学"与中义"浙学"概念的外延，既包括浙东之学，也包括浙西之学；既包括浙江的儒学与经学传统，也包括浙江的佛学、道学、文学、史学、方志学等人文社会科学传统，甚至在一定意义上涵盖了有浙江特色的自然科学传统。当然，"大浙学"的主流，仍然是南宋以来的浙东经史之学。①

我之所以将王充判定为"浙学开山祖"和中义浙学的源头，首先是因为王充是浙江思想文化史上第一个建立了系统的哲学理论、形成了思想体系的思想家。他的"实事疾妄"的学术宗旨代表了务实、批判的实学精神，"先富后教"②的治理主张代表了民生为重的民本精神，"文为世用"③的主张则体现了经世致用的实学精神，"德力具足"的"治国之道"④体现了一种儒

---

① 吴光：《简论"浙学"的内涵及其基本精神》，载《浙江社会科学》2004年第6期。

② "先富而后教"的思想，见《论衡·问孔篇》中引用孔子答学生冉求之语。尽管王充认为此语与孔子答子贡"去食存信"的思想有矛盾，但显然王充是主张"富而后教"观点的。

③ 《论衡·自纪篇》曰："（文）为世用者百篇无害，不为用者一章无补。"这句话强调文章须为世用，正是一种"经世致用"的观念。

④ 《论衡·非韩篇》曰："治国之道，所养有二：一曰养德，二曰养力。养德者，养名高之人，以示能敬贤；养力者，养气力之士，以明能用兵。此所谓文武张设，德力具足者也。"显然这是儒法兼治的政治思想。

法兼容的多元包容精神。而这些正是宋元明清乃至近现代薪火相传的"浙学"基本精神。其次，王充的《论衡》及其"实事疾妄"思想极大地影响了后世学者、思想家，尤其是浙学家。我曾系统检索《四库全书》电子版等工具书，竟有重大发现可以佐证"王充是浙学开山祖"观点：非浙籍名家中，有范晔、韩愈、王夫之、顾炎武、方以智、惠栋等数十人引用了《论衡》。浙籍名家中，则有高似孙、毛晃、吕祖谦、王应麟、黄震、方孝孺、黄宗羲、万斯同、陆陇其、朱彝尊、胡渭等名家引用了《论衡》。比如，南宋文献大师、鄞县人王应麟引《论衡》十一条，其《玉海》卷五十八《越纽录》云："王充《论衡》，吴君高之《越纽录》，周长生之《洞历》，刘子政、杨子云不能过也。"黄宗羲的高足、鄞县万斯同著《儒林宗派》，卷三将"王充，班彪门人"列为"诸儒兼通五经"者。清初浙西名儒如萧山人毛奇龄、德清人胡渭、平湖人陆陇其、嘉兴人朱彝尊等都多处征引王充《论衡》以伸其说。上述《四库全书》著者引用《论衡》的史料足以证明，王充及其《论衡》在中国学术思想史和浙江思想文化史上确有巨大影响，因此，我们誉之为"浙学开山祖"并不为过。

虽然王充本人影响较大，但王充时代并没有形成人才济济的"浙学"学派。"浙学"的直接源头还是北宋初期在湖州府因讲学闻名而被延请至太学讲学的安定先生胡瑗。诚如全祖望《宋元学案·士刘诸儒学案》叙录中所言："庆历之际，学统四起"，其中浙东、浙西之学"皆与安定湖学相应"，说明湖学是浙学的直接源头。但浙学的兴盛还是在永嘉、永康、金华、四明之学异军突起的南宋。到了明代中后期，以王阳明为宗主的姚江学派不仅遍及两浙，而且风靡全国，确立了良知心学。而在明清之际，刘宗周的慎独之学独树一帜，形成了涵盖两浙的蕺山学派；其高足弟子黄宗羲接踵而起，力倡重视经世实践的"力行"实学，开创了具有民主启蒙性质和实学特征的浙东经史学派，从而使"浙学"升华到深刻影响中国思想潮流的地位，成为推动近代思想解放和民主革命运动的思想大旗。

三、"浙学"的演变与学派分合

（一）"浙学"内涵的延伸与扩展

过去，在论及浙江学术文化时，谈得较多的是"浙东学派"与"浙东史学"，而忽略了起源更早的"浙学"之说。究其原委，盖因清代浙东史学家章学诚写了一篇题名《浙东学术》的文章，近代学术大师梁启超在20世纪初撰写了《清代学术概论》与《中国近三百年学术史》这两部名著，极力推崇"浙东学派"和"浙东史学"。

其实，"浙学"比"浙东学派"的概念要早出现400多年。最早是由南宋理学家朱熹（1130—1200）提出，而"浙东学派"的概念则始见于清初大儒黄宗羲（1610—1695）的著作。

朱熹论"浙学"，一见于《晦庵集》卷五十《答程正思书》，曰："浙学尤更丑陋，如潘叔昌、吕子约之徒，皆已深陷其中。不知当时传授师说，何故乖讹便至于此，深可痛恨！"再见于门人黎靖德编《朱子语类》，曰："江西之学（指陆九渊心学）只是禅，浙学（指永嘉、永康之说）却专是功利。禅学，后来学者摸索一上，无可摸索，自会转去。若功利，则学者习之便可见效，此意甚可忧。"①可见朱熹论浙学相当偏颇。然其论虽偏，但他最早提出"浙学"名称之功是不可抹杀的。

明代中期以后，阳明心学风靡两浙，"浙学"获得正面评价。时任浙江提学副使的福建晋江人刘鳞长编著《浙学宗传》一书，共立案44人，其中浙籍学者39人，非浙籍5人。其长在于涵盖了"两浙诸儒"，并将王阳明心学人物入传，已粗具"大浙学"的框架。然失之于简略，有以偏概全之弊。

"浙东学派"的概念首见于黄宗羲。黄宗羲在《移史馆论不宜立理学传书》一文中首次使用了"浙东学派"一词，他在该文批评当时明史馆修史诸公所传《修史条约·理学四款》之失，驳斥其所谓"浙东学派，最多流弊"之言说："有明学术，白沙（陈献章）开其端，至姚江（王阳明）而始大明。……逮及先师蕺山（刘宗周），学术流弊，救正殆尽。向无姚江，则学脉中绝；向无蕺山，则流弊充塞。凡海内之知学者，要皆东浙之所衣被也。今忘其衣被之功，徒訾其流弊之失，无乃刻乎！"②在

---

① 《陈君举》，见黎靖德编、王星贤点校：《朱子语类》第八册，中华书局1994年版，第2967页。

② 黄宗羲：《南雷诗文集·移史馆论不宜立理学传书》，见沈善洪主编、吴光执行主编：《黄宗羲全集》第十册，浙江古籍出版社2005年版，第221页。

这里，黄宗羲明确说明史馆诸臣已经批评了"浙东学派"的"流弊"（可见"浙东学派"一词的最早提出者应早于黄宗羲），并把王阳明心学和刘蕺山慎独之学归入浙东学派，等于建立了明清浙学的学术统系。据考证，黄氏还在明崇祯年间汇编过一部集数十名浙东学者著作于一编的《东浙文统》若干卷。但黄宗羲所谓学派，指的是学术脉络，并非现代意义的学派，他对"浙东学派"的理论内涵也未作出界定。

黄宗羲之后，首先是作为"梨洲私淑"的全祖望在所撰《宋元学案》中对"浙学"的内涵作了外延，并对浙学作了肯定性评价。如他在《宋元学案·士刘诸儒学案》叙录中称：

> 庆历之际，学统四起，齐、鲁则有士建中、刘颜夹辅泰山而兴；浙东则有明州杨、杜五子、永嘉之儒志、经行二子，浙西则有杭之吴存仁，皆与安定（胡瑗）湖学相应。①

此外，全氏在《周许诸儒学案》叙录中称"浙学之盛，实始于此（指永嘉九先生）"，在《北山四先生学案》叙录中称赞金华四先生（何基、王柏、金履祥、许谦）为"浙学之中兴"，在《东发学案》叙录中将四明朱学传人黄震归入"浙学"之列，

---

①全祖望：《宋元学案·士刘诸儒学案》，见沈善洪主编、吴光执行主编：《黄宗羲全集》第三册，浙江古籍出版社2005年版，第316页。

赞其"足以报先正拳拳浙学之意"。全祖望的"叙录"说明了三点：第一，他所说的"浙学"主要是指"浙东之学"，但也包括了"浙西之学"（如杭之吴存仁属浙西），其内部各派的学术渊源和为学宗旨不尽一致，但有共同特色；第二，他认为"浙东之学"与"浙西之学"的学术渊源，都与宋初大儒胡安定（瑗）在湖州讲学时形成的"湖学"相呼应。显然，在全祖望看来，安定"湖学"也属于"浙学"范围，而胡瑗湖学的根本宗旨就是"明体达用"；第三，"浙学"在当时的地位，堪与齐鲁之学、闽学、关学、蜀学相媲美，而且蔚为一大学统，对于宋、元学风有开创、启迪之功。

全祖望之后，乾嘉时代的浙东学者章学诚在《文史通义·浙东学术》中论述了"浙东之学"与"浙西之学"的异同，并分析了各自的学术渊源。他说：

> 浙东之学，虽出婺源，然自三袁之流，多宗江西陆氏，而通经服古，绝不空言德性，故不悖于朱子之教。至阳明王子，揭孟子之良知，复与朱子抵牾。蕺山刘氏，本良知而发明慎独，与朱子不合，亦不相诋也。梨洲黄氏，出蕺山刘氏之门，而开万氏弟兄经史之学；以至全氏祖望辈尚存其意，宗陆而不悖于朱者也。……世推顾亭林氏为开国儒宗，然自是浙西之学。不知同时有黄梨洲氏，出于浙东，虽与顾氏并峙，而上宗王、刘，下开二万，较之顾氏，源远而流长矣。顾氏宗朱，而黄氏宗陆。盖非讲学专家，各

持门户之见者，故互相推服，而不相非诋。学者不可无宗主，而必不可有门户；故浙东、浙西，道并行而不悖也。浙东贵专家，浙西尚博雅，各因其习而习也。……浙东之学，言性命者必究于史，此其所以卓也。

在章学诚看来，"浙东之学"与"浙西之学"的学术渊源及其学风虽有所不同，但都是儒家之学，其根本之道是可以并行不悖、互相兼容的。

如果说宋元学者眼中的"浙学"仅限于金华、温州地区的"婺学"与"永嘉、永康之学"的话，那么明末清初的黄宗羲、全祖望已经将"浙学"的地域延伸到宁波、绍兴等大浙东地区，而且所包含的学术流派也不限于"婺学"与"永嘉、永康之学"，而是包括了"庆历五先生"、"甬上四先生"（即所谓"明州学派"）以及姚江学派与蕺山学派。及至章学诚，他在《浙东学术》中强调"浙东、浙西，道并行而不悖"的特色，这实际上已是"大浙学"的观念了。

自章学诚以后，近现代以至当代的许多学者，从章炳麟、梁启超、钱穆、何炳松、陈训慈到陈荣捷、金毓黻、杜维运、何冠彪、詹海云，以及当代浙江籍的众多学者（如北京的方立天、陈来、张义德，上海的冯契、谭其骧、潘富恩、罗义俊、杨国荣，南京的洪焕椿，杭州的仓修良、王凤贤、吴光、董平、何俊，宁波的管敏义，金华的黄灵庚，温州的周梦江，等等），都发表过有影响的学术论著，从各个角度研讨、评论"浙学"

"浙东学派""浙东学术"的理论内涵、历史沿革、学术脉络、思想特色、根本精神、研究成果等问题，从而把对"浙学"的研究推向了一个"百花齐放，推陈出新"的新阶段。

那么，我们在当代应该如何定位"浙学"的思想内涵？我在上述《简论"浙学"的内涵及其基本精神》等文中，已经明确区分了"浙学"内涵的狭义、中义与广义之不同。

我认为，我们在总结浙江学术思想发展史时，必须对狭义、中义与广义的"浙学"分别加以系统的研究与整理，但站在当今建设浙江文化大省的立场上，则应采取广义的"浙学"概念，不但要对两浙经史之学作系统的研究，也要对浙江文学、艺术、科学、宗教等作系统的全方位的研究，而不应仅仅局限于"浙东学派"或"浙东史学"的视野。

如果从广义的"大浙学"视野观察与反思浙江的学术文化传统，那么显而易见的是，所谓"浙学"，是多个学派"和齐斟酌，多元互补，互相融通"而形成的一种地域性学术格局与学术传统，这个学术格局虽然异见纷呈，但也培养了共通的文化精神。

事实上，浙江这块土地虽有浙东、浙西之分，但仅仅一江之隔，从人文传统上无法将其截然分开或将两者对立起来。在浙江学术史上，浙东、浙西往往是你中有我、我中有你、关系密切、互相影响的。因此，我们在当代应当坚持"广义浙学"的研究方向。

（二）浙学的学派与人物

浙江在北宋以前，虽有名家（如王充、虞翻），但无学派。而自北宋以至民国，浙江大地名家辈出，学派林立，可谓盛矣。

1.北宋浙学

北宋浙学首推胡瑗与湖学。北宋初年，号称"宋初三先生"之一的安定先生胡瑗在湖州讲学，创立了"湖学"。

据《宋史·胡瑗传》记载，胡瑗以经术教授吴中（苏州），受到范仲淹的推荐，后教授湖州，教人有法，严守师弟子之礼。庆历中，兴太学，朝廷下湖州取其教学法树为典范。他在太学讲学，学舍至不能容。礼部所得士，瑗弟子十常居四五。《宋元学案·安定学案》"胡瑗"小传记载，胡瑗"以明体达用之学教诸生"，"始于苏、湖，终于太学。出其门者无虑数千余人"，其佼佼者如程颐、刘彝、范纯仁、钱公辅等，皆其太学弟子也。[1]

次推明州"庆历五先生"。杨适、杜醇、王致、王说、楼郁五子，以经史、实学为圭臬，传承发展儒学。

此外，二程弟子游酢在萧山，杨时在余杭、萧山从政期间也有讲学活动，故程颢有"吾道南矣"之叹。于是，以二程洛学为主的理学分别在浙西（杭州）、浙东（明州、永嘉）都有

---

[1]黄宗羲等：《宋元学案·安定学案》"胡瑗"小传，见沈善洪主编、吴光执行主编：《黄宗羲全集》第三册，浙江古籍出版社2005年版，第55—57页。

传播。

2.南宋浙学

以陈傅良、叶适为代表的永嘉学派，以陈亮为代表的永康学派，以吕祖谦为代表的金华婺学，以北山四先生何基、王柏、金履祥、许谦为代表的金华朱学，以浙东甬上四先生杨简、袁燮、舒璘、沈焕为代表的四明心学，形成南宋浙学之盛。

3.明代浙学——王阳明与姚江学派

王阳明一生活动足迹几乎遍及中国，其讲学活动也遍布大江南北，形成了姚江学派。姚江学派共有王门八派，其中浙中王门包括徐爱、钱德洪、王畿、季本、黄绾、董澐、陆澄等约20人。

4.明末刘宗周与蕺山学派

以明末大儒刘宗周为领袖的蕺山学派，其著名弟子有祁彪佳、张应鳌、刘汋、董玚、黄宗羲、邵廷采、陈确、张履祥等35人。

5.黄宗羲与清代浙东经史学派

清代浙东经史学派的领袖人物是黄宗羲，其代表人物包括：以经学为主兼治史学的黄宗炎、万斯大，以史学为主兼治经学的万斯同、邵廷采、全祖望、章学诚，经史兼治而偏重文学的李邺嗣、郑梁、郑性，偏重历算的黄百家、陈訏、黄炳垕，偏重考据的邵晋涵、王梓材。

6.张履祥与清初浙西朱学

张履祥是刘宗周弟子，也是从蕺山学派分化而来的清初浙西朱学的领袖人物，其代表人物有吕留良、陆陇其等。

7.乾嘉考据学在浙江的展开

乾嘉考据学在浙江的代表主要是胡渭、姚际恒、杭世骏、严可均等，他们在文献辑佚、学术考辨方面各有贡献。

8.近现代浙学

近现代浙学名家辈出，有龚自珍、黄式三、黄以周、俞樾、孙诒让、章太炎、王国维、马一浮等经学家，他们在传承浙学人文传统、经典诠释与古籍整理方面各自作出了重要贡献。

四、浙学的基本精神与当代启示

在经历千百年的磨合过程中，浙学各派逐渐形成了一些共通的人文精神传统。这种人文精神是从王充到陈亮、叶适、吕祖谦、王阳明、黄宗羲、全祖望、章学诚以至近现代的龚自珍、章太炎、蔡元培、马一浮等著名浙江思想家都一致认同的文化精神。

那么，浙学的基本精神是什么呢？我曾在《简论"浙学"的内涵及其基本精神》一文中将它概括为"民本、求实、批判、兼容、创新"五个词、十个字，又在《论浙江的人文精神传统及其在现代化中的作用》一文中从五个方面概述了浙学人文精神的主要内容，即"一、'天人合一，万物一体'的整体和谐精神；二、'实事求是，破除迷信'的求实批判精神；三、'经世致用，以民为本'的实学精神；四、'四民同道，工商皆本'的人文精神；五、'教育优先、人才第一'的文化精神"。

我认为，在历代浙学家中，最能代表浙学基本精神的有五大家的五大名言。

一是王充的"实事疾妄"名言。"浙学开山祖"王充在回应人们对其写作《论衡》宗旨的疑问时说："《论衡》实事疾妄，无诽谤之辞"（见《论衡·对作篇》）。这充分体现了浙学坚持实事求是、反对各种虚妄迷信的务实批判精神。

二是叶适的"崇义养利"名言。叶适针对董仲舒名言"仁人者正其谊不谋其利，明其道不计其功"批判说："'仁人正谊不谋利，明道不计功'，此语初看极好，细看全疏阔。古人以利与人而不自居其功，故道义光明。后世儒者行仲舒之论，既无功利，则道义者乃无用之虚语尔。"①因此，叶适究心历史，称古圣人唐、虞、夏、商之世，能够"崇义以养利，隆礼以致力"②，是真正的"治道"。

三是王阳明的"知行合一"名言。王阳明说："知之真切笃实处即是行，行之明觉精察处即是知，知行工夫本不可离。……真知即所以为行，不行不足谓之知。"③这是王阳明"知行合一"说的基本论述。

四是黄宗羲的"经世应务"名言。黄宗羲主张"学必原本

---

① 叶适：《习学记言》卷二十三，上海古籍出版社1992年版，第201页。

② 杨士奇编：《历代名臣奏议》卷五十五引叶适《士学上》语。

③ 王阳明：《传习录中》，见王守仁撰、吴光等编校：《王阳明全集》上册，上海古籍出版社2012年版，第37页。

于经术而后不为蹈虚，必证明于史籍而后足以应务"①、"经术所以经世"②。在著名的《明夷待访录》中，黄宗羲明确提出了"天下为主，君为客"的命题，从而使其民本思想提升到了"主权在民"的民主启蒙高度，并影响到清末民初的民主启蒙运动。

五是蔡元培的"兼容并包"名言。浙学传统从王充以来，就有一种多元包容、兼收并蓄的思想特色。蔡元培从小就受到浙学传统的熏陶，在其思想深处就有一种多元包容的思想倾向。因此，他在辛亥革命后接掌北京大学校长时，提出了"思想自由，兼容并包"的办校方针，从而使北京大学成为包容多元、引领近现代思想解放潮流的新型教育阵地。

以上总结的五个词、十个字、五大精神、五大名言，就是我对浙学人文精神和历代"浙学大家"基本精神的概括性总结。在这一认识的基础上，我们进一步深入探讨浙学的当代价值与启示，也有五点值得借鉴发扬。

第一，浙学中"天人合一，万物一体"的整体和谐精神，启示我们要实现的中国式现代化必须是低碳、绿色、人与自然和谐相处的，而非将人与自然置于对立斗争地位的物本主义的

①全祖望：《甬上证人书院记》，见全祖望原著、黄云眉选注：《鲒埼亭文集选注》，齐鲁书社1982年版，第347页。
②全祖望：《梨洲先生神道碑文》，见全祖望原著、黄云眉选注：《鲒埼亭文集选注》，齐鲁书社1982年版，第105页。

二元对抗境地。所以，我们必须避免陷入"征服自然"式的斗争哲学思维。近年来，气候日益变暖，甚至出现40度以上的连续高温天气，使我们深切感受到气候变暖趋势的可怕与危害，也更促使我们要努力设法保持人与自然和谐相处的必要性与紧迫性。

第二，"以人为本，人民至上"的民本精神。这是以人民利益为最高利益的民本主义论述，是古越国"十年生聚，十年教训"从而由弱变强战胜强吴的法宝，也是在中国式现代化实践中经历40年艰苦奋斗，使资源贫乏的浙江成为经济大省的一大政策法宝，更是今后几十年建设共同富裕示范区的战略法宝，值得我们继承发扬光大。

第三，"自强自立，开拓创新"的创业精神。这尤其体现在温州人"敢为天下先"的创业精神以及义乌人建设小商品市场的创业开拓精神上。这一点一直是温州、义乌、宁波、龙游、湖州等地浙商的优良传统，值得发扬光大。

第四，"实事疾妄"的求实批判精神，这是浙学家留给我们的科学思维方法。浙学传统中，从王充到陈亮、叶适、王阳明、黄宗羲以至章太炎、马一浮，都是富有求实批判精神的大家。我们在实现新时代的中国式现代化、实现中华民族伟大复兴的实践中，尤其需要坚持实事求是、反对弄虚作假、批判各种不切实际的虚妄迷信。

第五，"多元和谐，兼容并包"的精神。改革开放以来的实践证明，坚持改革开放的基本国策，能让我们的社会主义现代化事业实现长足发展。可以说，"改革开放，多元包容"，是我们不断从胜利走向新胜利的政策法宝。

上述五个方面构成一个有机的思想整体，在这个思想整体中，"万物一体"是我们的宇宙观，"以人为本"是制定政策的根本前提，是一切工作的出发点；"实事疾妄"是必须坚持的思想路线，是民族精神的脊梁；"开拓创新，多元包容"既是科学的思维方式，也是创业者必备的人文素质，是建设现代化新浙江的政策法宝。近40年来，我在多家报纸杂志和各种学术讲座中发表了多篇文章，论浙学文化观与科学发展观的关系。我认为，科学发展观的根本精神包含着三大要素：一是"以人为本"的人文精神，人是最重要的，一切为人民的根本利益着想，这是中国共产党人的根本出发点；二是"实事求是"的务实精神，在任何工作中都必须坚持"实事求是"的思想路线，才能做到无往不胜；三是"多元包容"的和谐精神，这是一种全面开放、深化改革、包容多元、追求和谐的精神，而不是一元的封闭主义。这也算是我论浙学的一得之见吧。

上述五点启示在根本上体现了浙学的人文精神传统。这个精神传统落实到社会实践中，就转化为"改天换地、建功立业"的巨大物质力量。浙江人民在现代化建设中之所以能取得伟大成就，与浙江的历史文化、思想传统是密不可分的。现在的社会主义现代化是一项前人未曾从事过的伟大事业，不仅吸收了中华优秀传统文化的精华，也吸收了全人类优秀文化的精华。我们在建设人文浙江、和谐浙江、现代浙江的过程中，必须充分发掘浙江人文思想的深厚资源，同时面向全世界，坚持多元和谐发展，真正提供服务于中华民族伟大复兴的文化软实力。

综上所述，浙学作为一种富有特色、充满活力的地域文化形态，是中华文化大厦的重要组成部分，她不但在历史上促进了社会文明进步，而且在当代中国现代化的实践中，仍然具有强大的精神感召力和实践推动力。我们应当倍加珍惜这份资源，并使之发扬光大，日臻完善。

2024 年 9 月 3 日草成于杭州

目　录

导论：陈亮思想的时代性

白居易在壮盛之年写信给好友元稹，信中回忆自己的读书经历时有一段脍炙人口的话："年齿渐长，阅事渐多。每与人言，多询时务，每读书史，多求理道。始知文章合为时而著，歌诗合为事而作。"[①]一个以世情之关切为本怀、以古今之通变为途径、以民生之纾解为诉求、以时代困境之摆脱为志向的人，一定是一个"历史的"人。读书、史以求理道，意味着把自己全然地置身于历史展开的实际境况之中，因此而取得了一种关于现实的历史视野与观审维度。正是在这一视域之中，现实被转换为"历史的"，现实的历史性或历史的现实性也就因此而获得全然的统一。基于这一历史展开的现实维度，著为文章，发为歌咏，为时而著，为事而歌，实质上便是"历史的"活动，并因此而获得历史的意义与价值。

为时代而奔走呼号，要求学术研究跳出现实效用，以时代

---

① 白居易著，朱金城笺校：《白居易集笺校》，上海古籍出版社2023年版，第2734页。

问题之根本解决为旨归，这在很大程度上是南宋浙东学派①的群体特征。在地域上，这一群体以金华、永嘉、永康一带为中心，代表人物有吕祖谦、薛季宣、陈傅良、陈亮、叶适等。在学术表现上，这一群体具有基本相同或者相近的学术研究领域，具有基本一致的学术研究风格，关于学术的基本价值理念也接近，体现出关切社会现实事务的共同的学术精神。他们最为突出的学术主张，则是强调对于道德性命的真正追寻必须充分贯穿于人类社会的历史发展全过程，只有深入到社会历史的自身演进，才可能充分还原道德性命的真实内涵。事实上，正是这一研究视域的转移及不同学术视域的多元整合，尤其是将道的普遍追寻贯穿于社会政治历史以及人民生活史的实证方法，使南宋的浙东学派呈现出了独特的卓越品格：充分体现了哲学与历史学的交相融会，强调了人的存在价值之历史性与现实性的统一，并因此开辟了宋代理学基本背景下的历史哲学学派。

陈亮是当时浙东学术群体中不可或缺的一员主将。他志存高远，关切现实，始终以经略四方自我期许；他为人慷慨，性格坦诚，敢于坚持独立思想，彰显独立人格；他文采飞扬，慷慨陈词，指摘时弊，略无隐讳，始终坚持对于现实的理性批判。虽然经历过政治上的屡次挫折以及生活中的多次磨难，但他始

---

① "浙东"是一个历史地理概念，主要指"两浙东路"。在宋代，两浙东路作为一个行政区域，辖今天的金华、衢州、宁波、台州、温州、丽水、绍兴七市，治在绍兴。"浙东学派"也主要以这一区域内的有关人物及其思想为基本构成。自章学诚著《文史通义》而专门撰《浙东学术》篇，"浙东学术"遂成为一个思想史上的学派概念。

终保持着恢复中原的坚定信念，他的全部思想与学说都是围绕着这一最为鲜明的时代主题而展开的。尽管陈亮的思想学说始终未能成为当时的学术主流，而被视为"谋利计功"的"功利之学"，被认为落于"利欲胶漆盆中"而遭受种种非议，但他终究保持了其学术思想的鲜明特色，非但在当时学术界独树一帜，并且以其"开拓万古之心胸"丰富了中国古代的哲学与伦理学思想。

一、道即现实是陈亮根本的哲学观念

如果说《中兴五论》以及上孝宗四书集中体现了陈亮关于时事的分析及其基本的政治理念，那么他与朱熹长达数年的反复论辩，则集中体现了他的哲学思想、关于历史的观念以及以此为前提的事功主张。正是在与朱熹的论争当中，陈亮的思想得到了较为系统的表达。所谓陈亮的事功之学，就现实来说，是与抗金以图中原恢复这一南宋特定的时代主题密切联系的，它旨在激扬民族正气，以建立收复河山的民族大业；在理论上，事功之学则与陈亮关于道的独特见解密切相关。他改造了道的基本理论内涵，将它转化为关于现实的"天人结构"的理论约括，从而成为他"重人事以成现实之事功"这一根本主张的深刻的哲学基础。

陈亮充分强调这样一种观点，即道的存在具有其本身的永恒性及其运动的不间断性。朱熹认为，三代专以天理行，汉唐以下则人欲横流，"其间虽或不无小康，而尧、舜、三王、周公、孔子所传之道，未尝一日得行于天下之间也"①。陈亮对朱熹的这一观点曾反复进行论难，以为"信斯言也，千五百年之间，天地亦是架漏过时，而人心亦是牵补度日，万物何以阜蕃，而道何以常存乎？"②按照陈亮的见解，道的存在并没有古今的分别，它的运动亦从来不曾间断，因此谓"三代以下专以人欲行"而道未尝行，使千五百年之间成一大空缺，则是无论如何都无法想象的。在他看来，既然道的存在以及它自身的运动都为古今一贯，那么三代固然可以为法，而三代以下亦未尝不可以为法，因此汉唐有为之君的一些具有实际治效的措施亦是值得借鉴的。但是实际上，朱熹亦强调道的存在具有永恒性，他曾经说："只是此个（道）自是亘古亘今常在不灭之物，虽千五百年被人作坏，终殄灭他不得耳。"③这样看来，陈亮与朱熹都强调了关于道自身存在的永恒性观念，但他们所得出的结论却截然相反，这一点至少提示我们需要对他们关于道的观念的差异性加以必要的考察。

在朱熹那里，道是某种观念的存在物，是天理的代名词，它的本质属性是纯粹的至善；虽然在作为本体的意义上，道有

---

①朱熹：《答陈同甫（第六书）》，见朱熹撰，朱杰人、严佐之、刘永翔主编：《朱子全书》（第21册），上海古籍出版社、安徽教育出版社2002年版，第1583页。

②陈亮：《又甲辰秋书（与朱元晦）》，见陈亮著，邓广铭点校：《陈亮集》（增订本），中华书局1987年版，第340页。下引此书，只注明页码。

③朱熹：《答陈同甫（第六书）》，见朱熹撰，朱杰人、严佐之、刘永翔主编：《朱子全书》（第21册），上海古籍出版社、安徽教育出版社2002年版，第1583页。

通过现象的具体存在来表达它本身的必然性，但作为存在之本质属性的至善本身，却并不必然地自然呈现于主体的意义世界，因为这种至善的呈现，需要主体对它实现内在的自觉认同；缺乏这种主体的内在自觉，即意味着道没有被实现出来。在这一意义上，道是有可能"不存在"的。换句话说，道的自身存在的绝对性与永恒性并不必然地开显于人的主体世界本身，更不必然地展示为具体的历史运动过程。而在陈亮看来，道的存在仅仅是一种事实，它的永恒性如果是绝对的，那么这种永恒性便体现为这个世界本身，体现为事物现象的具体存在的无限性与丰富性，除了这个现存的世界以外，道没有任何其他的居所，它只能通过事物世界的现存状态来表达它自身存在的实在性。因此，可以说，道即是现实，现实即是道。所以他说："盈宇宙者无非物，日用之间无非事。"①"天下岂有道外之事哉……夫道，非出于形气之表，而常行于事物之间者也……天下固无道外之事也。"②"夫道之在天下，何物非道，千涂万辙，因事作则……"③"天地之间，何物非道？赫日当空，处处光明。闭眼之人，开眼即是……"④强调道常行于事物之间而不与世界现象的具体存在相分离，是南宋浙东事功之学的共同特征。正是这一关于道的基本理念，使他们充分关注道的现实存在状态，并

---

① 陈亮：《经书发题·书》，第103页。
② 陈亮：《勉强行道大有功》，第100页。
③ 陈亮：《与应仲实》，第319页。
④ 陈亮：《又乙巳秋书（与朱元晦）》，第351—352页。

且极大地关注道的自身历史，因为道的当前状态仅仅是它自身历史过程当中的一个阶段，是它过去全部历史的当前结果。因此，要对道的真实状态进行恰当的理解与把握，并以此为前提将它实现出来，那么追索道的自身发展的历史实迹，亦即将对于道的追寻贯穿于社会历史的全部过程，便是非常必要的。正因如此，千五百年之间，道竟然"无一日得行于天下之间"的观点，在陈亮看来是非常奇怪的、不可理解的。从朱、陈关于道的理解之间的这种显著差异，我们便可以理解他们各自哲学性格的差异，以及陈亮为什么要将人对于现实世界实施恰当的干预作为其基本学术主张的根本理由。

在朱熹那里，形而上之道与形而下之器，尽管它们相互之间的存在同样是密切不可分割的，但它们又毕竟属于不同的存在境域，因此在观念上，道、器的分离仍然是可能的。更为重要的是，道作为终极实在，它同时是至善，是道德的本体，正因为存在之本体与道德之本体的相互同一，道构成了关于现实世界是否具有合理性的终极规定。而对现实世界的合理性进行判断的根据，则在于主体是否对天理实现了内在的自觉认同，并且是否在实践上自觉地践行了这种认同。正由于朱熹充分强调行为表达道德的必要性，并以此作为现实世界是否具有合理性的究竟权衡，他才敢于肯定现实世界并不必然地具有合理性，而不具有合理性的存在，按照他的观点，就恰恰是可以被表述为非存在的，所以说"千五百年之间，正坐如此，所以只是架漏牵补，过了时日"①。基于道、器之存在境域的分离观念，朱熹充分强调对于道或天理之至善本质的内在体认。这种体认，就它的表现方式而言，是内省的、静态的，由此导致道在主体世界的实现亦体现为主体精神的极度强化，以至于至善本身在个体精神世界当中的终究还原。陈亮既肯定道的存在原本只是一种事实，现实世界即是道的存在与开显的状态，以为处处皆道，因而他所竭力强调的便是"于所已发处体认"②，并基于这种体认强调对现实世界进行积极的主动干预。在陈亮那里，道不仅仅是一个观念上可以纯粹认同的对象，而且也是一个行动上可以实践的对象，它由此而表现出来的特征是外倾的、主动的。对于道的干预或实践，意味着对于世界的现存状态的能动变革。所以陈亮说："风不动则不入，蛇不动则不行，龙不动则不能变化。今之君子，欲以安坐感动者，是真腐儒之谈也……况欲运天下于掌上者，不能震动，则天下固运不转也。"③陈亮所强调的正是"动"，他孜孜寻求的正是现实世界的变革，是要将天下运于掌上。可以说，陈亮的事功之学表现为哲学上的行动主义，其特质是强调对于现实世界的能动实践，而在理论上则明显地表现出拒斥形而上学的倾向。

---

① 朱熹：《答陈同甫（第六书）》，见朱熹撰，朱杰人、严佐之、刘永翔主编：《朱子全书》（第21册），上海古籍出版社、安徽教育出版社2002年版，第1583页。

② 陈亮：《与应仲实》，第319页。

③ 陈亮：《又癸卯秋书（与朱元晦）》，第336页。

二、现实是天地人三才的当前结构

外倾的、积极主动的实践精神，无疑体现了对于人的主体精神的充分肯定。陈亮强调道即是现实世界本身，但什么是现实？按照陈亮的见解，所谓现实，它一定不可能脱离人的存在与人事活动，而一定只是一个人道的世界；这个世界，积累并且体现了人类的全部历史活动结果。因此，按照他的话说，现实即是"天人之际"，即天、地、人三才的当前结构。正因为如此，他很少抽象地谈论道，而更多地以三才论道，并且认为三才中只有人的作用是至为关键的，天地赖以撑住，人道赖以接续而不坠。按照他的说法，"人之所以与天地并立而为三者，非天地常独运而人为有息也。人不立则天地不能以独运，舍天地则无以为道矣。夫'不为尧存，不为桀亡'者，非谓其舍人而为道也。若谓道之存亡非人所能与，则舍人可以为道，而释氏之言不诬矣"①。这里其实涉及一个相当重要的问题，即存在的最终意义与价值问题。如果将道仅仅表述为天地之运，那么作为纯粹的自然性存在，道的自身运动除了意味着它本身的实在性之外并不表示更多的意义。道的自身存在的意义与价值，必须通过人本身的存在才能获得证明，只有在人的世界中才能获得最终显现。因此，在陈亮看来，脱离了人事实践的天地之运，其实是并没有意义的。陈亮认为，必须将人的要素纳入道的范

①陈亮：《又乙巳春书之一（与朱元晦）》，第345页。

畴，只有当天地之运被纳入人的世界，道的意义才可能获得最为充分的完整显现，所以他强调"舍人不可以为道"。正因为道的实际内涵是以三才为基本要素的天人系统的现时结构状态，因此对于道的体认与把握便必须能够体现这种现时结构的实际情形。而对道实现这种体认与把握的目的，却并不在于体认本身，而在于通过人的主体精神对这种现时结构进行合理的干预，使它趋于完善。如果认为人作为世界的主体能够做到体道经邦、协理阴阳，那么就不能认为"道之存亡非人之所能预"。因此，陈亮反驳朱熹所谓"千五百年架漏牵补，过了时日"的观点，认为"天地而可架漏过时，则块然一物也；人心而可牵补度日，则半死半活之虫也。道于何处而常不息哉？"[1]正因人能够审时度势地干预事态，能够基于对"天人之际"当前状态的恰当判断而制定出合乎时宜的措施，借以实现对于道的适时干预，所以"天地赖以常运而不息，人纪赖以接续而不坠；而谓道之存亡非人之所能预，则过矣"[2]。

将天、地、人三才看作一个历史的动态结构，以它作为立论的基本根据，强调人对于现实世界的积极干预，这一思想的原初形态来自王通。但是，由于陈亮对这一思想的阐述融合了迫切的时代主题，因而他的表述显得更为充分与成熟，不仅成为他事功思想的重要哲学前提，而且也比较清楚地表达了浙东

---

[1]陈亮：《又乙巳春书之一（与朱元晦）》，第345页。
[2]陈亮：《又乙巳春书之一（与朱元晦）》，第346页。

学派的"历史哲学"理念，论证了为什么有必要将对于道的完整内涵的追寻贯穿于人类自身的社会历史过程。因为人类社会的历史，实际上就是"天人之际"，亦即天、地、人三才之动态结构的历史性变动所遗留的实迹。以三才结构为实质内容的道，它的运动所展开的全部过程，便是社会政治—经济结构的历史性变动与人民的生活史。陈亮以干预世界为目的的事功之学，在哲学上的意义强调了人对于道的实践，而它的现实意义则在于要改变"天人之际"当前结构的现实状态。

三、利欲之"合理"与道德的效用

陈亮在哲学上关于道的基本观念，决定了他对于人的合理利欲的肯定。他曾说：

> 耳之于声也，目之于色也，鼻之于臭也，口之于味也，四肢之于安佚也，性也，有命焉。出于性，则人之所同欲也；委于命，则必有制之者而不可违也。[1]

这一说法是接着孟子的话头而来的，孟子在"有命焉"后面接着说"君子不谓性也"，即人的自然欲求尽管亦出于人性，但"有命焉"，所以君子并不将它纳入于人性的范畴。而陈亮认为，既然将它称作为人性，那么就应当肯定其存在的合理性，

---

[1] 陈亮：《问答下》，第42页。

不能因"委于命"就将它排斥在人性之外。按照他的观点，对利欲进行节制是必要的，但违背人的自然的利欲需求却意味着对生命的扼杀。基本的物质利益的满足，是人获得生存的必要前提；若完全灭去人欲，那么生命前提就将丧失，所谓道德也就失去了它得以建立的基础。正因为这一缘故，陈亮并不赞同朱熹将天理、人欲相互对立的观点，他主张基于人的生命存在的完整性而肯定理欲的统一，又在理欲统一的前提下肯定恰当的物质追求的合理性。按照他的观点，人既然是创造世界的主体，同时就应当是享受人所创造的物质世界的主体，一切物质设施都为人事所建立，一切自然之物都为人生所利用，人是通过他本身的生活实践而将世界现象联系为一个统一的整体的，因此一切天下万物都与己身相切，都与己心相关。陈亮对孟子"万物皆备于我"这一观点的阐释，完全是从人的现实生存条件的具备来理解的，所以他说："天下岂有身外之事，而性外之物哉！"正因为人在现实世界当中生存，在现实世界当中活动，现实世界是与人本身的存在密切相关的，因此在人的生活世界中，实际上并不存在所谓"外物"。若必以物为"外"，必将对于物的基本需求视为"欲"而去之灭之，则人的生存条件即有所不具，"有一不具，则人道为有阙，是举吾身而弃之也"①。既"举吾身而弃之"，那么所谓道德，所谓"醇儒之道"，更从何谈起呢？

①陈亮：《问答下》，第44页。

因此，在关于道德判断的根据上，陈亮表达了他真正的功利主义观点。按照他的见解，道德并不仅仅意味着对于道或天理的某种内在的自觉认同，它真实的含义并不仅仅体现为基于这种认同的某种精神状态，而是在于人在他的生活世界中外向表达出来的行为以及这种行为的实际结果。动机的纯粹性并不构成道德判断的最终根据。如果行为的动机是"道德的"，那么在行为的结果上便应该体现出道德的效用。如果仅仅强调动机的纯粹至善，却忽视甚至无视动机所表达的结果是否为善，那么不仅在现实性上是不切实际的，在理论上亦是不可理解的。他以射猎来作比喻，说："君子不必于得禽也，而非恶于得禽也。范我驰驱而能发必命中者，君子之射也。岂有持弓矢审固而甘心于空返乎！"①陈亮所强调的显然是动机与结果的统一。基于这种统一的观点，动机的善便应该而且必须在行为的结果上表达出来。因此，在陈亮看来，关于道德的判断，它所根据的标准就不是动机本身，而是由动机所实现出来的结果。他同时强调，内在的道德价值不仅必须展布于个体的生活实践，而且应该通过其实践境域的拓展，通过现实世界中事业功绩的建立来实现个体内在的道德价值的极大化，认为"不使当道有弃物而道旁有不厌于心者"②便是善的最高体现。正因如此，陈亮极为重视个人能力，强调个体必须本领宏阔，因为"天下"是

①陈亮：《又乙巳春书之一（与朱元晦）》，第345页。
②陈亮：《又乙巳春书之二（与朱元晦）》，第349页。

一个"大物"，若本领不宏阔，则"挟不转"。即使他的道德非常醇厚，亦很难将它表达于经验的实践领域，使民众享有由他的醇厚道德所带来的福祉。

陈亮肯定合理的利欲，强调道德的现实效用，重视个体的道德价值在经验世界中实现其价值的极大化，以社会民生之福利的普遍增进为道德之善否的判断依据。在他看来，所谓"王""霸"之辨实际上是没有必要的。不论是"王者之道"还是"霸者之术"，凡人类过去的政治经验与生活经验，都应该基于当前"天人之际"的实际情形，经过和齐斟酌，参贯损益，予以新的整合，使它们切于当代的现实利用，目的只在于开物成务、富国强兵，近则实现中原的恢复，远则"为国家开二百年太平之基"。若拘执于"王"道的纯粹，而实际上却是兵备不饬、国势阘茸、生资匮乏、民生凋敝，那么这种"王"道又有何用？因此他曾非常坦率地表达了"要以适用为主"的效用目的论："正欲搅金银铜铁镕作一器，要以适用为主耳。"①基于"适用为主"的效用论以及将追求物质利益的满足视为人性的基本要求的观点，陈亮认为，对于君主的现实统治而言，他所应当倡导的不是"灭人欲"，而是在"有以制之者"的前提下将"人欲"作为"鼓动天下"以成就事功的工具，即利用人欲并将它导入合理的方向。在他看来，喜、怒、哀、乐、爱、恶，固然是"人欲"，但其价值却并不必然地与恶相联系，反而是与"道"相联系的，

①陈亮：《又乙巳春书之一（与朱元晦）》，第346—347页。

六情之正即是道。如果天下人民皆能得其六情之所欲而又不失其正，则国家平治、人民安康、道义光明，所以"夫道岂有它物哉，喜、怒、哀、乐、爱、恶得其正而已；行道岂有他事哉，审喜、怒、哀、乐、爱、恶之端而已。不敢以一息而不用吾力，不尽吾心，则强勉之实也。贤者在位，能者在职，而无一民之不安，无一物之不养，则大有功之验也"①。因此，所谓行道，其实质不仅在于内心的体察涵养，更在于尽心尽力，使天下人民的六情皆能得其正而已。这一点同时表明，陈亮的所谓事功，乃在于原古今时势之变，慎观天人之际，重视人的主体能动性，强调人道对于现实世界的积极干预，从而开拓出现实政事的辉煌，建立实际的社会功绩，实现民生之利益的普遍而有效的增进；它与一己的功名利禄之谓确乎是甚不相伴的。

四、关于陈亮的评价

以上我们主要分析了陈亮事功思想的哲学基础与理论特征，并未涉及具体的事功主张，但从中已能明显看出，他的思想在南宋学术界的确是独树一帜的，他的事功之学既以南宋时代的社会现实为基点，亦最为坦率直接地表达了其时代要求。陈亮重视历史研究，推崇司马迁，他本人的思想也基本上是通过历史研究的方式或者关于历史的观点来表达的，而在具体论述中，则充分体现了历史学与哲学的相互融会，因此在南宋浙东学派

①陈亮：《勉强行道大有功》，第101页。

对于中国古代的历史哲学领域的开辟上，陈亮其实也卓有贡献。

由于陈亮的事功之学与朱熹的学说在价值的终极取向上的确存在着某种难以调和的冲突，它在历史上受到各种不同的评价亦是可以理解的。但无论如何，陈亮的事功之学强调个体道德必须推展于经验的实践领域，必须通过个体的生活世界的现实拓展来实现其道德价值的极大化，并因此倡导以效用为目的的功利主义，实际上却是在中国传统文化的整体结构之中提出了一种新的价值判断模型，从而丰富了中国古代的哲学与伦理学。关于陈亮学术的基本评价，我们所应切记的是南宋独特的时代背景，他的论说之所以能够震动朝野，能够广为流传，以至于"家家谈王伯"，在很大程度上体现了他的理论的独特的时代效应。陈亮的事功学说，实际上正是金戈铁马的时代主题在思想领域的强烈变奏，正因此故，他的学术才展现出了异乎寻常的英雄气概。

第一章 | 生平事迹概略

陈亮，本名汝能，因仰慕诸葛亮之为人，26岁时自更名为亮，字同甫，号龙川，今浙江金华永康人。陈亮出生于宋高宗绍兴十三年（1143），卒于光宗绍熙五年（1194），仅得中寿。其一生经历坎坷，真可谓命途多舛，然其气魄豪迈，不堕高远之志。本章略述其生平事迹，以统观其生平之大略，也希望能窥见其人格之全貌。

根据散见于陈亮文集中的有关材料，将其家世的传承作一约略的介绍。

陈亮的远祖可追溯到东汉末年的陈寔。陈寔（104—187），字仲弓，颍川许昌人。汉桓帝时为太丘长，灵帝时大将军窦武辟为掾属。其为太丘长，"修德清静，百姓以安"；其处乡里，据德安仁，平心率物，以至有"宁为刑罚所加，不为陈君所短"[1]之说。陈寔有六子，以陈纪（字元方）、陈谌（字季方）最著名。陈纪曾出为平原相，建安初又拜为大鸿胪，为人以至德至孝著称于世。《世说新语》刘孝标注引《先贤行状》云："陈纪，字元方，寔长子也。至德绝俗，与寔高名并著，而弟谌又配之。每宰府辟召，羔雁成群，世号'三君'，百城皆图画。"[2]可见"陈氏三君"是被当时社会奉为楷模的，因此也被

①黄刚译注：《后汉书译注》，上海三联书店2018年版，第168页。

②《世说新语·德行第一》，见余嘉锡撰，周祖谟、余淑宜整理：《世说新语笺疏》，中华书局1983年版，第7页。

用作品评人物的标准。①陈纪的儿子陈群，有英才，有识度，甚为陈寔所赏识。"群为儿时，寔常奇异之，谓宗人父老曰：'此儿必兴吾宗'。"②陈群于曹魏时官至司空，延康元年（220）首创九品中正制度。这一制度对魏晋南北朝的政治、经济与文化都有重大影响。

陈寔的玄孙陈准，晋时官至太尉。陈准的孙子陈逵③，遭永嘉之乱，从司马氏南迁，为丞相掾、太子洗马等官，后出为长城④令。陈逵颇喜爱长城一带的秀丽山川，并希望其子孙能钟此山川之灵秀，遂在当地定居下来。

陈逵下传十世，就是陈朝的开国之君陈霸先。陈朝历四世，至后主陈叔宝祯明三年（589）为隋所灭，国祚不过32年（557—589），但在陈氏一族看来，祖上有人贵为天子，自然是无上的荣耀。陈朝的时候，大概皇室成员中有一支迁到了永康，当地还有一座皇族的陵墓。陈亮说："司马氏南渡，而逵从以迁。其后家于吴兴，霸先遂据全吴，四世乃亡。其葬于婺之永康号厚陵者，或曰后陵，陵今虽在，锢之以铜，不可发，莫能考其为谁。故永康之陈最号繁多，而谱牒未尝相通也。"⑤陈朝

---

① 《世说新语·品藻第九》有"正始中，人士比论，以五荀方五陈"之说，见《世说新语笺疏》第505页。

② 陈寿撰，裴松之注：《三国志》（图文珍藏本），岳麓书社2015年版，第433页。

③ 《陈书·高祖本纪》及《南史·陈本纪》均作陈达，本书从《陈亮集》作"逵"。

④ 长城，地名，今浙江省长兴县。

⑤ 陈亮：《先祖府君墓志铭》，第458页。

既灭，陈氏散落为民，虽瓜瓞绵绵，而宗分支出，渐渐也就谱不可系了。

"永康之陈最号繁多"，而大别为六支：龙山、墓西、石牛、西门、白岩、前黄。这是根据不同的居住地而分的，但"厚陵"（后陵）所葬者应是他们的共同祖先。陈亮一支出于前黄陈氏，本来居住在距厚陵七八里的前黄。陈亮的八世祖陈通及其子陈隆，勠力畎亩，勤于稼穑，稍奋起于田间。至陈隆的儿子陈援，家业渐广，至于丰衣足食，曾经以富有甲于乡里。陈援有三子，第三子名陈贺，是为陈亮的高祖。

陈贺年轻时就死了，留下了寡妻弱子，家境遂渐趋衰败。陈贺留下的孤儿名陈知元，他是陈亮的曾祖父。徽宗宣和年间（1119—1125），金人对宋的攻势加紧，陈知元投身行伍，当了名戍守京师的兵士。当靖康之难，陈知元战死于开封固子门外。陈知元死后，除留下寡妻以外，还有两个儿子，即长子陈益、次子陈持。

陈益（字进之）就是陈亮的祖父。他出生于崇宁二年（1103），父亲陈知元战死于开封时已有二十三四岁了。陈益的性格颇任情使气、豪放不羁。他曾从事于科举，但从未中过，后又习武，欲以武事自奋，也未能如愿。于是心灰意冷，"浮沉里闾，自放于杯酒间，酒酣歌呼，遇客，不问其谁氏，必尽醉乃止"[1]。而其弟陈持，即陈亮的叔祖，同样也是屡试不中，直

---

[1] 陈亮：《先祖府君墓志铭》，第458页。

至晚年方从恩科得江西高安县主簿之职，但不久就去世了。①

大约在高宗绍兴初年，陈益将其全家迁到了离永康县治东北五十里的龙窟山下。此地有众山回环，若蹲若伏，而"龙窟"之名，盖由山峦的形貌而来。这时的陈益，至少已有三十三四岁了，其夫人黄氏是同邑敦武郎黄琫的女儿，夫妇年岁相同。黄家虽不富有，但黄琫在地方寇乱盛时曾以死捍卫乡里，其子黄大圭也曾在疆场上俘获过敌人的别将，因而黄氏在永康颇为知名。②

陈家的境况很艰难。刚迁居不久，陈益的祖母李氏与母亲吕氏即相继离世，妇姑相依而葬，"为陈氏再世之墓"③。陈益有一个尚未成年的儿子，名陈次尹。及次尹成年，其舅父黄大圭将女儿许配给他，这位新妇当时只有十三岁。陈益既不善持家，又习惯于饮酒以消磨时日，操持家庭生计的重担便自然地落到陈次尹夫妇的头上。十三岁毕竟太年轻了，更为不幸的是，她嫁到陈家不久，黄大圭夫妇竟相继离世，只留下一位年幼的妹妹。她将这位妹妹接来陈家，由她的婆母，也就是她的姑母抚养。④婚后的第二年，即宋高宗绍兴十三年（1143），这位新

---

①陈持，字守之，卒于淳熙二年（1175）。参见《永康陈君迪功墓志铭》，见吕祖谦编著，黄灵庚、吴战垒主编：《吕祖谦全集》（第1册），浙江古籍出版社2008年版，第185页。

②参见陈亮：《周夫人黄氏墓志铭》，第497页。

③陈亮：《告高曾祖文》，第404页。

④参见陈亮：《祭姨母周夫人黄氏文》，第438页。

妇产下一子。陈益一直希冀着龙窟山下那两座坟墓能为陈家带来福祉，孙儿出世时又刚好是那两座孤坟相继而起的一纪之后，更认为祖先降福。据说这位婴儿"生而目光有芒"[1]，因此陈益对其怀抱着无限的期望，以至形诸梦寐。他梦见一位状元，名叫"童汝能"。他认定梦中的状元童汝能就是他的孙子，因此为婴儿取名"汝能"，字同甫，也不在乎乡邻们对他这种痴愚的非笑。[2]

　　这位陈汝能，就是后来的陈亮。他出生于这样一个衰败清贫的家庭，注定要经受生活的磨难；他又出生于这样一个需要振作的时代，注定要为时代的使命去奔走呼号。整整五十年后，他果真成了状元，也算是圆了祖父的状元梦，但其间经历的沟沟坎坎、曲曲折折，却是他的祖父所不曾梦到的。

---

[1]《宋史·陈亮传》，见《陈亮集》（增订本），第547页。
[2]参见陈亮：《告祖考文》，第405页。

陈亮幼时，抚育的大部分任务由其祖父母承担，也由祖父启蒙，祖孙两代常一起读书、嬉戏。陈益没有任何博得乡人尊敬的资本，陈亮在他看来也不过是一个顽劣的幼童。或许正因为这样，陈亮自幼便承袭了其祖父那种粗率豪放、落拓不羁的性格。

陈亮家的西北有普明寺，处于龙窟山的形胜之地，景致清幽。稍长，陈亮就读书于山中。由于他所接受的启蒙教育并未遵循科举道路的一般程式，因而他在山中孜孜阅读的也就并非儒家经典，而是历代史策。龙窟山的幽静并未改变他放荡不羁的秉性，而历代史策所载的种种王霸业绩更陶冶了他的豪迈性格。

少年时代的陈亮，虽勤于读书，但大概也有不少"猖狂妄行"，以至为乡人所指责，甚至为他们所不齿。①但这位少年人

①参见陈亮：《与应仲实》，第318页。

确有异乎常人的天资与禀赋，随着年龄渐增、读书益博，逐渐表现出特别的聪明才智，于是又特别受到其祖父陈益的勉励，"冀其必有立于斯世。而谓其必能魁多士也"①。欣赏其聪明才智的还有义乌的何子刚。十六七岁左右，陈亮曾就读于何子刚馆舍。何子刚拥家资数十万，又与朝中显贵结为姻亲，但其处世却是"以德不以力，以义不以势"，甚至甘心自屈于乡里的强暴有力者，忍受其悖言恶行而不予计较，是一位德高望重的乡绅。陈亮来其馆中学习，他不以平常学童对待，不仅劝其学业，勉励有加，且在生活上予以关照体贴，常常设酒招待。②这一时期，陈亮开始"学为语言，以求自见于世"，于是拓展了阅读范围，"凡世人之文章，无巨细必求观之"③。但他更是"独好伯王大略，兵机利害，颇若有自得于心者"④，于是"慨然有经略四方之志。酒酣，语及陈元龙、周公瑾事，则抵掌叫呼以为乐"⑤。这份经略四方的豪情，不仅在少年的心里萌发，在酒酣耳热之时借着往昔的英雄事迹宣泄而出，而且针对时代现实，参稽史策，考古人用兵成败之迹，著为《酌古论》。这时的陈亮，不过十八九岁，而其超迈之才气与英伟之识见，却已通过《酌古论》充分显露出来。

---

① 陈亮：《告祖考文》，第405页。

② 参见陈亮：《祭何子刚文》，第420页。

③ 陈亮：《赠楼应元序》，第272页。

④ 陈亮：《酌古论序》，第50页。

⑤ 陈亮：《中兴论跋》，第30页。

宋朝自立国之初就有尚文轻武的倾向，家法既立，代代因循，故兵备不饬，实渊源有自。文武既截然分立为二途，于是文士、武夫"彼此相笑，求以相胜"，"天下无事则文士胜，有事则武夫胜"，在陈亮看来，这种将文武之道歧而为二，以为"文士专铅椠，武夫事剑盾"的观点与做法，是根本错误的。他认为"文非铅椠也，必有处事之才；武非剑盾也，必有料敌之智。才智所在，一焉而已"，故"文武之道一也"。①《酌古论》本着文武之道合一的基本思想，着重论述了十九位历史人物，上至帝王，下至功臣谋士，以史实为依据，并通过实际战例的分析，考论其成败得失。其用心之真、用情之笃，若置身于其中，"故能于前史间窃窥英雄之所未及，与夫既已及之而前人未能别白者，乃从而论著之；使得失较然，可以观，可以法，可以戒，大则兴王，小则临敌，皆可以酌乎此也"②。此正为其《酌古论》之所以著的目的。

《酌古论》共四卷，贯穿于其中的一个重要的核心思想是强调人谋在重大事变过程中的决定作用。陈亮认为："成天下之大功者，有天下之深谋者也。制天下之深谋者，志天下者也。"③只有本于必使天下统于一而后已的天下之志，才能有所以使天下统于一的深谋远虑，"故夫取天下之大计，不可以不先定

---

①陈亮：《酌古论序》，第50页。

②陈亮：《酌古论序》，第50页。

③陈亮：《酌古论·吕蒙》，第65页。

也"①。"自古英伟之士，乘时而出佐其君，其所以摧陷坚敌，开拓疆土，使声威功烈暴白于天下者，未有不本于谋者也。"②《酌古论》以天下之志、天下之谋为立论根本，充分强调了决策的重要性，强调了在确切把握事件之客观情势的前提下人的主动精神对事态发展的主导作用。这一基本思想虽形成于陈亮的少年时代，却是他始终坚持的。另一方面，陈亮在《酌古论》中已明显地表达了他的人格理想，就是既有过人之智，又能以天下为己任的英豪之士。这一人格理想，同样是陈亮终生信奉的。

还应指出，《酌古论》所论述的虽然都是古人的故事，但其设辞造意却无不针对南宋的时代现实。在陈亮本人，他既希望《酌古论》能为他那个时代的根本任务，即完成抗金复国的大业提供某种历史的借鉴，更希望他体现于其中的对于兵机利害的剖析及其用兵之韬略能引起世人的重视。因此，《酌古论》不仅是陈亮必欲使天下统于一而后已的高远抱负的直接表现，而且也是他为自己日后一旦能为世所用而做的准备。其规模术略既已久定于胸中，则一旦遇事而发，便如坐千仞而转圆石，其勇决之势，犹高屋之建瓴，沛然莫之可御，陈亮的确是如此这般地自我期望的。若干年后，当他重新翻阅这些文稿的时候，生出如此的感叹："余于是时盖年十八九矣，而胸中多事已如此，

①陈亮：《酌古论·曹公》，第55页。
②陈亮：《酌古论·邓艾》，第66页。

宜其不易平也。政使得如其志，后将何以继之！"①可见他在写作的时候是完全身临其境般地施展自己的谋略的。

《酌古论》是少年壮志的抒发，体现了陈亮平盖万夫的豪情与必欲用世的雄心。正是洋溢于其中的这种豪情与英气，它成为陈亮真正步入社会、结识名流并声名渐起的敲门砖。《酌古论》完成于绍兴三十一年（1161）左右，时陈亮十九岁。前一年，周葵②以集英殿修撰知婺州。他看到《酌古论》以后，极为赞赏，遂与陈亮相见，并相与究诘论难，对陈亮的才华十分赏识。《宋史·陈亮传》说："（亮）著《酌古论》，郡守周葵得之，相与论难，奇之，曰：'他日国士也。'请为上客。"③可知在《酌古论》完成的当年，陈亮就因为得到周葵的欣赏而成了他的门客。

绍兴三十二年（1162）六月，孝宗即位，周葵被调为朝官，先除兵部侍郎兼侍讲，后改同知贡举兼权户部侍郎。同年，陈亮与金华吕祖谦等一起参加了两浙转运司的考试，被举荐前往临安。这年，陈亮二十岁，吕祖谦二十六岁。吕氏有深厚的家学渊源，陈亮则崛起于乡间，而既得同试漕台，且同时榜上有名，他遂对自己的学问颇为自负："亮二十岁时，与伯恭同试漕台，所争不过五六岁，亮自以姓名落诸公间，自负不在伯恭后。"④但实际情形却是，吕氏在次年，即隆兴元年（1163）连

---

①陈亮：《酌古论·桑维翰》，第93页。

②周葵（1098—1174），字立义，江苏宜兴人。官至参知政事。《宋史》有其传。

③《宋史·陈亮传》，见《陈亮集》（增订本），第547页。

④陈亮：《又甲辰秋书（与朱元晦）》，第338页。

中二科：先中博学宏词科，后中进士，陈亮则未有任何结果。但他并未返回永康，而是仍应周葵之请客居在他的家里。

隆兴元年（1163）夏，周葵升为参知政事，虽秉枢执要，位居要津，但对陈亮仍优遇有加，上门来言事的朝士大夫都被引介去与陈亮相见交谈。[①]借此机缘，陈亮得以广交时彦，其闻见亦渐广，而学问益为博洽。同时，他不止一次地向周葵举荐人才，以此作为对其知遇之恩的回报，所谓"每思求天下之贤士，致之于公门，使本朝诸公不得擅美于前，斯亦仆区区报称万一之心也"[②]。胡权、王衎、叶衡、孙伯虎四人都在这时为陈亮所荐，叶衡后来官至丞相。

在为周葵门客的时期，陈亮还有一个重要收获——第一次真正了解了有关理学的情况，并从周葵那里学得了关于《中庸》《大学》的要义。《宋史·陈亮传》云："（葵）因授以《中庸》《大学》，曰：'读此可精性命之说。'（亮）遂受而尽心焉。"[③]陈亮自言："绍兴辛巳、壬午之间[④]，余以极论兵事，为一时明公巨臣之所许，而反授以《中庸》《大学》之旨，余不能识也，而复以古文自诡。于时道德性命之学亦渐开矣。"[⑤]由此我们可以知道，陈亮所走的学术道路确与当时的一般读书人颇不相同。

---

① 参见《宋史·陈亮传》，见《陈亮集》（增订本），第547页。

② 陈亮：《与周立义参政》，第307页。

③ 《宋史·陈亮传》，见《陈亮集》（增订本），第547页。

④ 即绍兴三十一年、三十二年之间（1161—1162）。

⑤ 陈亮：《钱叔因墓碣铭》，第483页。标点略有不同。

在二十岁时，他已能极论兵事，纵横开阖，雄辩滔滔，但于《中庸》《大学》之旨却不能识，必待周葵的启蒙才渐开其学。从某种意义上说，正是这种初学入门功夫及其学术领域与价值取向的不同，成为他此后与朱熹学术观点大相径庭并发生多次论难的根源。

周葵"平生问学，不泥传注"，笃信《大学》的"格物致知"之说。他对"格物"的解释是："在人之至为知，在物之至为道。以吾之知，极物之道，如两物相抵，故谓之格。夫物万不同，道一而已。方其格物，物我为二。及其物格，则自视无我，何有于物？是谓知至。"①可见周葵的格物说所看重的是"以吾之知，极物之道"，从陈亮以后的思想发展来看，如果这种对于"人智"的重视对他还有一定影响的话，那么所谓物格而物我都无的观点，他却根本未予接受。因此，陈亮虽经周葵的启蒙而渐开其道德性命之学，但《宋史·陈亮传》的记载并不确切，因为他根本未沿着这条道路一直走下去，更谈不上"尽心"。淳熙元年（1174），周葵卒，陈亮作文祭之，其中说："亮昔童稚，纵观废兴，大放于辞，愿试以兵。狂言撼公，一见而惊。借之齿牙，爰及公卿。爰均骨肉，前辈典型。《中庸》《大学》，朝暮以听，随事而诲，虽愚必灵。行或不力，敢忘其诚！"②如此看来，周葵对陈亮的教诲是十分诚恳而且尽心的，

---

① 转引自卢敦基：《人龙文虎：陈亮传》，浙江人民出版社2025年版，第29—30页。
② 陈亮：《祭周参政文》，第407页。

只是陈亮并不倾心于这种时风所尚的道德性命之学，其所谓"行或不力"，并非通常的自谦之辞。

在政治上，周葵"始终守自治之说"①，反对诉诸武力，是位坚定的主和派。他之所以能升为参知政事，实与张浚的"符离之败"直接有关。张浚符离败后，朝议汹汹，然"言和者多，言不可和者少"，"君父不共戴天之仇，则置而不问也"，在朝大臣包括周葵在内，皆力主和议，坚持"自治"，主张"使军民少就休息"②。正是在主和派的坚持之下，达成了隆兴二年（1164）的和议。《宋史·陈亮传》说："隆兴初，与金人约和，天下忻然幸得苏息，独亮持不可。"③我们确信，陈亮乃是和议的坚决反对者，因而其政见应该与周葵的格格不入。但在陈亮现存的所有著作中，我们无法考见他这时对周葵所持政见的态度，更不能发现任何对周葵的批评之词。

隆兴二年（1164）冬，周葵被罢去参知政事一职。客居临安前后已三年的陈亮，恰在此时收到其父母让他回乡成家的家书。于是，他收拾行囊，渡江归去了。

---

①见《宋史·周葵传》，见脱脱等撰，刘浦江标点：《简体字本二十六史·宋史》，吉林人民出版社1995年版，第8267页。

②刘时举著，王瑞来点校：《续宋中兴编年资治通鉴》，中华书局2014年版，第174页。

③《宋史·陈亮传》，见《陈亮集》（增订本），第547页。

客居临安三年，实际上可视为陈亮全部生命史中最为光辉的一段时期。这三年中，他受周葵隆遇，因此得以结交朝中士夫，尽其议论，且又增长了知识见闻，其名声也开始渐渐地播扬出去。其婚姻问题的解决，与这一点也是有关系的。

这桩婚事的直接促成者是何恪。何恪（1128—1178），字茂恭，义乌人，登绍兴三十年（1160）进士第。他曾上万言书，献恢复十二策，可见他在政治上与陈亮见解颇为相合，却与当时朝论不合，所以陈亮曾说："昔公于某，面未觌而神已交，语言未通而肺肝相与，誉之诸公之间，妻以其兄之女。"[1]何恪为人独立孤傲，"有意圣贤之学，而不为世俗之文，山立玉峙，地负海涵"[2]，虽"目空四海"，却"独能降意于一世豪杰"，故"士亦乐亲之"，"其文奇壮精致，反覆开阖，而卒能自阐其

---

[1] 陈亮：《祭何茂恭文》，第416页。

[2] 陈亮：《祭妻叔文》，第411页。

意"①。从这些记述可以想见，何恪的性格及其为人，的确与陈亮大有相似之处。或许正出于这种原因，所以当他听到陈亮的名声并读到其文章的时候，就认定他为一世豪杰之士，引为精神上的同道知己，不仅于熟人中广为称赞，并且决意将其兄之次女嫁给陈亮。

何恪之兄何恢（1125—1183），即陈亮的岳父，字茂宏，"状貌端厚，意象轩昂，而胸次疏豁；是非短长，人得以望而知之"②。他与其弟何恪，秉承其父亲的训诫，必欲由科举而博取功名，故兄弟二人皆浸润于文学，在当地颇有文名，何恪名声尤著。何恢读书作文，不肯过为巧丽，唯求于适用而已；同时管理家政，极善理财，家资积累至巨万，成为义乌有名的富户。他们的手足之情极其笃厚，"兄弟相与为一体"，唯在评论文章时，"小不合辄争辩，以致辞色俱厉，童仆往往相语以为笑"③。

何恪既认为陈亮必有辉煌的前途，遂竭力劝其兄将次女嫁给陈亮。这一提议，何恢开始是不同意的，并遭到了其族人姻党的一致反对，但何恪却根本不以陈亮家境的清寒为念，坚持不改其主张。何恪赴任江西永新县主簿之前，"将行，力谓其兄：'必以次女归亮，吾保其可依也。'兄犹疑之。一行二千里，有便必寄书，书必以亮为言：'吾惧失此士。'兄亦奋然曰：'宁使吾女不自振，无宁异日不可以见吾弟！'故次女卒归

①陈亮：《题喻季直文编》，第286页。
②陈亮：《何茂宏墓志铭》，第472页。
③陈亮：《何茂宏墓志铭》，第473页。

亮"①。正是在何恪的坚持之下，陈亮的这桩婚事才得以告成，并于乾道元年（1165）往义乌就姻于何家。

尽管何恪相信陈亮的才华终有充分显露的一天，其侄女也会过上一种令人羡慕的幸福生活，但是实际上，在其有生之年，他所看到的只是陈亮一家的困顿与清贫，乃至令人难以忍受的凄凉。

陈亮的母亲黄氏，十四岁生了陈亮以后，此后的五年内又生了一男一女。②家庭人口的增加不过更增添了生活的负担而已，也使黄氏的身心愈加憔悴。在陈亮十八岁时（绍兴三十年，1160），他的庶弟陈明（字昭甫，1160—1187）出生。由此我们知道陈亮的父亲陈次尹在此时又纳了妾，但关于这位女子的姓氏及其他一切情况均无从知晓，而这件事尤不能作为其家庭经济状况好转的证明，因为陈明出生后一百多天，就因无力抚养被送给了一位姓张的人家，直到他十七岁时才重新回到陈家。③

在陈亮结婚的同一年，其母黄氏终因不堪过重的生活负累、不堪心力的摧折剥蚀而离开了人世，年仅三十七岁。此时的陈亮，迫于贫困无力为母亲举行丧礼，遂将灵柩停厝一旁。而母丧未终，其父陈次尹又因事被囚。陈亮的祖父母此时都已年逾六十，精力既衰，又遭如此不幸，忧思成疾，于乾道三年（1167）相继亡故（祖母卒于六月，祖父卒于十二月）。陈亮的

---

① 陈亮：《祭妻叔文》，第411页。

② 参见陈亮：《祭妹文》，第447页。

③ 参见陈亮：《庶弟昭甫墓志铭》，第478页。

妻子何氏也被接回了义乌娘家。他的弟弟陈充夫妇别居于路旁的一座小舍。陈亮自己则四处奔波,以救援被囚的父亲。于是,家里就只剩了他的小妹与一名婢女守着三具待葬的灵柩。若干年后,陈亮在祭奠妹妹的时候回忆起当时的惨象:

> 比年我二十有三,而吾母以盛年弃诸孤而去。未终丧而吾父以胃罥困于囚系,我王父王母忧思成疾,相次遂皆不起。三丧在殡,而我奔走,以救生者。我妻生长富室,罹此奇祸,其家竟取以归。吾弟亦挟其妻而苟活于道旁之小舍。独汝与一婢,守此三丧,夐焉在疚。人不可堪,汝左汝右。悲涕横臆,见者疾首。号呼苍天,竟不我覆。余时无策,副前失后,大恸欲绝,出入贸贸。①

陈次尹被胃罥而困于狱的原因,《陈亮集》中没有记载,然《宋史·陈亮传》云:

> 居无何,亮家僮杀人于境,适被杀者尝辱亮父次尹,其家疑事缘亮,闻于官。笞榜僮,死而复苏者数,不服。又囚亮父于州狱,而属台官论亮情重,下大理。②

---

①陈亮:《祭妹文》,第447页。
②《宋史·陈亮传》,见《陈亮集》(增订本),第556页。

　　这里须辨明《宋史·陈亮传》记载的两点讹误。第一，该传认为陈次尹下狱事属于淳熙五年（1178）陈亮上书孝宗之后，这是错误的；第二，该传说陈亮也于此时被下大理寺狱，同样也是错误的。这两点错误，只要与上引《祭妹文》相参便可明显地看出来。而且该传在这里的记载，实际上是将陈次尹的下狱与陈亮在绍熙元年（1190）的狱事混到了一起。因此，凭现有的资料我们仍无法确知陈次尹下狱的确切原因，只能断定他确曾被囚。陈亮遭受接踵而来的重大变故，其精神上受到的沉重打击可想而知。他孜孜乎奔走，希望有力者能施以援手救其父出狱，为此他典卖了家里仅有的一些田产。乾道四年（1168），陈次尹终于在叶衡的帮助下获得了释放。①

　　为此，家境已愈加破败以至一贫如洗。陈亮不仅无法安葬那三具灵柩，甚至生计也成了大问题。因此在乾道五年（1169），他借提笔向叶衡道谢的机会，表露了请求借贷的意思。陈亮与叶衡可以说是故交，且有着良好的友谊。往年陈亮客居临安时，叶衡为於潜知县，陈亮曾向周葵竭力作过推荐，称其"文章清古，议论正当，临机明敏，莅政公方"，其知於潜，"百姓未尝有翻词至府，一境之内，风化肃然"②。故陈次尹能得其援助而出狱，并非全无根由，但我们却无法知道陈亮此时是否曾得到过他在经济上的支援。

────────

① 叶衡（1122—1183），字梦锡，婺州金华人，官至右丞相。《宋史》有其传。
② 陈亮：《与周立义参政》，第307页。

　　不管如何，从乾道元年（1165）直至乾道九年（1173）前后，是陈亮在生活上非常贫困的一段时期，是名副其实的居陋巷而箪瓢屡空。尽管由于生资空乏处于穷厄而不得不啜菽饮水，但其天性之秉赋却使他无法表现出如颜渊那样的"曲肱而卧"的"晏如"风度。不过他为之汲汲乎奔走叫呼的，并不是其个人的富贵名利，而是在他看来其时代所应该而且必须承担起来的恢复故国山河的历史使命。

在撰写《酌古论》的时候，陈亮向往的理想人格是具有过人之智勇的英雄豪杰，这一观念不仅没有随着阅历的丰富与学问的深入而有所改变，反而随着他对社会之认识的不断加深以及南宋政治之衰颓的日趋明显而变得更为强烈。孝宗继位之初，确乎有北定中原之志，及符离败绩，始定和议，因此陈亮认为，和议并非出于孝宗本意，只是当朝文武大臣之中没有真正的英雄豪杰为其襄助而不得不然。他确信"创业之事，苟非上圣，必由英豪"，但"今上既圣矣，而英豪之士缺乎未有闻也"①，故当务之急，乃在于必有英豪之士起而共勠力于王室，如是则神州克复便可指日而待。这一信念，在陈亮的思想中占有根本的重要地位，实质上是其行为的内在原动力。

乾道二年（1166），陈亮虽遭受母丧父囚的沉重打击，但家庭的磨难与生活的艰涩并未使他忘却天下之事，他仍然致力于

①参见陈亮：《英豪录序》，第240页。

古代英雄豪杰之事迹的搜集纂辑，编成《英豪录》。

在《英豪录》的序中，陈亮明显地流露出以英豪自许的意思。他对英豪之士"混于不可知之间"，以至被人认为"狂"而终被埋没的现象表示了极大的愤懑，并对"上之人"直接加以指责："嗟夫！承平之时，展才无所，不用，职也；而困于艰难之际者，独何欤？且上之人亦过矣，独不可策之以言而试之以事乎！"①在他看来，当天下太平之时，特出异能之士因无充分施展其才能的机会而"混于不可知之间"，犹可以理解，而国家处于危难之中急需人才以康济艰难之际，英豪之士依然困而不达，便是"上之人"的重大过失。陈亮少负经济之怀，至此乃重申其意，希望能"策之以言而试之以事"。不久，机会便降临到了他的头上。

乾道四年（1168）秋季，陈亮不再用"陈汝能"这一名字，而更名为"亮"②，参加了婺州乡试。这次乡试，他被推为"袖然之选"③，中了解元，继而补太学博士弟子员。次年春，他以解元的资格为婺州所荐，参加礼部会试。陈亮十分希望自己能

①陈亮：《英豪录序》，第240页。标点略有不同。

②陈亮于此时更名，其意盖以诸葛亮自况。他在《英豪录序》云："盖晋武帝称'安得诸葛亮者而与之共治'，正使九原可作，盍亦思所以用之。凡余所以区区于此录者，夫岂徒哉！夫岂徒哉！"（《陈亮集》第241页）他以孔明自况之意实甚明显。于伦《万历刻本龙川文集序》云"王公（指王世德）又语予曰：'予里中传先生（指陈亮）少名学能（按当作汝能），后慕诸葛孔明之为人，故改名亮，字同父。'英雄期许如此，可以知同父矣。"［见《陈亮集》（增订本），第562页］也可证。

③李幼武：《陈亮言行录》，见《陈亮集》（增订本），第536页。

进士及第，只有这样，他才有机会对策大廷而"试之以事"。但会试的结果却是名落孙山，这既使他受到人们的讪笑，又使他从内心涌出一股不平之气："今年春，随试礼部，侥幸一中，庶几俯伏殿陛，毕写区区之忠以彻天听。有司以为不肖，竟从黜落，不得进望清光以遂昔愿"，然不平归不平，事实毕竟使他无奈，遂不得不"索手东归，杜门求志"①，并决意对自己的前言往行着实下一番反省功夫。"一日，读杨龟山《语录》，谓'人住得然后可以有为。才智之士，非有学力，却住不得。'不觉恍然自失。"②他似乎对自己的学力颇产生了几分怀疑，担心自己正是杨时所谓学力不足而住不得的人，于是想息心澄虑、杜门读书，以充分培植自己的学力。但另一方面，他又确信自己钻研历代史策获得的知识不仅是可靠的，而且是其时代所亟须的，其见解也必有裨于朝廷的恢复大计。多年以来所形成的见解日日萦绕于心间，不吐不快。他曾想到诣阙上书，但在人们的心目中，采取这种方式总不免有干禄之嫌，遂又打消了这一主意。正所谓"尝欲输肝胆，效情愫，上书于北阙之下，又念世俗道薄，献言之人动必有觊，心虽不然，迹或近似，相师成风，谁能不疑！既已疑矣，安能察其言而明其心！此臣之所大惧而卒以自沮也"③。虽曾自沮其上书之意，但他终究又不甘心自己的聪明才智被埋没于乡野垄亩之中，再三权衡，终于决意走诣阙

①陈亮：《中兴五论序》，第21页。
②陈亮：《中兴论跋》，第30页。
③陈亮：《中兴五论序》，第21页。

上书这条道路，并为自己的这一行为找到了十分正当的理由："功名之在人，犹在己也；怀愚负计，而不以裨上之万一，是忝世也；有君如此而忠言之不进，是匿情也；己无他心而防人之疑，是自信不笃也。"①

乾道五年（1169），已会试落第而索手东归的陈亮，在自信心与责任心的驱策之下，复从乡间跋涉而至临安，伏阙奏《中兴五论》。

《中兴五论》由五篇文章构成，即《中兴论》《论开诚之道》《论执要之道》《论励臣之道》《论正体之道》，并序文一篇。《中兴论》旨在为孝宗进献平定中原和恢复故国之长策，主张抓住有利时机，尽早为恢复之图。文章首先陈述恢复的必要性："海内涂炭，四十余载矣。赤子嗷嗷无告，不可以不拯；国家凭陵之耻，不可以不雪；陵寝不可以不还；舆地不可以不复。"②以此为前提，他分析了敌我双方相互对峙的基本态势，认为必须制定出既稳妥又切实有效的恢复策略，并须有计划有步骤地实现恢复大业，若再迁延时日，则将贻患无穷。他主要条陈了两方面理由：

第一，从金人方面言之，金主完颜亮已于绍兴三十一年（1161，金大定元年）为其部下所杀，"今虏酋庸懦，政令日弛，舍戎狄鞍马之长，而从事中州浮靡之习，君臣之间，日趋怠

---

① 陈亮：《中兴五论序》，第21—22页。
② 陈亮：《中兴论》，第22页。

惰……不于此时早为之图，纵有他变，何以乘之！万一虏人惩创，更立令主；不然，豪杰并起，业归他姓，则南北之患方始。"

第二，就宋朝方面而言，"南渡已久，中原父老日以殂谢，生长于戎，岂知有我……过此以往而不能恢复，则中原之民乌知我之为谁！纵有倍力，功未必半……则今日之事，可得而更缓乎！"①

陈亮关于人己、内外两方面的分析，其主旨在建议孝宗必须抓紧北伐的进程，"过此以往"，机会一旦丧失，恢复之举将愈加艰难。他同时认为，恢复的实现是必须以内政清明、举国一心为基本保证的，因此又提出了以肃清内政、富国强兵为核心的一系列改革措施：

> 今宜清中书之务以立大计，重六卿之权以总大纲；任贤使能以清官曹，尊老慈幼以厚风俗；减进士以列选能之科，革任子以崇荐举之实；多置台谏以肃朝纲，精择监司以清郡邑；简法重令以澄其源，崇礼立制以齐其习；立纲目以节浮费，示先务以斥虚文；严政条以核名实，惩吏奸以明赏罚；时简外郡之卒以充禁旅之数，调度总司之赢以佐军旅之储。择守令以滋户口，户口繁而财自阜；拣将佐以立军政，军政明而兵自强。置大帅以总边陲，委之专而

---

① 以上均见陈亮：《中兴论》，第22页。

边陲之利自兴；任文武以分边郡，付之久而边郡之守自固。右武事以振国家之势，来敢言以作天下之气；精间谍以得虏人之情，据形势以动中原之心。①

在军事上，陈亮要求依据山川形势的实际状况制定守御谋攻的战略。他主张侧重于荆襄设防，"辑和军民"，"大建屯田"，同时，"朝廷徙都建业，筑行宫于武昌，大驾时一巡幸"②。若荆襄防卫既固，敌人来犯江淮，即可发荆襄之师以进讨。朝廷徙都建业，意在给敌人造成"吾意在京洛"的错觉，这样，其京洛之防备必专，而东西两翼就必有虚空可乘。故在实际进军路线上，陈亮强调"必先东举齐，西举秦，则大河之南，长淮以北，固吾腹中物"，既"抚定齐秦，则京洛将安往哉！"此所谓"批亢捣虚，形格势禁之道"。③

总而言之，《中兴论》的基本思想在要求加快恢复进程，但又强调不能操之过急，而须立其大本，详为规划，并以内政的改革为其先导。既筹划周密，复于攻守之间施以奇变，则在战略上掌握了决胜的主动权，恢复之大业就一定能够实现。

《论开诚之道》阐明了陈亮的人才思想，是直接针对宋朝皇帝不肯信任大臣这一现实而发的。其主要论点是："自古大有为之君，慷慨果敢而示之以必为之意，明白洞达而开之以无隐之

<hr>

① 陈亮：《中兴论》，第23页。

② 陈亮：《中兴论》，第24页。

③ 参见陈亮：《中兴论》，第23—25页。

诚，故天下雄伟英豪之士，声从响应，云蒸雾集，争以其所长自效而不敢萌欺罔之心，截然各职其职而不敢生不满之念。故所欲而获，所为而成，而卓乎其不可及也。"①孝宗虽"英睿神武"，然继位八年而"所欲未获，所为未成"，"天下之气索然而不吾应"，究其原因，乃在"明白洞达，开之以无隐之诚者容有未至乎！"②

《论执要之道》重在阐明皇帝的根本职分，对君主独裁提出了批判。陈亮分析了孝宗莅政八年以来的行政施设，并总结为"发一政，用一人，无非出于独断；下至朝廷之小臣，郡县之琐政，一切上劳圣虑"，"今朝廷有一政事而多出于御批，有一委任而多出于特旨"，这就必然造成皇帝殚精竭虑而无功、大臣却不负责任而无过的情况，其政治之日益凋敝就不可避免。因此陈亮认为，"人主之职本在于辨邪正，专委任，明政之大体，总权之大纲"，须"操其要于上，而分其详于下"，若"屑屑焉一事之必亲，臣恐天下有以妄议陛下之好详也"。③

《论励臣之道》强调君臣勠力、和衷共济的必要性，要求皇帝须以身作则，过简朴的生活，以励臣下之志。他认为当朝的情况是上下相蒙而君臣异志，因为"今陛下慨念国家之耻，励复仇之志，夙夜为谋，相时伺隙，而群臣邈焉不知所急，毛举细事以乱大谋；甚者侥幸苟且，习以成风。陛下数降诏以切责

①陈亮：《中兴论·论开诚之道》，第25页。
②参见陈亮：《中兴论·论开诚之道》，第26页。
③以上参见陈亮：《中兴论·论执要之道》，第27页。

之，厉天威以临之，而养安如故，无趋事赴功之念、复仇报耻之心。"要改变这种懒散怠惰、习故蹈常之弊，使君令以行、君志以伸，为人君者必须以身作则，励精图治，舍弃奢靡，崇尚简朴，所谓"慨然兴怀，不御正殿，减膳撤乐，夕惕若厉"，以激起臣下报仇复耻之心，"相与熟讲惟新之政"，而共襄恢复之业。①

《论正体之道》以君臣之体为论，其实仍在重申前意，强调君臣须各守其职分，以共图恢复之功。

由上述可见，如何消除内政之积弊以振起国势，如何协同君臣以康济艰难，如何励精图治以恢复中原，乃是《中兴五论》的共同主题。《中兴论》提出了一系列政治上革弊维新的措施而未及展开，《论开诚之道》等四篇实际上是对这些措施之重要方面的补充论述。因此，《中兴五论》在内容上是相互关联、相互统一的，是陈亮三十岁前后之思想的集中体现。

我们可以相信，陈亮伏阙上《中兴五论》，实在是出于一腔为国尽力的热情，而非源于博取利禄之心。他对时政之弊端的指陈十分激切，文字间散逸出慷慨激昂而催人奋发的热烈情感，而他所提出的匡救之法，却依然诚恳踏实、实事求是。但不管陈亮上书的主观意图是如何纯洁，也不管他所陈述的内容是如何可能有裨于国家的恢复大业，他所遭遇的却丝毫无异于那些怀抱利禄之心而上书的人，甚至比他们更坏。《中兴五论》虽奏

---

① 以上参见陈亮：《中兴论·论励臣之道》，第29页。标点略有不同。

入而不报，它既根本未被孝宗看到，自然也就没有任何消息反馈出来。

礼部会试不曾中式，诣阙上书毫无结果，家中三丧在殡而无力安葬，生资空乏而困于清贫，陈亮虽未尝消泯其必欲用世以展大猷的雄心，但面对现实的挫折却确乎感到了心身的疲累。在给叶衡的信中，他表示了要归隐畎亩，不再争较是非利害于荣辱之场的心意："去秋①偶为有司所录，俾填成均生员之数，未能高飞远举，聊复尔耳。岂敢不识造物之意，而较是非利害于荣辱之场，不自省悟？来秋，决去此矣。"②此信作于乾道五年（1169）夏，故"来秋"乃指同年的秋季，可知当陈亮不得不再次落魄东归之时，也正是"枫落吴江冷"的季节。这次，他决意要闭门不出了，他自觉有必要去潜心培植自己的学力，也有必要去熨平心灵的损伤，而且那最起码的养生送死的责任是仍须承担起来的。

---

① 指乾道四年（1168）。
② 陈亮：《又书（与叶丞相）》，第378页。标点略有不同。

在陈亮因上书不达（乾道四年，1168）而再次归隐乡野的前后数年间，学术界的情况发生了极大的变化，理学成为读书人无不知晓的"显学"。张栻、吕祖谦、朱熹并称"东南三贤"，登高而呼，学子靡不向趋。陈亮曾说：

> 广汉张栻敬夫，东莱吕祖谦伯恭，相与上下其论，而皆有列于朝。新安朱熹元晦讲之武夷，而强立不反，其说遂以行而不可遏止。齿牙所至，嘘枯吹生，天下之学士大夫贤不肖，往往系其意之所向背，虽心诚不乐而亦阳相应和。若余非不愿附，而第其品级不能高也；余亦自咎其有所不讲而未敢怨。①

对于道德性命之学的日益滋盛，陈亮表现出了不满的情绪。

---

① 陈亮：《钱叔因墓碣铭》，第483页。

就当时的实际情形而言，他的名声已经不小，且与吕祖谦私交甚笃，若他愿意放弃自己的主张，或有条件成为理学家中的名贤并获得时人的尊敬，但他自以为"品级不能高也"，不愿归附于此汹汹的理学潮流，同时也对自己虽有所学而"有所不讲"表示了咎责。可见，陈亮此时已觉得有传播自己学术思想的必要了。

从乾道五年至淳熙五年（1169—1178），陈亮耗费不少心力在自己学力的培养上。虽然他在感情上对理学颇不惬于意，以为道德性命之空谈毕竟于世事无补，但实际上他对北宋以来的理学是下过一番学习钻研功夫的，前文提及他读杨龟山语录即是一个明显的例证。此外，从其文集可知，他曾编辑《伊洛正源书》《伊洛礼书补亡》《三先生论事录》，又刊《程氏易传》《杨氏中庸解》《胡氏春秋传》等，这些工作都是在此十年中完成的。但是他所重视的并非北宋理学诸家的心性义理之学，而是他们讲明法度、考订典制的有关著作。对于北宋诸子的钻研不仅没有使他在根本上接受理学传统，反而强化了他对于"天下之学士大夫贤不肖"和唯理学之是趋现象的反感。在他看来，儒学的精神乃是开物成务。因此一种真正有价值的学说，必须足为开物成务之资、切于当世实用，尤其应为恢复中原这一至为迫切的时代任务之完成开辟道路。正由于他情系中原，耿耿不忘恢复之事，因此在纂辑北宋诸子讲明法度之著作的同时，依然醉心于英雄辈出的三国史事，撰成《三国纪年》，欲以历史为现实的借鉴。在撰《酌古论》的时候，就突出表现了陈亮对于智谋的重视，从稽考历代史策而来的这一思想，随着其学力的日趋深厚进一步强化，并逐渐发展为一种理论形式，并成为其思想构成的核心部分。在这一点上，陈亮在思想上与隋代的王通发生了强烈的共鸣，他不仅对王通特别加以表彰，推崇之不遗余力，以为孟子后第一人，而且专为《类次文中子引》。王通实际上是陈亮在学术上为自己所树立的一个偶像。

从乾道五年至淳熙五年（1169—1178）的十年，陈亮泛观博览，其学益进，是其"退修于家，学者多归之，益力学著书者十年"①，同时也是其思想获得成熟发展的时期。

> 辛卯、壬辰之间②，始退而穷天地造化之初，考古今沿革之变，以推极皇帝王伯之道，而得汉、魏、晋、唐长短之由，天人之际，昭昭然可察而知也。始悟今世之儒士自以为得正心诚意之学者，皆风痹不知痛痒之人也。举一世安于君父之仇，而方低头拱手以谈性命，不知何者谓之性命乎！③

陈亮以为当世专讲"正心诚意"之学的理学家们实"皆风痹不知痛痒之人"，面对着凭其一己之力根本不可能有所止遏的理学潮流，他深感愤懑，从内心深处产生了要尽力培养其学术

---

① 《宋史·陈亮传》，见《陈亮集》（增订本），第547页。
② 即乾道七年、八年（1171—1172）。
③ 陈亮：《上孝宗皇帝第一书》，第9页。

思想之同调的强烈愿望。

因此，乾道八年（1172），陈亮开始聚徒讲学。"有宋中兴之四十六年，亮始取古今之书一二以读之，稍稍与其可者共学。"[①]从其问学的年轻人为数不少，有时达数十人之多[②]。他名其学社为"保社"，此事在其文集中没有提及，然吕祖谦致其书信有云："吾兄保社，今莫已就条理否？后生可畏，就其中收拾得一二人，殊非小补。要须帅之以正，开之以渐，先敦厚笃实，而后辨慧敏锐，则岁晏刈获，必有倍收。然此自吾兄所自了，固亦不待多言也。"[③]吕祖谦这封书信恰好作于乾道八年，其中充满关切勉励之情。详其文意，保社正为陈亮下帷授业之初而设。由此也可以知道，所谓"保社"乃是陈亮为其学社所取的名字。

陈亮之所以决意收徒讲学，除了传播其学术，扩大其影响之外，还有一个重要原因，就是其家境愈加贫困，他试图以此为生资之源。那三具待葬的灵柩日日刺痛着他的心灵，至少这是必须尽快予以处置的。实际上，大概在乾道初年，乡人中就有同情其清贫之日甚而劝其设馆以教授弟子的人，陈亮自己曾回忆说："余往贫不能自食，乡人徐介卿欲以子硕属余，而使食焉，余谢不敢。"但家境非但无些微的好转，且除设馆一途，实

---

① 陈亮：《孙贯墓志铭》，第462页。

② 如陈亮：《又乙巳春书之一（与朱元晦）》提及："今年不免聚二三十小秀才，以教书为行户。"

③ 董平、刘宏章：《陈亮评传》，南京大学出版社1996年版，第48页。

在也并无良策，故谓"其后计穷，竟出此"，可见其下帷之举实迫于生计之日艰。①陈亮又云："壬辰、癸巳②而贫日甚，欲托于讲授以为资身之策，乡间识其素而不之信，众亦疑其学之非是也。"③此处明确指出他教授生徒是因"贫日甚"而欲以为"资身之策"。顺便提及，周梦江的《叶适与永嘉学派》云："陈亮一生未做过官，但自二十六岁后，漕试及格，保送太学读书（上舍生），因而便成为当地的乡绅。先是他家庭遭难，母亲去世，父亲入狱，祖父母相继忧死，家道中落。以至父死时'从人贷钱以葬'，'贫不能自食'。成为上舍生后，多次外出经商，家境便大大好转。"④周氏此说甚不确切，述事前后颠倒。就大者而言，陈亮试漕台乃在二十岁，二十六岁则是"首贡于乡"。再者，照其所述，颇使人以为陈亮"家庭遭难"、父死贷钱以葬等事均在二十六岁以前，是大谬。就事实论，直至乾道八年（1172，时陈亮三十岁），其家境反而是"贫日甚"，并无所谓"大大好转"的迹象。

所谓"乡间识其素而不之信，众亦疑其学之非是也"，则使我们体会到陈亮当时处境的别一种艰难。他向来自负才高，行为不羁，与邻里的关系不是很好。他会试不第，便去伏阙上书，现在又要设馆讲学，在人们看来，这太过于戚戚乎贫贱而汲汲

---

① 参见陈亮：《徐妇赵氏墓志铭》，第494页。

② 即乾道八年、九年（1172—1173）。

③ 陈亮：《钱叔因墓碣铭》，第483—484页。

④ 周梦江：《叶适与永嘉学派》，浙江古籍出版社2005年版，第123页。

乎富贵，所以少不了对他指背侧目，更有当面取笑者。如与陈亮门墙相比的吕皓，就以为陈亮行为不当，其诣阙上书有失于"出处之大节"，有类于"人不我问，吾牵裾而强告之；人不我求，吾蹑门而强售之"，于是"与侪辈聚议一笑"。对于吕皓的非笑，陈亮当时大概与其颇作了一番计较，故吕皓又云："执事已大不能堪，嗟乎，一笑之余，执事尽在吾胸中矣……乃不能堪，勃然盛怒，遇人诮詈，谓某不足与语此。嗟乎，一笑之余，执事尽在吾胸中矣！"①其对陈亮的不屑之意是显而易见的。

吕皓对陈亮的讪笑仅是史料留存下来的一个例证，当时类似的情况可能是较为普遍的，以至于直到淳熙十二年（1185），陈亮对此仍深有感慨："昔之君子生于斯世也有三：其上则以先知觉后知，以先觉觉后觉；其次，则守先王之道以待后之学者；又其次，则淑其徒以及其乡闾……呜呼，其上者非亮之所当论，其次者非亮之所及论，而又其次者亦不能勉焉。虽欲勉之而德不足以取信，言不足以取重，徒使此心耿耿而止耳。"②但不管如何，同情陈亮的处境，相信其才学并愿从其问学的仍大有人在，如钱廓、孙贯、徐硕、喻侃、喻南强等，都是陈亮最早的一批学生。

陈亮教学的内容，盖未脱当时讲学的总体规模。载于其文集的《六经发题》《语孟发题》，应当是他为教授生徒而作的经

---

① 董平、刘宏章：《陈亮评传》，南京大学出版社1996年版，第50页。
② 陈亮：《复黄伯起》，第400页。

籍提要。而上文提及的北宋诸子的论典制之作，也是其教学的内容。在文学方面，他独推崇欧阳修的文章，认为其文"根乎仁义而达之政理，盖所以翼'六经'而载之万世者也"，读之"蔼然足以得祖宗致治之盛"①，因此他专门编辑《欧阳文忠公文粹》，以教授其弟子。另如胡宏之文，不仅"实传文定（胡安国）之学"，而且"辨析精微，力扶正道，惓惓斯世，如有隐忧"②；如郑伯熊（景望）之《书说》《杂著》，其胸臆阔大，议论宏博，可以明"帝王之所以纲理世变者"，同时又足为时文之范本，故"余则姑与从事乎科举者诵之而已"③。由此可见，陈亮虽仍以《六艺》之文、典制之作、科举时文为其教学的一般内容，并且也以其弟子在科场中取得功名为基本目的，但他所突出的重点以及对学生思想的引导，却确乎与当时学界的一般风气大异其趣。理学家所津津乐道并为之辨析毫厘的心性义理之学，在他那里几乎略无影响。他所特别强调并贯彻始终的是以现实政事为根本关切对象的切实有用之学。知识的目的，他认为必在于能转换出知识的实际效用，能培养出洞达物情、处事明敏的干略与才能，而必有补于现实政治之进步与昌明。

陈亮既开门授学，因有束脩所得，家境遂逐渐有了实际改善。乾道九年十二月（1174年1月），他终于将其祖父、祖母与母亲的灵柩安葬于龙窟山卧龙山下，此时距其母亲之丧已经九

①参见陈亮：《书欧阳文粹后》，第245、246页。
②参见陈亮：《胡仁仲遗文序》，第258页。
③参见陈亮：《郑景望书说序》，第259页。

年，距其祖父母之丧已有七年。斯事既毕，了却多年心愿，如同去除胸中久积之块垒，不禁感到一阵欣慰："余盖七年弗克葬其母矣，蚤夜腐心疾首，不忍闻天下之有是事……后二年，始克毕事，因顾谓其友：'即填沟壑，无憾矣！'"①但不幸的事却接踵而至，就在他埋葬了祖父母与母亲之后的二十二天，即乾道九年十二月二十四日，其父陈次尹与世长辞。他这次不再为安葬而迁延时日，虽仍因无力负担丧葬费用而向人告贷，但总算很快将此事处理完毕。为偿还债务，陈亮急需有所收入，遂将父亲的灵位移供他处，以便腾出房子作为教读之用。又自觉父灵受扰，皆己之罪，遂作《先考移灵文》以自责：

　　某也积恶而不可掩，既已毒及我先君矣；葬不克自力，乃从人贷钱以葬；坟墓未干，顽然欲以教人自名，求钱以偿其负，因得窃衣食以苟旦暮之活，至避宅以舍之，使几筵弗克即安。将以明日迁置道旁之居，徒令妻孥以供饮食，而已则安于诵圣人之书以授人。"②

　　从乾道八年（1172）开始设馆教读直至他去世以前，除某些原因而暂时中断这项工作以外，陈亮基本上一直从事讲学。而从淳熙元年（1174）开始，其家境便从清贫中逐渐摆脱出来，

---

①陈亮：《孙夫人周氏墓铭》，第489—490页。
②陈亮：《先考移灵文》，第413—414页。

以后竟也达到相当富裕的程度。

陈亮一生有两次出入太学的经历。第一次是在乾道四年（1168），即贡于乡后被有司录为太学生员，但次年秋天即离开了太学。在他归隐乡间从事讲学的五六年后，约在淳熙四年（1177），他再次来到临安入了太学。上文提及，乾道五年（1169）离开临安的时候，陈亮决计要杜门不出，不再较是非利害于荣辱之场，而将近十年之后，其学问益为广博，名声更为显著，师友之间不乏名贤，且已下帷为人师表，学者已归之者众，因此从求学的方面来说，陈亮实在毫无必要再去做一区区的太学生。而且他自以高才而睥睨一世，唯事涂抹文字的太学生员原本也不在他的眼里，他之所以再进太学，目的在于欲以此作为进身之阶，希望能高飞，一展其平生经略四方之志，这一点应是无可怀疑的。

叶适在《陈同甫王道甫墓志铭》中说："（亮）著《中兴五论》，奏入不报。后十年，同甫在太学，睨场屋士余十万，用文墨少异雄其间，非人杰也，弃去之。"[1]叶适这里未言明陈亮去太学的原因。而实际情况是，淳熙四年（1177），陈亮参加了一次由礼部举办的太学公试。但这次考试的结果却较前几次更糟糕，不仅未能考中，而且招致口语沸腾，余人惊怪，莫不以为狙狂妄为，因为陈亮的答卷并不符合程文的规矩，只是借题发挥，抒其宏论，更有类于讪谤朝廷，这在考试官们看来当然是

---

[1] 叶适：《陈同甫王道甫墓志铭》，见《陈亮集》（增订本），第534页。

不能容忍的。平时与陈亮有隙或嫉其才具名声者，也乘机鼓动口舌，加以毁谤，以至一时舆论为之大哗，绵延数月方渐趋平息。次年，陈亮自己说："臣本太学诸生，自忧制以来，退而读书者六七年矣。虽蚤夜以求皇帝王伯之略，而科举之文不合于程度不止也。去年一发其狂论于小试之间，满学之士口语纷然，至腾谤以动朝路，数月而未已。而为之学官者，迄今进退未有据也。"①在陈亮本人，他自然十分希望自己能够考中，更不是真的不懂程文法度，他之所以弃其程式而"一发其狂论"，恐怕只是想要出奇制胜，以表现自己的突出之见与非凡之才。因此，他对自己的落榜有不少怨气，认为是主考官故意与他为难，这从吕祖谦给他的信中可以看出些许端倪："试闱得失，想自见惯。然诸公却自无心，非向者之比，只是唱高和寡耳……试闱得失，本无足论，但深察得考官却是无意，其间犹有误认监魁卷子为吾兄者，亦可一笑也。"②所谓"唱高和寡"，恐怕正是就陈亮答卷之观点突出，甚至于被认为非常异议可怪之论而言。吕氏宽厚，说话到此，也算是对陈亮的一种规劝，并表明他的落榜并非出于考官的有意黜落。但陈亮的回信，既深有感慨，又颇能看出些怨气，他说："人生岂必其为秀才？亮平生本不种得秀才缘，而春首之事，自侍从之有声名者固已文致于列，亮亦岂恋恋于鸡肋者乎？亦恃有大著在故也。王道甫告以忌嫉之

①陈亮：《上孝宗皇帝第三书》，第14页。
②吕祖谦：《与陈同父》，见吕祖谦编著，黄灵庚、吴战垒主编：《吕祖谦全集》（第1册），浙江古籍出版社2008年版，第706页。

徒乘间毁谤之可畏。"①由于这次入太学、试礼部不仅没有达到预期的目的，反而招致许多非议，这使陈亮的心情极为怏悒。不久，他离开临安，回到了乡下。

陈亮虽身处于乡野，而心存乎天下，他自信长期浸润其中且真正学有心得的"皇帝王伯之略"，对南宋之政治时局的破解，尤其是北伐以图恢复之计，必有实际之效用，本欲借考试以为进身之途，从而实际展现其实学真才，无奈考试无果，且谤议沸腾。他这时的心态，确乎处于某种极度纷乱与矛盾之中。他既须忍受着无法排遣的国耻之煎熬，又须忍受着人们对他飞短流长的攻击。考试数度失败的经验，则使他认为考场并不是一个真正公正的关于个人才学的裁判所，于是他打算弃学校而决归耕之计。但是另一方面，现实政治不仅丝毫没有昌明的迹象，反而是日见其疲弊；朝廷不仅无锐意进取以图中原恢复的实际措施，反而是苟安之患日见其深重；国势不仅未有些微的振作，反而是日见其阘茸。陈亮不能容忍钟"天地之正气"的堂堂中国如此这般地衰朽下去，也不能容忍他多年呕心沥血而得的经世之学尽弃于垄亩而无实用，于是，在距其第一次上书恰好十年的淳熙五年（1178），他决定再次向孝宗皇帝陈述国家社稷之大计。他自表其上书之动机说：

臣自是始弃学校而决归耕之计矣。旋复自念：数年之

①陈亮：《又书（与吕伯恭）》，第322页。这里的"大著"，指吕祖谦。

间，所学云何？而陛下之心，臣独又知之。苟徒恤一世之
谤，而不为陛下一陈国家社稷之大计，将得罪于天地之神
与艺祖皇帝在天之灵而不可解，是故昧于一来。旧名已在
学校之籍，于法不得以上书言事。使臣有一毫攫取爵禄之
心，以臣所习科举之文更一二试，而考官又平心以考之，
则亦随例得之矣。何忍假数百年社稷之大计，以为一日之
侥幸，而徒以累陛下哉！①

陈亮说"旧名已在学校之籍，于法不得以上书言事"，是因
为当时"两学犹用秦桧禁，不许上书言事。陈（亮）尝游太学，
故特弃去"②，这恐怕正是他此时"弃学校"而去的原因。他于
是年正月伏丽正门上书。

陈亮上书的要点，可约略概括为以下数点：

第一，中原为天地正气之所在，以中国之衣冠礼乐而寓于
东南一隅，即便天命人心犹有所系，也绝非久安之计。

第二，偏安既久，仇耻已渐为国人所淡忘，而金人植根既
久，仿效中国，黎民也将渐怀其德，故若不抓紧时机，则恢复
之事必然更加难以措置。

第三，金人雄踞于中原，行政施设一以中国为法，其植根
既久，益难动摇；而宋朝偏安于东南，上下怠惰，任用非人，

①陈亮：《上孝宗皇帝第三书》，第14—15页。
②叶绍翁：《四朝闻见录·钱唐》，见王国平主编：《西湖文献集成》（第13册），杭州
出版社2004年版，第160页。

政令不施，武事不讲，府库不积，唯幸一朝之安，使五十年仇耻难以一举而尽雪，此皆通和之策有以致之，故陈亮对和议尤其痛加斥责，希望孝宗慨然与金人决绝，以励天下复仇之志。

第四，推阐本朝史事，为论国家立国之本末，希望孝宗随时因革，不拘旧法，以广开才路、广罗人才，以竟恢复之业。自立国之初，一切权力集中于中央，"自管库微职，必命于朝廷"，"士以尺度而取，官以资格而进"，本意原也很好，然"微澶渊一战，则中国之势浸微，根本虽厚而不可立矣"。①因此，神宗时诸臣即有愤于国势之不振而有变法之举，"而其大要，则使群臣争进其说，更法易令，而庙堂轻矣；严按察之权，邀功生事，而郡县又轻矣。岂唯于立国之势无所助，又从而朘削之……亦安得而不自沮哉"是所谓熙宁新政，正为弊国之源，"独其破去旧例，以不次用人，而劝农桑、务宽大，为有合于因革之宜"。②因此，欲竟恢复之功而开社稷数百年安稳之基，就必须于祖宗旧法有所增损变通，若故步自封，则国势之困竭，人才之阘茸，便不可避免。

第五，论天下形势之消长，主张移都建业，重镇荆襄。陈亮认为："夫吴、蜀，天地之偏气也；钱塘又吴之一隅也……其风俗固已华靡，士大夫又从而治园圃台榭以乐其生于干戈之余，上下宴安，而钱塘为乐国矣。一隙之地，本不足以谷万乘，而

---

① 陈亮：《上孝宗皇帝第一书》，第5页。
② 陈亮：《上孝宗皇帝第一书》，第6页。标点略有不同。

镇压且五十年，山川之气盖亦发泄而无余矣……荆襄之地，在春秋时，楚用以虎视齐、晋，而齐、晋不能屈也；及战国之际，独能与秦争帝……况其东通吴会，西连巴蜀，南极湖湘，北控关洛，左右伸缩，皆足为进取之机……陛下慨然移都建业，百司庶府，皆从草创，军国之仪，皆从简略。又作行宫于武昌，以示不敢宁居之意。常以江淮之师为虏人侵轶之备，而精择一人之沉鸷有谋、开豁无他者，委以荆襄之任，宽其文法，听其废置，抚摩振厉于三数年之间，则国家之势成矣。"①

上述五点，是陈亮上书的核心内容。从中可以看出，有些观点在《中兴五论》中就曾十分明确地表述过了，但因为匆匆又过了十年，而形势愈为迫切，又或许还因为他胸中久久郁结着一股不平之气，故不仅重申其意，且措辞较《中兴五论》要激烈得多，更为慷慨激昂，几乎无所避忌。他不希望这次上书仍落得与十年前同样的结果，因此在书中数次表示希望能得到孝宗的召见。事实上，这次也的确产生了一些效果。叶适《陈同甫王道甫墓志铭》云："天子始欲召见，倖臣耻不诣己，执政尤不乐，复不报。"②乔行简曰："当淳熙之戊戌，三上书，极论社稷大计，孝宗皇帝览之感涕，召赴都堂审察，将以种放故事不次擢用。左右用事亟来谒亮，欲掠美市恩，而亮不出见之，

---

①陈亮：《上孝宗皇帝第一书》，第7—8页。标点略有不同。

②叶适：《陈同甫王道甫墓志铭》，见《陈亮集》（增订本），第534页。

故为所谗沮而止。"①《宋史·陈亮传》又云:"书奏,孝宗赫然震动,欲榜朝堂以励群臣,用种放故事,召令上殿,将擢用之。左右大臣莫知所为,惟曾觌知之,将见亮,亮耻之,逾垣而逃。觌以其不诣己,不悦。大臣尤恶其直言无讳,交沮之,乃有都堂审察之命。"②应当指出的是,这些记载基本上都是把陈亮于本年三次上书的情况合到一起而加以笼统叙述的。推详其事,孝宗震动感涕,欲榜亮书于朝堂以励群臣,用种放故事以不次擢用,乃是陈亮第一书奏入以后的情形。③当此之时,左右大臣尚未知孝宗之意,唯曾觌④知之,故"亟来谒亮,欲掠美市恩"的乃是曾觌。时曾觌权势方炽,朝士大夫中欲与交结的大有人

---

①乔行简:《奏请谥陈龙川札子》,见《陈亮集》(增订本),第546页。按:种放(955—1015),字名逸,河南洛阳人。七岁能属文。后隐居终南山,结草庐以讲习为业,自号为退士。隐居三十年,不游城市十五载。真宗时曾数次被召至京师,景德二年(1005)擢为右谏议大夫。大中祥符二年(1009)命判集贤院,从封太山,拜给事中;四年(1011),拜工部侍郎。种放始终未娶,然其既屡至阙下,旋复还山,晚又于京师广置产业,时人也颇讥其出处之迹。卒于大中祥符八年(1015),赠工部尚书。参见《宋史·隐逸传》。

②《宋史·陈亮传》,见《陈亮集》(增订本),第554页。

③陈亮在《复何叔厚》中说:"上聪明睿智,度绝百代,一见亮书,便有榜之朝堂以励群臣之意,若使得对,何事不可济!"所谓"一见亮书"云云,也可明此事当在第一书奏进以后。

④曾觌(1109—1180),字纯甫,祖籍开封。乾道年间(1165—1173)为权知阁门事,以文学侍孝宗,甚得宠幸。罢行一政事,进退一人才,必掠美自归,谓为己力。后触怒孝宗,调外,乾道六年复召还朝。淳熙元年(1174)除开封仪同三司,六年加少保。卒于淳熙七年。曾觌用事二十年,权倾中外,招权纳贿,无所顾忌。朝士大夫,多公然趋附之。参见《宋史·佞幸传》。

在，但陈亮却卑其为人，不愿与语，竟至"逾垣而逃"，这无疑得罪了曾觌。曾觌既对陈亮不悦，大臣也恶其直言无讳，故交相沮之，陈亮遂始终没有得到孝宗的召见。

正因有此许多缘故，因而陈亮书奏进以后，整整八天未有任何反响，所谓"八日待命而未有闻焉"[1]。他终于按捺不住，遂再伏阙上书，是为《上孝宗皇帝第二书》。此书的内容，仍在重申前意，强调必矢志恢复而不能再苟安以迁延岁月，必以肃清内政为基础，前代旧法则须有所因革损益以尽通变之道。其议论之雄辩开阖，非但不减前书，且其措辞之率直无讳犹有过之，如"安一隅之地则不足以承天命，忘君父之仇则不足以立人道"[2]。此等措辞，实已无异于当面大声斥责。但或许正是陈亮书中所绽放出来的那种既无所顾忌又慷慨磊落的英伟卓荦之气打动了孝宗，他下旨命陈亮听候审察，是所谓"乃有都堂审察之命"。

执行审察之命的是同知枢密院事赵雄等人。[3]在审察过程中，大臣候手称旨以问，陈亮则拣其大体可言者三事以答之：

第一，徽、钦北狩之痛，盖国家之大耻，而天下之公愤，故必图恢复之策。

---

①陈亮：《上孝宗皇帝第二书》，第11页。
②陈亮：《上孝宗皇帝第二书》，第10页。
③赵雄（1129—1193），字温叔，资州（今四川省资中县）人。曾以极论恢复之计而为孝宗所重用，官至宁武军节度使、开府仪同三司。陈亮于对答时触怒赵雄，见其《复何叔厚》。

第二，天下谨奉规矩准绳以从事，束缚重重，势必至于士气萎靡不振，故须宽文法，以求度外之功。

第三，今天下之士烂熟萎靡，诚可厌恶，故须变通一向沿习之家法，去其萎靡之气，以培壅国家之根本。[1]

以上三点，在陈亮看来，乃是平平无奇可以直言而无妨的，至于"数十年之策，百五六十年之计，数百年之基，与夫恢复之形势"等等，因"事大体重，苟未决之圣心，则不可泄之大臣之前也"[2]。但即使这样平平无奇的三点见解，已然使大臣"相顾骇然"，他自己也唯有"惶恐而退"。陈亮在都堂审察时既已触怒大臣，因而他想对孝宗面陈大计的愿望便未能实现。审察后又待命十日，未有闻，遂再至阙下，三上其书，是为《上孝宗皇帝第三书》。在此书中，陈亮概括了都堂审察时所对的三项内容，同时又表明心迹，希望得到孝宗的召见，最后称自己将再待命三日，若无召见之命，便将归去，"誓将终老田亩"。

陈亮三次上书的最后结果是，"书既上，帝欲官之。亮笑曰：'吾欲为社稷开数百年之基，宁用以博一官乎！'亟渡江而归"[3]。事后，他在《复何叔厚》书中，曾略述其上书前后之事，从中也可以看出一些陈亮的真实思想：

　　亮寓临安，却都无事，但既绝意于科举，颇念其平生

---

[1]以上三点，参见陈亮：《上孝宗皇帝第三书》，第13—14页。

[2]陈亮：《上孝宗皇帝第三书》，第14页。

[3]《宋史·陈亮传》，见《陈亮集》（增订本），第556页。

所学，不可不一泄之以应机会，前日遂极论国家社稷大计，以彻于上听，忽蒙非常特达之知，欲引之面对，乃先令召赴都堂审察。亮一时率尔应答，遂触赵同知之怒。亮书原不降出，诸公力请出之，书中又重诸公之怒。内外合力沮遏之，不使得面对。今乃议与一官，以塞上意。亮虽无耻，宁忍至此！只俟旦夕命下，即缴还于上而竟东归耳。岂有欲开社稷数百年之基，乃用以博一官乎！①

由上述可知，陈亮连续三上其书，既使孝宗震动，复使大臣骇然，产生了非同寻常的轰动效应，但他欲对孝宗面陈国家社稷之大计这一基本目的却未曾达到。如果陈亮上书仅出乎一己私利之计，那么他本也可乘机得一官职。但如果说他根本没有要出仕的意愿，恐又非事实。在陈亮的言行中，我们的确可以体察到某种隐含于其内心深处的矛盾。尽管"宁用以博一官乎"之语显得其胸襟极其坦荡，"亟渡江而归"之举也表现得十分潇洒，但其内心却隐藏着不可为常人道的巨大痛苦。他的心灵为这种痛苦所噬啮，有时几乎要为其所淹没。就在同年初夏，他致信挚友吕祖谦，其中云：

亮本欲从科举冒一官，既不可得，方欲放开营生，又恐他时收拾不上；方欲出耕于空旷之野，又恐无退后一着；方

---

① 陈亮：《复何叔厚》，第328—329页。

欲俯首书册以终余年，又自度不能为三日新妇矣；方欲杯酒叫呼以自别于士君子之外，又自觉老丑不应拍。每念及此，或推案大呼，或悲泪填臆，或发上冲冠，或抚掌大笑。今而后知克己之功、喜怒哀乐之中节，要非圣人不能为也。[1]

这里陈亮对其心境的描述应是真实的。由此我们可以窥见他当时的种种矛盾心理及其难以自遣与消弭的巨大悲愤。另一方面，其上书的行为既必不免在世人心目中产生汲汲乎以干禄的嫌疑，其"亟渡江而归"也断然会使人觉得是虚伪的故作清高，更何况他原已触大臣之恚怒，因此他同时还忍受着流言蜚语的攻讦与人们的指责非笑。从吕皓的《云溪稿》可以知道，当时对陈亮的非议恐怕是相当多的，至少吕皓本人就认为陈亮太自信其心而不恤其迹，并以"瓜田不纳履，李下不正冠"为喻，劝他要顾其行藏，以免人们的猜忌。[2]然陈亮坚信孔子之所谓仁，乃是"独论其心之所主"，"若泛然外驰，虽曰为善，犹君子之所弃也。亮虽不肖，然亦须要与心此为主。眼下虽不必其一一皆是，然此心之皎然固自知矣"，因此他更为坚信，"吾人之用心，若果坦然明白，虽时下不净洁，终当有净洁时；虽不为人所知，终当有知时"[3]。

[1]陈亮：《又书（与吕伯恭）》，第321页。

[2]吕皓：《与陈龙川先生论事书》，见曾枣庄、刘琳主编：《全宋文》（第287册），上海辞书出版社2006年版，第234页。

[3]陈亮：《复吕子阳》，第330页。标点略有不同。

　　或许正是这份对于己心的坚定确信，才使陈亮得以自拔于人们的非议之中，并保持其人格的独立而独行其是。在此同时，他又得到了平生视之为唯一知己的吕祖谦的一再安慰与开导，因此不久以后，其心情便渐渐趋于平静，及至入冬，"遂与田里相忘矣"①。

①陈亮：《又戊戌冬书（与吕伯恭）》，第323页。

自乾道八年（1172）开始聚徒讲学之后，陈亮家境的贫困状况逐渐得到改善。现有史料表明，自淳熙五年（1178）以后，他不仅摆脱了原先的清贫，且家道已渐趋殷实，而他在淳熙五年上书时所说的"决归耕之计"也非虚语，他确曾躬耕于垄亩，这在其文集中多有反映。如：

> 亮入冬无一事，遂与田里相忘矣。①

> 亮方学为老农、老圃者也，足下肯访之于畦垄之间，使亮放锄释瓮，班荆而相与坐焉，取古人之诗断章而咏歌之……庶乎有以酬足下见望之始意。②

①陈亮：《又戊戌冬书（与吕伯恭）》，第323页。
②陈亮：《复黄伯起》，第400页。

至淳熙九年（1182），陈亮开始营建了几间居室，"架数间泼屋，自朝至暮更不得举头"，至次年夏秋之间，"方整顿屋宇、什物就绪"，他更打算"就南边营葺小园，架数处亭子，遂为老死田间之计"①。但不意淳熙十一年（1184）他因事下狱，出狱后又遭受意外袭击，园亭的营建工作遂不得不中止。淳熙十二年（1185），他一面与朱熹相互致书论辩，一面又十分起劲地建造其田园房屋。先是起柏屋三间，取名为"抱膝"，而后又修葺一规模甚伟的园林，要将"楼台侧畔杨花过，帘幕中间燕子飞"的富贵婉丽搬进他这位"田野小夫"的居所。他在给朱熹的信中曾详细描述了其屋宇园林的布局与规模，确乎流露出一种怡然自得的神态，几乎与慷慨击节、志大宇宙的陈亮判若两人，他似乎决意要将其后半生消磨于这清雅而又不乏野趣的园囿楼台之中了。

"抱膝斋"既成，叶适作《抱膝吟》二首，陈傅良作一首，皆暗有讽喻之意，故陈亮认为"未能尽畅抱膝之意"。他亟愿朱熹为之作两吟："其一为和平之音，其一为悲歌慷慨之音，使坐此屋而歌以自适，亦如常对晤也。"又求朱熹为之书"抱膝""燕坐""小憩"六大字，并遣仆人纳纸六幅，等朱熹诗做好了再回来："去仆已别赍五日粮，令在彼候五七日不妨。千万便为一作，至恳至恳！"②但当时朱、陈笔战方酣而意见未合，朱熹

---

① 参见陈亮：《又癸卯秋书（与朱元晦）》，第335、337页。
② 陈亮：《又乙巳春书之一（与朱元晦）》，第342—343页。

为人又极端庄沉重，断不肯在这种情况下为陈亮题咏，故回书对陈亮大加贬斥：

> 且闻茸治园亭，规模甚盛，甚恨不得往同其乐而听高论之余也。"楼台侧畔杨花过，帘幕中间燕子飞"，只是富贵者事，做"沂水舞雩"意思不得，亦不是躬耕陇亩、抱膝长啸底气象，却是自家此念未断，便要主张将来做一般看了。窃恐此正是病根，与平日议论同一关捩也。二公诗[①]皆甚高……所惜不曾向顶门上下一针，犹落第二义也。[②]

陈亮又写信自为辩解，并仍希望朱熹为其作诗：

> "楼台侧畔杨花过，帘幕中间燕子飞"，当时论者以为"贫人安得此景致"？亮今甚贫，疑此景之可致，故以为"可只作富贵者之事业"？而来喻便谓"做沂水舞雩意思不得，亦不是抱膝长啸底气象"，如此则咳嗽亦不可矣……许作《抱膝吟》，须如前书得两篇可长讽咏者为佳，不必论到孔明抱膝长啸。各家园池，自有各家景致，但要得语言气味深长耳。[③]

[①]指叶适、陈傅良的题咏。
[②]朱熹：《答陈同甫（第七书）》，见朱熹撰，朱杰人、严佐之、刘永翔主编：《朱子全书》（第21册），上海古籍出版社、安徽教育出版社2002年版，第1584—1585页。
[③]陈亮：《又乙巳春书之二（与朱元晦）》，第350—351页。

朱熹回书则点明因议论未合而不愿作诗之意：

> 《抱膝吟》亦未遑致思，兼是前论未定，恐未必能发明贤者之用心，又成虚设。①

直至淳熙十三年（1186）秋季，陈亮在给朱熹的书信中，仍在为此事作请求：

> 连书求作《抱膝吟》，非求秘书妆撰而排连也，只欲写眼前景物，道今昔之变，一为和平之音，一为慷慨悲歌，以娱其索居野处耳。信手直写，便自抑扬顿挫，何必过于思虑以相玩哉！去奴留待几日尽不妨，愿试作意而为之！②

朱熹来书仍推辞，语气颇决绝：

> 《抱膝吟》久做不成，盖不合先寄陈、叶二诗来，田地都被占却，教人无下手处也。况今病思如此，是安能复有好语，道得老兄意中事耶？③

---

①朱熹：《答陈同甫（第九书）》，见朱熹撰，朱杰人、严佐之、刘永翔主编：《朱子全书》（第21册），上海古籍出版社、安徽教育出版社2002年版，第1592页。
②陈亮：《丙午复朱元晦秘书书》，第355页。
③朱熹：《答陈同甫（第十一书）》，见朱熹撰，朱杰人、严佐之、刘永翔主编：《朱子全书》（第21册），上海古籍出版社、安徽教育出版社2002年版，第1594页。

直至绍熙四年（1193）陈亮进士及第之后，写信给朱熹时仍提起此事，希望朱熹能践前约而作《抱膝吟》，朱熹则以"前论未定"为理由做了最后的拒绝。遂陈亮尽力而筑以为终老之所的"抱膝斋"始终未能得到朱熹的题咏。这于陈亮恐怕是一终生的遗憾，而朱熹为人之不肯苟且、崖岸壁立，于此一事，也尽可想见了。

淳熙十四年（1187），陈亮又一次试于礼部。应该说，他对这次考试是早有准备的，因为淳熙十二年（1185）春天，他在写给朱熹的信中就曾提到"后年随众赴一省试，或可侥幸一名目，遮蔽其身，而后徜徉于园亭之间以待尽矣"[①]。不料临试前忽然得病，考试的结果也就可想而知了。勉强捱过三场考试以后，他即狼狈东渡，其诸弟接之钱塘江边。回家后卧病一月有余，方能饮食如常，而其庶弟陈明竟于此时染病而死。稍后，陈亮的妻儿也轮番病倒。入夏后，他又脚气作梗。直到本年秋季，他才从这恶运的纠缠之中摆脱出来。他在给丞相周必大的信中曾述及此事：

今春以年免上礼部，本有进拜之便，临试一病狼狈。拖强魂入院，仅而不死，仓皇渡江，兄弟接之江头，携持

———————————

①陈亮：《又乙巳春书之一（与朱元晦）》，第342页。

抵家，更一月始能啖饭。一庶弟竟染病以死。更以妻孥番病，意绪惘惘，殆不知身世之足赖也。[1]

同年十月，宋高宗以八十一岁高龄寿终于德寿殿。在陈亮看来，孝宗之所以迟迟不为北伐之举，自己数次上书而不为召见，恐怕与高宗健在孝宗行事有所不便有关，现高宗既已寿终正寝，则孝宗应能独行其是。出于这种想法，陈亮遂打点行装，去金陵（今江苏南京）、京口（今江苏镇江）一带作实地考察，以观兵战攻守之势，为其再陈社稷之计做准备。高宗去世之后，宋朝数次派遣使者前往金国告哀，至次年（即淳熙十五年）二月，金国遣使来吊，行礼于德寿殿，俨然如临小邦，且其祭辞又寂寥简慢。此事并未使在朝文武觉得委屈受辱，却将陈亮激得跳脚，以为莫大之耻辱。他想借这一事件，重新鼓动起孝宗的恢复之志，于是在淳熙十五年四月[2]再到临安，第三次上书于孝宗，是为《戊申再上孝宗皇帝书》。

与前几次的上书相比，陈亮这次上书的内容总体上并无新意，总在条陈复仇之大义，必欲鼓动、激发起孝宗的恢复之志，希望他能够"寻即位之初心"，"以与天下更始"，以其"喜怒哀乐爱恶之权以鼓动天下"，以作兴天下之气。在具体主张上，他仍坚持必须经营建业（今江苏南京），必须不拘常格以擢用人

---

①陈亮：《与周丞相》，第380页。
②参见《续资治通鉴》卷151。

才，认为必"有非常之人而后可以建非常之功"。其上书既无所避忌，而言辞之间又蕴蓄着一股震厉激昂之气，读来令人血脉贲张，确有极强的感染力。

然而，当此之时，孝宗正打算将皇位传给他的儿子，他已不复有"即位之初心"，更不可能有"与天下更始"的壮志了。因此，陈亮书奏而不报，"由是在庭交怒，以为怪狂"。①其上书的结果，不过是赢得一场口语沸腾与人们的嘲讽耻笑而已。留临安二十日以后②，他只好又怀着一颗落魄之心回到"抱膝斋"，继续作不平之长啸。

淳熙十五年（1188）之冬，陈亮与辛弃疾有"鹅湖之会"。淳熙十六年二月，陈亮即从永康出发，做第二次金陵、京口之行。他在金陵会见了好友章森（字德茂），后又在京口购置了别业。他曾在寄给吕祖俭的信中提及此事：

> 二月间匆匆告违，即有金陵、京口之役，举眼以观一世人物，惟有怀向而已。五月二十四日抵家……亮已交易得京口屋子，更买得一两处芦地，便为江上之人矣。地广则可以藏拙，人朴茂则可以浮沉。五七年后，庶几成一不刺人眼也。③

---

①叶适：《陈同甫王道甫墓志铭》，见《陈亮集》（增订本），第534页。

②参见陈亮：《与尤延之侍郎》，第387页。

③陈亮：《复吕子约》，第329页。按：刺人眼，疑当作"刺眼人"。

可见陈亮之所以在京口买下房屋，盖有移居彼地之意，欲借其地广人茂以藏拙浮沉，但此后发生的一系列事件使他未能实现这一心愿。

同年秋季，陈亮再一次为病魔所纠缠，大病几死：

> 亮自七月二十五日，一病不知人者两月。自此日里不能吃饭，夜间不能上床，凡二十余日，方渐渐较可。入九月，吃饭打睡始能自齿于平人，然未至五更便睡不着。望见暮景已自如此，不如早与一死为快脆也。[1]

这一年，陈亮四十七岁，实应当为生命壮盛之年，然数十年东奔西走，为复国家之仇耻，且命途坎坷多舛，难遂其平生之志。不论在思想上、情感上、行为上，他的全部言辞与行为，似乎都不能为其时代所接纳，难以为其曾经引为"同道"的朋友所理解，他始终处于心力交瘁的煎熬之中。数十年颠踬困顿之余，他确乎已然感受到体力与心力的双重疲倦，先前那种平盖万夫的豪迈气魄，也渐渐悄然逝去。"亮平生百事并在人后，只有一健耳。望见暮景，天已与夺之，憔悴病苦，反以求死为快脆，其他尚复何说！"[2]他已体会到桑榆暮景的萧瑟与悲凉，但他依然抵挡不住命运对他的继续捉弄。

---

①陈亮：《复陆伯寿》，第326页。
②陈亮：《复楼大防郎中》，第325页。

陈亮一生曾两次身陷囹圄，这有他本人的叙述以及叶适、陈傅良等人的记述为证。但由于《宋史·陈亮传》以叶适所作墓志铭及叶绍翁《四朝闻见录·天子狱》的记载为蓝本，而二叶所记又不无异同，遂统而合之，竟记为四次。后人或未遑详考而沿其成说，或考之未审而云三次①，均与事实不合。今参诸史料，重视内证，并吸取前辈学者已有的研究成果，略述其两次系狱之经过；而于《宋史》未审之说，也因便略为辨证。

陈亮《告高曾祖文》云："高安②既殁，十年之间，亮两以罪系棘寺，实为我祖先之羞。"③由此可知，自淳熙二年（1175）以后陈亮共有两次狱事，而所谓"十年之间"，则是由绍熙四年（1193）向上推算，自淳熙十一年至绍熙四年，前后恰好十年。

第一次狱事发生于淳熙十一年（1184，甲辰年）春天。陈亮自己也提及这次狱事：

甲辰之春，余以药人之诬，就逮棘寺，更七八十日而不得脱……④

甲辰之春，余亦颠倒于祸患。凡十年，而世亦无察其

①如《宋元学案·龙川学案》及颜虚心的《陈龙川年谱》等均记为三次。
②陈亮：《告高曾祖文》，404页。该文作于绍熙四年（1193）陈亮中状元以后。
③这里的"高安"指陈亮的叔祖陈持，他曾为筠州高安县主簿，卒于淳熙二年。
④陈亮：《陈春坊墓碑铭》，第479页。

始末者。[1]

由此我们基本上可以晓得，陈亮系狱的时间是在淳熙十一年（1184）春天，原因是"药人之诬"；另据《又甲辰秋书（与朱元晦）》，其脱离棘寺的时间是在同年的五月二十五日，由此而上推七八十日，则其"就逮棘寺"之较确切的时间是春三月。

所谓"药人之诬"，叶适在《陈同甫王道甫墓志铭》中略有记述：

前此乡人为礿会，末胡椒，特置同甫羹菹中，盖村俚敬待异礼也。同坐者归而暴死，疑食异味有毒，已入大理狱矣。[2]

叶适在这里所记载的是陈亮下狱的真正原因，但实际上只是当时一宗案情的一半，在此之前，有所谓"落魄醉酒、册妃拜相"之事。叶绍翁的《四朝闻见录·天子狱》云：

永康之俗，固号珥笔，而亦数十年必有大狱。龙川陈亮既以书御孝宗，为大臣所沮，报罢居里，落魂醉酒，与邑之狂士甲命妓饮于萧寺，目妓为妃。旁有客曰乙，欲陷

---

① 陈亮：《钱叔因墓碣铭》，第484页。
② 叶适：《陈同甫王道甫墓志铭》，见《陈亮集》（增订本），第534页。

陈罪，则谓甲曰："既册妃矣，孰为相？"甲谓乙曰："陈亮为左。"乙又谓甲曰："何以处我？"曰："尔为右。吾用二相，大事其济矣。"乙遂请甲位于僧之高座，二相奏事讫，降阶拜甲。甲穆然端委而受。妃遂捧觞，歌《降黄龙》为寿。妃与二相俱以次呼"万岁"，盖戏也。先是，亮试南宫，何澹校其文而黜之。亮不能平，遍语朝之故旧曰："亮老矣，反为小子所辱。"澹闻而衔亮，未有间。时澹已为刑部侍郎。乙探知其事，遂不复告之县若州，亟走刑部上首状，澹即缴状以奏，事下廷尉。廷尉，刑部属也，笞亮无完肤，诬服为不轨。案具，闻于孝宗，上固知为亮，又尝阴遣左右往永康，廉知其事。大臣奏入取旨，上曰："秀才醉了胡说乱道，何罪之有？"以御笔画其牍于地。亮与甲俱掉臂出狱。[1]

这一记载绘声绘色，煞有介事，足为人们的谈论之资，但其可疑之处有二：第一，《宋史·何澹传》未载其为刑部侍郎，只载其曾为兵部侍郎。《传》云：

> 何澹，字自然，处州龙泉人。乾道二年进士，累官至国子司业，迁祭酒，除兵部侍郎。光宗内禅，拜右谏议大

①叶绍翁：《四朝闻见录·天子狱》，见倪进选注：《唐宋笔记选注》，上海教育出版社2016年版，第623页。

夫兼侍讲。澹本周必大所厚，始为学官，二年不迁，留正
奏迁之。澹憾必大，及长谏垣，即劾必大，必大遂策免。①

从这里知道，何澹先为国子司业二年，后因留正的奏请，
迁为祭酒。据《宋史·宰辅表》，留正于淳熙十三年（1186）除
端明殿学士、签书枢密院事，十四年除参知政事兼同知枢密院
事，十六年除右丞相。周必大于淳熙十四年（1187）除右丞相，
十六年正月迁左丞相，同年五月罢。因此，何澹以留正之奏而
迁国子祭酒，最早也应在淳熙十三年（1186）左右，他为右谏
议大夫（即所谓"长谏垣"）则在淳熙十六年（1189）光宗即
位以后，而为兵部侍郎则更在此后。由此可以清楚知晓，淳熙
十一年（1184）左右，何澹仅为国子司业，绝无已为"刑部侍
郎"之事。由此而推，在淳熙十一年以前，所谓"亮试南宫，
何澹校其文而黜之"的事情也是断然不会有的，因为陈亮自淳
熙五年（1178）以后一直蛰居于家乡，至十四年方再试礼部，
而在淳熙十一年以前，何澹根本无与陈亮于学官之事。

第二，"册妃拜相"事件中的主犯"某甲"，其实有姓名可
寻，他就是吕约。吕约于淳熙二年（1175）以前就学于陈亮，
是陈亮最早的学生之一。②即便吕约为狂诞不羁之辈，但师生间

---

① 《宋史·何澹传》，见脱脱等撰，刘浦江标点：《简体字本二十六史·宋史》，吉林人
民出版社1995年版，第8386页。
② 淳熙二年（1175），陈亮弟子孙贯卒，亮率众弟子亲临其穴，为祭文，其中提到吕约
的名字。见陈亮：《孙贯墓志铭》，第462页。

醉酒胡闹何至于斯，且吕约自以为"皇上"并册封陈亮为"相"，则不能不使人产生疑窦。何以知"某甲"即吕约？其事件的真相又若何？吕约之弟吕皓对此事其实有记载，他在《云溪稿》中说：

> 臣婺之永康人，世修儒业，而未有显者……去年之冬，获从群士贡于礼部，未能以遂其志，而仇人怨家所竞不满百钱，至诬臣之兄以叛逆，诬臣之父以杀人。叛逆，天下之大怼也；杀人，天下之元恶也。非至棘寺，终不能以自明。一门父子，既械系而极囹圄之苦。狱告具，而无纤芥之实，卒从吏议，以累岁酒后戏言，而重臣兄之罪。搜抉微文，以家人共犯而坐臣父之罪。夫酒后果有一二戏言，而岂有异意！此所谓言动之过，而非故为之者也。深山穷谷之中，荜门圭窦之戏言，而上渎九重之尊，则几于失朝廷之体矣！且仇怨告讦之情，累岁不可知之事，所不应治也。①

仇人怨家所竞不满百钱，乃至诬皓之兄以叛逆，诬皓之父以杀人，仓皇就逮，一门无有遗者……卒从吏议，以数年前酒后茫昧不可知之言，而坐其兄之罪。搜抉微文，

使某之父亦不免。夫深山穷谷之中，间阎败屋之下，酒后耳热，不识禁忌，此唐明皇所谓三更以后与五更以前者，若一一推寻而穷究之，则展转相讦，疑似相乘，人无置足之地矣。①

乡之奸民卢氏父子，屡假是非以疑上司州县之听而不已。既诬某之兄有狂悖等语，事方得直，又复诬某之父与同里陈公药杀其父。虽有如阁下高明洞达，烛见物理，巨细不遗，亦未免败疑焉。……试以卢氏诬告之事平其心而察之，使有人当十目所视而且饮他人之酒，后有一人几半月而死，病寝之际，医卜交至其门而皆能证其状，死且十日，其子忽声于众，谓某与某药杀我父，而闻之官。官既穷究其事，决不复疑之，而使之再冤也。②

综合上引材料，可以确知淳熙十一年（1184）陈亮的狱事是由卢氏父子与吕约、吕皓之父吕师愈之间的诉讼引起的。诉讼的直接起因是，卢氏与吕师愈有"不满百钱"的争议，卢氏深恨吕师愈的吝啬，遂诬构其罪而诉诸官府。在这一诉讼事件发生之前，"乡人饮宴"的事早已发生了，卢氏也并未将它作为

---

①吕皓：《上王梁二相书》，见曾枣庄、刘琳主编：《全宋文》（第287册），上海辞书出版社2006年版，第230页。
②吕皓：《上丘宪宗卿书》，见曾枣庄、刘琳主编：《全宋文》（第287册），上海辞书出版社2006年版，第232页。

吕师愈的罪状，而只将数年前吕约酒后戏言（即"册妃拜相"之事）作为一项重要罪证，诉讼的缘由已转向"犯上作乱"，故吕约父子均被逮系。直到这时，陈亮并未受到这一案件的牵连，由此可以反证陈亮并未参与吕约的酒后胡闹，与"册妃拜相"之事没有什么关系，叶绍翁的记载是有误的。吕氏父子既被逮系，数经曲折，甚至宋孝宗亲自参与案件审理。孝宗认为这不过是"秀才醉了胡说乱道"，不应加之于罪。于是"册妃拜相"的案情趋于明白，此案也应当就此终结，不料卢氏却于此时病死，其子便将其死亡的原因归于半月前的乡宴，遂重兴讼事，诬陷吕师愈在宴会中下毒药杀其父，并将陈亮也牵连在内，故吕皓谓"（卢氏）既诬某之兄有狂悖等语，事方得直，又复诬某之父与同里陈公药杀其父"。正因如此，陈亮遂以"药人之诬"下了大理狱。

由此可知，陈亮只与该案的后半截有关，故叶适只载其以"药人之诬"而下大理狱，不载"酒后狂言犯上"之事。但由于"酒后狂言"与"药人之诬"在整个案件中是纠缠在一起的，又有叶绍翁的记载在先，《宋史》的作者不察其故而分记为两事，其为失误已不待言而明。

陈亮下狱以后，其内弟何大猷、庶弟陈明以及弟子喻侃、喻南强等均为救其出狱而四处奔走。"当路欲以事见杀，少嘉（大猷字）自比于子弟，而营救不爱其力。浙江风涛之险，一日往复两涉之，几至覆舟，不悔。"①陈明则始终陪伴着陈亮，"扶持左右"②。喻侃平时就深信陈亮的学说，广为宣传，至此则"与同志极力营解"，喻南强更"义形于色，骂其同门，言先生无辜受祸，吾曹为弟子，当怒发冲冠，乃影响昧昧，是得为士类耶？走东瓯，见叶水心诉冤，水心曰：'子真义士也。'即秉笔为作书数通。先生又持走越，袖见诸台官，诵言无忌，卒直同甫之冤。"③与此同时，丞相王淮又能主持公道，颇与开脱④，故至五月二十五日，陈亮得以出狱。而这一案件中最重要的被告吕师愈则是在同月二十日出狱的，直接原因是吕皓在四处伸冤的同时又捐弃了新任命的官职，以救赎其父兄之罪。"（吕）约为怨家所告，几陷不测，语连吕君（师愈），浩（即皓）诣阙告哀，请以所得官赎父兄之罪，朝廷义而许之。"⑤"（皓）方少时，适会父兄有诏狱，上疏孝宗，且纳所居官，天子感动，立命虑冤枉，并缘坐得释五十余人。"⑥

　　陈亮这次下狱纯粹是一桩被人诬陷的不幸事件，但他在狱中之所以深受折磨，正所谓"当道欲见杀""欲残其命"，其实

---

① 陈亮：《何少嘉墓志铭》，第487页。

② 陈亮：《庶弟昭甫墓志铭》，第477页。

③ 黄宗羲：《龙川学案》，见黄宗羲著，沈善洪主编：《黄宗羲全集》（第5册），浙江古籍出版社1992年版，第237页。

④ 参见陈亮：《谢王丞相启》，第298页。

⑤ 陈亮：《吕夫人夏氏墓志铭》，第504页。

⑥ 叶适：《吕子阳老子支离说》，见《叶适集》，中华书局1961年版，第602页。

有其他方面的原因。出狱后，陈亮致书朱熹，曾说：

> 如亮今岁之事，虽有以致之，然亦谓之不幸可也。当路之意，主于治道学耳。亮滥膺无须之祸，初欲以杀人残其命，后欲以受赂残其躯，推狱百端搜寻，竟不得一毫之罪，而撮其《投到状》一言之误，坐以异同之罪，可谓吹毛求疵之极矣。最好笑者，狱司深疑其挟监司（指朱熹）之势，鼓合州县以求赂。亮虽不肖，然口说得，手去得，本非闭目合眼、瞢瞳精神以自附于道学者也。若其真好赂者，自应用其口手之力，鼓合世间一等官人相与为私，孰能御者？何至假秘书（指朱熹）诸人之势，干与州县以求赂哉！狱司吹毛求疵，若有纤毫近似，亦不能免其躯矣。[1]

由此可以确知，陈亮下狱以后，其罪名除药人以外，至少又加上了"为道学"与"受贿赂"两项。淳熙十年（1183）六月，监察御史陈贾、吏部尚书郑丙上疏言道学假名济伪，当明诏中外，痛革此习，孝宗许之。而当时之所以重道学之禁，则又与朱熹弹劾唐仲友一案密切相关。《宋史·王淮传》云："初，朱熹为浙东提举，劾知台州唐仲友。淮素善仲友，不喜熹，乃擢陈贾为监察御史，俾上疏言：'近日道学假名济伪之弊，请诏痛革之。'郑丙为吏部尚书，相与协力攻道学，熹由此

---

[1] 陈亮：《又甲辰秋书（与朱元晦）》，第338—339页。标点略有不同。

得祠。"①当陈亮系狱之时，正学禁方严之际，故陈亮云"当路之意，主于治道学耳。亮滥膺无须之祸"，盖陈亮向善吕祖谦，近又与朱熹友谊颇厚，狱司遂以其为道学中人必欲重治其罪。至于"受贿赂"一事，虽不知其详，但大概是说陈亮假借朱熹等人之势以干预州县而求贿。若事实果是如此，则所谓道学"假名济伪"便又添一项佐证，因此陈亮的这一罪名实际是当道者出于治道学的目的强加的。这一罪名之所以能强加到陈亮头上，可能与其家境的好转有关。陈亮原先之贫困是人所共知的，但事情竟有那么凑巧，就在他认识朱熹的同一年，就发生了朱熹弹劾唐仲友的事件，陈亮开始营造屋宇，而且规模颇大，至此未休。既然前一事件人们就怀疑为陈亮所挑唆，那么对后一事件致其疑问，似乎也显得相当有理。

总而言之，淳熙十一年（1184）陈亮的狱事，其背后是有种种复杂原因的。它既与特定的政治背景有关，也与陈亮平时的处世作风有关，"药人事件"只是某些人得以重治其罪而泄愤的触发点而已。案件审理的最终结果则证明陈亮是清白的。

陈亮脱离棘寺以后，到六月二日方回到永康家里。他原打算休形息影，闭户潜居，不再到外面去与人交往招惹是非了，但因妻弟何大猷家里有些事情要他去处理，遂于同年秋季去了义乌，不料在回家的路上又遭到了一伙强人的截杀。陈亮事后

---

① 《宋史·王淮传》，见脱脱等撰，刘浦江标点：《简体字本二十六史·宋史》，吉林人民出版社1995年版，第8416页。

自述：

> 自六月二日归到家，方欲一切休形息影，而一富盗乘其祸患之余，因亮自妻家回，聚众欲筮杀之，其幸免者，天也。不知今年是何运数，自是虽门亦不当出矣。①

> 自棘寺归，闭门不与人交往，以妻弟之故，一出数日，便为凶徒聚数十人而欲杀之，一命存亡仅丝发许。而告之州县，漠然不应。不知今年是何运数！事发之五日，头重而不可扶，闭眼而不可擘……又二十日而后动止作息不异于平时。丘宗卿亦受群儿谤伤之言，半间半界……②

陈亮虽曾将此事具状告于州县，但州县均"漠然不应"。当时的婺州知州是丘崈（字宗卿），他与陈亮原有并非泛泛的交情③，但对陈亮的诉状也持不信任的怀疑态度，所谓"半间半界"，正指此。陈亮则以为自己能保住性命已属大幸，并未对此事再加追究。但这一事件，使陈亮浑身重伤，颇费调治，对他精神上的打击也是显而易见的。连遭两场飞来横祸，皆几乎丧命，有"不知今年何运数"的感慨，自然也可以理解。但他的

---

①陈亮：《又甲辰秋书（与朱元晦）》，第339页。标点略有不同。

②陈亮：《又乙巳春书之一（与朱元晦）》，第342页。

③陈亮有《送丘秀州宗卿序》《祭丘宗卿母硕人臧氏文》《三部乐·七月送丘宗卿使虏》。

厄运还没有结束。

陈亮的第二次狱事发生于绍熙元年（1190）冬季至绍熙三年（1192）春季。陈亮为其内弟何大猷所写的墓志铭中，回忆了此事："绍熙改元冬十有二月，狱事再急。月之六日，少嘉无疾而死，予为之惊呼曰：'我其不免于诏狱乎！少嘉死，是恶证也。'二年兴狱，而仅能以不死。"① 在《喻夏卿墓志铭》中云："绍熙辛亥（二年）……夏卿死。余犹系三衢狱中……明年二月出狱，则往哭焉。"② 据此两条记载，知陈亮这次下狱的时间是绍熙元年冬十二月，囚系地点在三衢（今衢州）监狱，出狱时间则在绍熙三年二月。

关于这次下狱的原因，叶适的《陈同甫王道甫墓志铭》略有记载：

> 民吕兴、何廿四殴吕天济，且死，恨曰："陈上舍使杀我。"县令王恬实其事，台官谕监司选酷吏讯问，数岁无所得，复取入大理。众意必死。少卿郑汝谐直其冤，得免。③

叶绍翁的《四朝闻见录·天子狱》在记其因"酒后戏为大言下狱"后紧接着云：

---

① 陈亮：《何少嘉墓志铭》，第487页。标点略有不同。
② 陈亮：《喻夏卿墓志铭》，第482页。
③ 叶适：《陈同甫王道甫墓志铭》，见《陈亮集》（增订本），第534页。

居无几，亮又以家僮杀人于境外，适被杀者尝辱亮父，其家以为亮实以威力用僮。有司笞榜，僮气绝复苏者屡矣，不服。仇家置亮父于州圄，又嘱中执法论亮情，重下廷尉。时王丞相淮知上欲活亮，以亮款所供尝讼僮于县而杖之矣。仇家以此尤亮之素计，持之愈急，王（淮）亦不能决。稼轩辛公与相①婿素善，亮将就逮，亟走书告辛……（辛）援之甚至，亮遂得不死。②

表面上看来，叶适与叶绍翁的记载有很大不同，故《宋史》又分记为二次下狱，其实二叶所记载的实际上是同一事件。叶适在上引记载后紧接着说："未几，光宗策进士，擢第一。"陈亮于绍熙三年（1192）二月脱狱，四年春试礼部，成进士，正所谓"未几"者，此可证明叶适所记载的就是陈亮绍熙元年至三年的狱事，断无可疑。而依叶绍翁的记述，参诸《陈亮集》中有关文字，又可得其案情之仿佛。陈亮于绍熙三年出狱后，曾致书郑汝谐以示谢意，其中有云：

俄而积世之冤，端若从天而下。途人相杀，罪及异乡；当路见憎，勘从旁郡。恟恟之势可畏，炎炎之焰若何！一死一生，足累久长之福；十目十手，具知来历之非。莫弭

---

① 应为"亮"。

② 叶绍翁：《四朝闻见录·天子狱》，见倪进选注：《唐宋笔记选注》，上海教育出版社2016年版，第623页。

人言，爰兴诏狱。是非错出，真伪相淆。①

叶绍翁谓"家僮杀人于境外"，此则谓"途人相杀，罪及异乡"；叶谓"被杀者尝辱亮父"，此则谓"积世之冤端，若从天而下"；叶谓"中执法论亮情，重下廷尉"，此则谓"当路见憎，勘从旁郡"。两相比拟，其间实有若合符节者。然《宋史》之所以误分二叶之记载为二事，恐怕与叶绍翁记载中的数处失实有关：

第一，所谓"仇家置亮父于州圄"，那是乾道三年（1167）左右的事情，此时，陈次尹早已尸骨冰冷，何能再置州圄？

第二，王淮于淳熙十五年（1188）五月罢左丞相，除观文殿大学士，判衢州，然次年即去世，至陈亮下狱时，已墓有宿草，何能援陈亮出狱？

第三，辛弃疾之素善者即陈亮本人，并非"亮婿"。辛氏确曾为陈亮出狱而尽力，但其最终得免，却非尽出辛氏之力。

如此，则叶绍翁"闻见"有误而录之，《宋史》的作者因其闻见之误而又录之，遂较然可得分辨。

如上所述，这次狱事的案情似乎并不复杂，但陈亮因系一年有余，备尝箠楚之苦而不得脱，的确又有别种原因。叶适所谓"谕监司选酷吏讯问"的"台官"以及陈亮屡屡提及的"当道"，在很大程度上都可能是指何澹。叶绍翁谓："亮试南宫，

---

① 陈亮：《谢郑侍郎启》，第304页。

何澹校其文而黜之。亮不能平，遍语朝之故旧曰：'亮老矣，反为小子所辱。'澹闻而衔亮。"此事前已证其不可能发生于淳熙十一年（1184）以前，但很可能发生于绍熙元年（1190）。陈亮曾于绍熙元年春初又试礼部①，而何澹恰于此年"同知贡举"；此年陈亮已四十八岁，正与"亮老矣"之语相合。何澹人品低劣，报复心极重，惯于阿附权奸，颇善党同伐异。其既"衔亮"，于绍熙二年（1191）陈亮囚系期间也正有足够的权势予以报复，他这时也正为"台官"，因为绍熙元年四月，何澹被除为御史中丞。

正因有权势方盛的台官何澹从中作梗，不仅使酷吏讯问，且多方罗织，深文周纳，欲置其于死地，陈亮此时的处境相当危急。而平日与陈亮有仇隙者亦纷纷出言毁谤，唯恐其中伤之不深，正所谓"第以当路之见憎，况复旁观之共谤。怨家白撰于其外，狱吏文致于其中。俨然凶人，无一可免；置之诏狱，凡百谓何！"②陈亮在朝中的故旧有力救援者原本无多，而当此之时，有些人又因各种原因表示无能为力，其他如张杓、辛弃

①陈亮在《与范东叔龙图》中说："亮开岁又随众一到春官，包羞至此，只欲为遮拦门户计。若更不遂，且当沉浮里闬，与田夫野老为伍，无所复望于今世矣。"（第386页）按：此书作于绍熙元年。
②陈亮：《谢陈同知启》，第301页。

疾等人则虽能尽力，而实际效果却又不明显而直接。①直到绍熙二年（1191）八月，何澹逢其继母之丧，按例应退职丁忧，然何澹借口非其生母不欲持丧，不肯退职，后因太学生乔祕、朱九成、黄会卿联名移书，严加斥责，方不得已而解官。随着何澹的去职，陈亮的狱情也得以稍缓其势。绍熙二年末，大理寺少卿宋之瑞因侍御史林大中的严厉弹劾而出知外郡，郑汝谐由江西转运使入为大理寺少卿。正是在郑汝谐的主持公道之下，陈亮终于得以洗雪冤情，被无罪释放。

与淳熙十一年（1184）的狱事一样，陈亮这次下狱虽以主使杀人为由，仍然也有另外的原因。陈亮出狱后谢启有云：

> 伏念某少尝有忘于当世，晚乃自安于一廛，身名俱沉，置而不论；衣食才足，示以无求。人真谓其有余，心固疑其克取。而况奴仆射日生之利，子弟为岁晏之谋。怨所有归，谓可从于勿恤；内常无歉，岂自意其难明！②

> 伏念某少时跌宕，久遂阔疏。学剑何止不成，徒存逸

---

① 陈亮在《又书（与章德茂侍郎）》中说："张定叟拯拔其祸患尤力，而事乖人意，薄命所招，无可言者。"（第317页）此书作于绍熙三年（1192）出狱之后。辛弃疾祭陈亮文云："行年五十，犹一布衣……中更险困，如履冰崖，人皆欲杀，我独怜才。脱廷尉系，先多士鸣，耿耿未阻，厥声浸宏。"［引自李幼武：《陈亮言行录》，见《陈亮集》（增订本），第545页］由此知辛氏确曾为救陈亮出狱而尽力。

② 陈亮：《谢郑侍郎启》，第304页。

想；读书非求甚解，第采高标。谩曰古心，不入俗眼。既置身于无用，宜取祸以难明。下流而至缙绅之见推，从何自取？穷居而使衣食之粗足，似若无因。谓其豪强，处以任侠。加虚谤于实事，入信语于疑心……醖在平时，合成奇祸。重以当途之立意，加之众怨之凿空。①

同故旧之戚休，乃名"任侠"；通里闾之缓急，见谓"豪强"。欲为饱暖之谋，自速摧残之祸。谤出事情之外，百喙莫明；变生意料之余，三肱并折。②

在陈亮的其他谢启之中，文字、语气也多有类似者。可见陈亮这次下狱且久不得脱身的另一原因是他近年来家赀的富足颇引起某些人的嫉妒与猜疑。原先的陈亮是那样的清贫，而十数年间，竟能富厚如此，不仅复祖田、造广厦、购别业、辟园林，且"奴仆射日生之利，子弟为岁晏之谋"，更有财力"同故旧之戚休"和"通里闾之缓急"，因此，在淳熙十一年的狱事中，就有人怀疑他挟朝士之权势而干州县以求贿。这次也一样，更有人怀疑他暗地里颇做些打家劫舍的勾当。所谓"豪强"，所谓"处以任侠"，显然也为狱司所文致的罪状之一，不仅"主使杀人"而已。

---

① 陈亮：《谢葛知院》，第299页。
② 陈亮：《谢何正言启》，第305页。

陈亮出狱以后，陈傅良有书来贺其脱险，云：

> 老兄数年以来，再脱于祸，目今只得还他本朝学者辙样，将秦汉间士大夫公案一切封起。未当其位，屈着头，合着眼，杜门燕坐，以养和平之福而已。浙西别业，稍有伦序，渐为择乡之计，尤所愿望！[1]

的确，数年来以无辜之身而两下大狱，虽公道终未沉埋，毕竟为人间羞耻。陈亮在祸患之际或曾体会到世态的炎凉，既脱祸之后，更不免有沮丧，甚至有离开家乡隐逸于江湖的想法："乡间岂可复居？京口也恐惹人闲话。今只当买一小业于彼，却于垂虹之旁买数间茅屋，时以扁舟寻范、张、陆辈于松、吴江上，以终残年。其他一笔勾断，不复作念矣。"[2]但实际上，他又毕竟不甘心就如此终其残年。虽然已到"知天命"的年龄，但安于天命原非其本色，屈头合眼、杜门燕坐尤非其夙愿，他正决计在科场上做一次最后的拼搏。

---

①陈傅良：《与陈同父》（三），见陈傅良著，周梦江点校：《陈傅良先生文集》，浙江大学出版社1999年版，第462—463页。

②陈亮：《又书（与章德茂侍郎）》，第317页。

绍熙四年（1193）春，陈亮考中了进士。同年五月，陈亮参加殿试。光宗之策问，开首云：

> 朕以凉菲，承寿皇（孝宗）付托之重，夙夜祗翼，思所以尊慈谟、蹈明宪者甚切至也。临政五年于兹，而治不加进，泽不加广，岂教化之实未著，而号令之意未孚耶？①

当时的实际情形是，从绍熙二年（1191）岁末开始，光宗感染疾病，同时又极受皇后李氏的挟制而不朝重华宫（不向孝宗请安）。史云："（绍熙二年）冬十一月壬申冬至，郊，风雨大至。上（光宗）震惧，感疾。后李氏，大将李道女也，悍而妒，欲亟立子嘉王（赵扩）为储嗣。因内晏，请于寿皇，未许；后不逊，寿皇有怒语；后衔之。乃造言诬谓寿皇有废立意，上

---

①陈亮：《廷对》，第115页。

惊疑，疾愈甚。及闻后宫有暴死者，上震惧，其疾不能痊平。壬子绍熙三年春正月，上以疾不疗，乃御内朝。于是重华宫温清之礼以及诞辰节序，屡以寿皇传旨而免。宰辅群臣封章沓上，都人始忧。"①这一情形，直至陈亮廷对时也并未改变。稍后，中书舍人陈傅良就光宗不朝重华宫一事，曾对光宗拽裾泣涕而谏。因此，光宗策问所谓"夙夜祗翼，思所以尊慈谟、蹈明宪者甚切至也"，并非事实。然而陈亮对云：

> 臣窃叹陛下之于寿皇莅政二十有八年之间，宁有一政一事之不在圣怀？而问安视寝之余，所以察词而观色，因此而得彼者，其端甚众，亦既得其机要而见诸施行矣。岂徒一月四朝而以为京邑之美观也哉！②

此说似乎为光宗不朝重华宫找到了非常合适的理由，故光宗得对后龙颜大悦，以为善处父子之间，陈亮虽奏名第三，而御笔亲擢为第一。时孝宗在南内，宁宗在东宫，闻之皆喜。光宗赐第之诰词有云："廷策者再，乃始得汝。尔蚤以艺文首贤能之书，旋以论奏动慈宸之听。亲阅大对，嘉其渊源，擢置举首，殆天留以遗朕也。尚循故事，往佐帅幕，益茂远业，以须登

---

①刘时举著，王瑞来点校：《续宋中兴编年资治通鉴》，中华书局2014年版，第248页。

②陈亮：《廷对》，第116页。标点略有不同。

用。"①遂授签书建康军节度判官厅公事。

陈亮中了状元，五十年前其祖父陈益的"状元梦"至此才算真正应验。但半个世纪跋涉于生活的艰险途程，坎坷颠沛，曲折离奇，已消耗了他过多的体力与精力，他已望见其生命之暮景的萧瑟。因此，状元及第似乎并未给他带来多少欢欣喜悦。廷对时回避了某些问题，他内心是清楚的，此或将为人们所非议，他恐怕也有所预料，故及第后谢启有云："数十年穷居畎亩，未谐豹变之怀；五千言上彻冕旒，误中龙头之选。顾今自喜，论古良惭。虽欲有言，莫知所谢。"②"上于二三之中，擢在第一之选。圣恩深厚，固非臣下所能知；众口会同，夫岂志力所可及！自天有命，无地自容。"③但无论如何，自己一生苦读，"十年璧水，一几明窗"，所学期于用世，"六达帝廷，上恢复中原之策；两讥宰相，无辅助上圣之能"④，行事之光明磊落，毕竟于心无愧。多年来人们的侧目指背、谤议飞扬，以至再蒙无须之祸，至此则已然得到最后的澄清。他可以安心无愧地去见其先人于地下了：

　　亮之既第而归也，弟充迎拜于境，相对感泣。亮曰："使吾他日而贵，泽首逮汝。死之日，各以命服见先人于地

①李幼武：《陈亮言行录》，见《陈亮集》（增订本），第544页。
②陈亮：《谢留丞相启》，第289页。
③陈亮：《谢陈参政启》，第291页。
④陈亮：《谢留丞相启》，第289页。

下，足矣!"闻者悲伤其意。①

但状元及第毕竟有使陈亮感到振奋的一面，他希冀自己毕生之所学终究能够展其大用，复仇之志向指日可偿，他甚至已想见其运筹帷幄、决胜千里的疆场风采："复仇自是平生志，勿谓儒臣鬓发苍。"②谈到这一主题，他依然神采飞动，壮心不已：

> 亮青年立志，白首奋身，敢不益励初心，期在重温旧业。出片言而悟明主，尚愧古人；设三表以系单于，请从今日。③

然而，陈亮老矣!数十年"忧患困折"，已使他"精泽内耗，形体外离"。④他还未来得及赴建康之任，即为病魔所纠缠，终至于一病不起。临终前，陈亮嘱托好友叶适为之作墓志铭，并云："铭或不信，吾当虚空中与子辨!"⑤时在绍熙五年（1194）春夏之间。陈亮享年五十二岁。

陈亮死了。他终于穿上了天子的"命服"，却也永远带走了

---

① 《宋史·陈亮传》，见《陈亮集》（增订本），第558页。标点略有不同。

② 陈亮：《及第谢恩和御赐诗韵》，第506页。

③ 陈亮：《谢留丞相启》，第289—290页。

④ 叶适：《陈同甫王道甫墓志铭》，见《陈亮集》（增订本），第534页。

⑤ 吴子良：《水心合铭陈同甫王道甫》，见孙怡让撰，潘猛补校补：《温州经籍志》，上海社会科学院出版社2005年版，第907页。

他毕生为之奔走呼号的恢复中原的壮志雄心。他的生前虽祸患百罹却也轰轰烈烈，他死之后虽身份荣耀却显得冷冷清清。在其众多的故旧之中，对其死去做祭文表示哀悼的，似乎只有叶适与辛弃疾。

宁宗嘉泰四年（1204），陈亮之子陈沆编其父遗文为四十卷，叶适为之序；嘉定七年（1214）左右，婺州太守丘真长刻之于州学，叶适又为书后。①在《龙川集序》中，叶适云：

> 初，天子得同甫所上书，惊异累日，以为绝出，使执政召问："当从何处下手？"将由布衣径唯诺殿上，以定大事，何其盛也！然而诋讪交起，竟用空言罗织成罪，再入大理狱，几死，又何酷也！使同甫晚不登进士第，则世终以为狼疾人矣。呜呼，悲夫！同甫其果有罪于世乎？天乎，余知其无罪也！同甫其果无罪于世乎？世之好恶未有不以情者，彼于同甫何独异哉？虽然，同甫为德不为怨，自厚而薄责人，则疑若以为有罪焉可矣。②

正因"世之好恶未有不以情者"，故陈亮虽身死而论未定，其间是非毁誉也往往相半。

理宗端平元年（1234），乔行简上书为陈亮请谥，认为其

---

① 《龙川文集序》作于"嘉泰甲子春三月"；《书龙川集后》载"同甫虽以上一人赐第，不及至官而卒，于是二十年矣"，是以知其集之刻在嘉定七年左右。

② 叶适：《龙川文集序》，见《陈亮集》（增订本），第531页。

"当渡江积安之后，首劝孝宗以修艺祖法度，为恢复中原之本，将以伸大义而雪仇耻，其忠与汉诸葛亮、本朝张浚相望于后先，尤不可磨灭……况如亮者，非所谓一乡一国之士，乃天下之士"①。理宗从其请，追谥陈亮为"文毅"，更与一子官。

　　方孝孺《读陈同甫上孝宗四书》云："予始读陈同甫论史诸文，见其驰骋为惊人可喜之谈，以为同甫特尚气狂生耳，未必足用也。及观其上孝宗四书，不觉慨然而叹，毛发森然上竖。呜呼，同甫岂狂者哉，盖俊杰丈夫也！宋之不兴，天实弃之……设用同甫，听其言，从其设施，则未必无成功，而卒不用者，天也"。②

　　姬肇燕云："卧龙、龙川，千古一辙，何多让焉！至其气节，虽屡遭刑狱，而百折不回，饶有铜肝铁胆、唾手燕云之志。所谓真英雄、真豪杰、真义士、真理学者，非其人耶！"③

　　朱熹云："同父才高气粗，故文字不明莹。要之，自是心地不清和也。"④

　　李贽云："堂堂朱夫子，反以章句绳亮，粗豪目亮，悲夫！士唯患不粗豪耳。有粗有豪，而后真精细出矣。不然，皆

①乔行简：《奏请谥陈龙川札子》，见《陈亮集》（增订本），第546页。

②方孝孺：《读陈同甫上孝宗四书》，见《陈亮集》（增订本），第560页。

③姬肇燕：《康熙刻本龙川文集序》，见《陈亮集》（增订本），第566页。标点略有不同。

④朱熹撰，朱杰人、严佐之、刘永翔主编：《朱子全书》，上海古籍出版社、安徽教育出版社2002年版，第3871页。

假也。"①

危稹云："龙川上书气振，对策气索，盖是要做状元也。"②

全祖望云："若同甫，则当其壮时，原不过为大言以动众，苟用之，亦未必有成。迨一掷不中，而嗒焉以丧，遂有不克自持之势……而其暮年对策，遂阿光宗嫌忌重华之旨，谓'不徒以一月四朝为京邑之美观'，何其谬也！盖当其累困之余，急求一售，遂不惜诡遇而得之……故即令同甫不死，天子赫然用之，必不能掩其言……水心于同甫，惜其初之疾呼纳说，以为其自处者有憾；而又谓使其终不一遇，不免有狼疾之叹，可谓微而婉者也。"③陈亮晚年附会光宗不朝重华宫之行为，最为人所不取，甚至认为尽丧其生平，故全氏不仅认为其学"粗莽抡魁"，更认定其"晚节尤有惭德"。④

叶绍翁云："水心先生序龙川之文乃谓：'同父使不以进士第一人及第，则诚狼疾人矣'……水心先生不当以是篇冠首。龙川虽不为进士第一人，其所上皇陵（孝宗）三书，讵可

---

①李贽：《陈亮传》，见乔象钟、徐公持、吕微芬选编：《中国古典传记》（下册），上海文艺出版社1985年版，第324—325页。

②叶绍翁：《光皇策士》，见倪进选注：《唐宋笔记选注》，上海教育出版社2016年版，第629页。

③全祖望：《陈同甫论》，载《宋元学案·龙川学案》，见黄宗羲著，吴光执行主编：《黄宗羲全集》（第8册），浙江古籍出版社2012年版，第2065页。

④全祖望：《宋元学案·龙川学案叙录》，见黄宗羲著，吴光执行主编：《黄宗羲全集》（第3册），浙江古籍出版社2012年版，第38页。

泯乎？"①

　　以上引文，虽稍显烦琐，但足以说明一点，即常人不是圣人，其好恶异情，便至臧否殊途，欲其喜怒哀乐之发而皆中节之和，谈何容易！上引诸说，其喜而誉之者或稍嫌其过情，其厌而毁之者恐亦未免失当。陈亮之行藏，上文已述之稍详，其立身处世绝非无可訾议，但他敢于坚持自己的政治主张，敢于坚持其独立之人格，虽以韦布之士而以天下为心，屡次诣阙，慷慨陈言，体现了其过人的胆识与一往无前的勇气，正不失为一卓荦人物。至于陈亮果得其用，是否真能有所成就，此尤难为定说。历史既未曾为其提供这样一种机会，则后人关于这一问题的见解，在根本上均为猜测，于历史之研究并无裨益，徒腾口说而已。

　　陈亮晚年廷对一事最遭后人非议，往往谓其阿谀、诡谲，有失节、惭德之评，然以此谓"尽丧其生平"，却是太过。一个人的思想行为毕竟受其生活经验与现实生活之情境的制约，若从这方面去考虑，则陈亮所谓"一月四朝"之说，即便不可谓其全无迎合之意，却未必就是为攫取一己之功名而故为曲笔。明代郭士望云："宋之儒，理有余而气不足者也。同甫其气绰然，足支弱宋，杯酒淋漓，神色悲壮，一世之人鲜不以为怪物，敢大言撼朝廷，坎壈以老，岂足异哉！或者谓一月四朝之说为

①叶绍翁：《四朝闻见录·光皇策士》，见倪进选注：《唐宋笔记选注》，上海教育出版社2016年版，第629页。

曲笔阿人主，不知人主束缚太急，责备太过，则患其显有所出事而旁有所迸逸。假令光宗疏问视之节而断然与金绝，日夕讲求刷耻之务，则重华宫之青草，孰与夫五国城之悲孟婆、叹马角者哉？故迁回以之于正，此真善处人父子之间者矣。嗟嗟！豪杰独抱英骨，怀一片任事苦心，与世龃龉不合，岂可胜道！"①按照郭氏的理解，陈亮之所以在廷对中回避光宗不朝重华宫之事实而为"岂徒一月四朝为京邑之美观"之说，正恐对"人主束缚太急，责备太过"，其行事反有可能更为逸出常道。而更为重要的是，孝宗莅政二十八年，其所图所谋无非恢复之事，若光宗真能察词观色而得其机要，继其志而述其事，断然废绝和议，讲求刷耻之务，则已然为得孝道之大，而不必拘执于一月四朝之虚礼。倾心于中原恢复之事较之重华宫之定省要重要得多。因此，陈亮之说乃"迁回以之于正"，其意仍在激励光宗的恢复之志，而非故为曲笔以阿人主。实际上，从《廷对》的全部内容来看，它仍然与陈亮平时的思想观点相符合，故以"一月四朝"之说而断言陈亮失节、有惭德，以至于"尽丧其生平"，似过于仓促，而郭士望之说较为近似。可以断言，陈亮绝不赞同光宗之废去定省之礼，因为在《廷对》的末尾，他仍对此事提出了极其明显的讽谏："陛下之圣孝，虽曾、闵不过，而定省之小夺于事，则人得以疑之矣。陛下之即日如故，而疑者不愧，其望陛下之以厚自处为无已也……臣愿圣孝日加于一

---

①郭士望：《万历刻本龙川文集序》，见《陈亮集》（增订本），第564页。

日……使天下无一人之有疑，而陛下终为寿皇继志而述事。"①
由此看来，我们虽毫无必要为陈亮文饰而回护其短，但"一月
四朝"之说实也未足以"尽丧其生平"，郭士望之说虽未必尽无
可疑，但至少提供了别一种见解，反而是值得注意的。

---

①陈亮：《廷对》，第121页。标点略有不同。

第二章 | 陈朱之辩

南宋孝宗时期，学术最称繁荣，学派众多，学说纷纭，议论迭出，叠叠不穷。然总其大势，可约为二端：一为道德心性的仔细推寻，衍为精深缜密的理论思辩；一为历代典制的博征稽考与历史事件的重新研究，欲斟酌通变以为经世之用。前者的目的在成圣，后者的目的在致用；前者的性格主于静，后者的性格偏于动。故前者往往以古圣先贤之说为其立论之基原，而以个体道德精神的涵养与光大为其理论的最后境域；后者则以历史研究为其先导，以现实政事的合理措置为其学说的最终归结。当此之时，若谓道德心性之学必以朱熹、陆九渊为典范性代表，那么通古今之变以经世致用，正为浙学的本色。所以我们持这样一种基本的学术观点：北宋五子（严格说来只是濂溪、程颐、程颢、张载"四子"）承唐朝韩愈的问题意识，必欲化解佛道二教之普遍流行所形成的价值冲击，重归以孔孟儒学为本原的价值原点，重建中国文化的主体性，从而发起的一场规模浩大的思想文化运动，即后代称之为"理学"或"道学"的运动，到南宋时候结成了丰富的思想成果。以"类"归之，这一运动所达成的丰富思想成果，可大别为三：一为以朱熹为代表的"理学"；二为以陆九渊为代表的"心学"；三为以吕祖谦为代表的"历史哲学"。所谓"浙学"者,不论金华、永康、永嘉,皆大抵可以归入"历史哲学"一类,唯其思想表达所着重的面向各有差异而已。

然而,朱熹恰好是十分轻视史学的。他认为司马迁虽然也讲仁义,"然其本意却只在于权谋功利","圣贤以'六经'垂训,炳若丹青,无非仁义道德之说。今求义理不于'六经',而反取疏略浅陋之子长(司马迁),亦惑之甚矣"。故浙江学者如吕祖谦、陈傅良、叶适等,无不深受其讥评与非难。他对陈亮更有一番评论:"陆氏(九渊)之学虽是偏,尚是要去做个人。若永嘉、永康之说,大不成学问,不知何故如此。""看史只如看人相打,相打有甚好看处?陈同父一生被史坏了。""陈同父读书,譬如人看劫盗公案,看了,须要断得他罪,及防备禁制他,教做不得。它却不要断他罪及防备禁制他,只要理会得许多做劫盗底道理,待学他做。"朱熹毕竟颇了解陈亮,这些话虽相当偏激,但正说明陈亮的思想在整体上是以历史研究为其一般基础的。而历史观念上的重大差异,实际上也正为朱、陈之说互不相入的一个根本原因。本章先述陈亮的基本史学思想,然后对朱、陈历史观念的歧异及二人三代汉唐之辩的实质作一基本考察。

　　"历史"并不仅仅是"过去",而总是与"现在"相联结的。它是特定的社会群体在一定的时空结构中的生活经验的创造、积累与绵延,是以历时性而呈现出来的一个无限过程;我们今天所看到的"历史",便是这一无限过程的已往片段。由于"今天"同样是这一过程的一个环节,因而历史相对于"今天"便永远具有意义,并且正是"今天"才构成了历史被理解的真正基础,因此历史的意义总是向"今天"与"未来"开放的。但今天的已往历程毕竟与今天不同,其中包含着无限多样的文明的创造、消亡、重建、变革、因袭、承继,正是各种变化的因素构成了社会历史运动的总相,使它在作为过程的统一性之中展示出无限丰富的多样性。在历史过程之中,特定的社会群体在某一时空状态之下的现实存在,其阶层结构、经济制度、政治设施与人民的生活方式,以及人文自然环境,乃是"现实"一词所囊括的基本内容。这种现实,在古代的许多史学家与思想家那里,便更多地将它理解为"天人之际"。

司马迁在《报任安书》中曾提出史家的职责即"究天人之际，通古今之变，成一家之言"。而在陈亮那里，"究天人之际"与"通古今之变"，正是其历史研究的本原目的，因此也是其史学思想的核心。陈亮说：

> 臣不佞，自少有驱驰四方之志，常欲求天下豪杰之士而与之论今日之大计……辛卯、壬辰之间，始退而穷天地造化之初，考古今沿革之变，以推极皇帝王伯之道，而得汉、魏、晋、唐长短之由，天人之际，昭昭然可察而知也。①

穷天地之造化，考古今之沿革，推极皇帝王伯之道，寻绎历代政治之得失，便是对已往之天人之际的寻求，而其现实的出发点则是"论今日之大计"，以实现其"驱驰四方之志"。这表明陈亮对于已往之天人之际的寻求，实际上是要为当代的社会现实提供一种值得借鉴的参照体系；他要将其时代纳入社会历史运动的整体范畴，要在社会的自身运动中对其时代的现实问题做出历史性反思，并为这些问题的解决谋求可能的基本出路。因此，历史具有发展的统一性与不间断性的思想，实际上一开始就包含在陈亮的历史观念之中。

按照陈亮的理解，国家制度是人类的群体生活发展到一定

---

①陈亮：《上孝宗皇帝第一书》，第9页。

阶段的产物，君主制度则建立在人类生活的自然基础上，是社会生活本身的一种自然选择。陈亮云：

> 昔者生民之初，类聚群分，各相君长，其尤能者，则相率而听命焉。曰皇曰帝，盖其才能德义足以为一代之君师，听命者不之焉则不厌也。世改而德衰，则又相率以听命于才能德义之特出者。天生一世之人，必有出乎一世之上者以主之，岂得以世次而长有天下哉！①

> 方天地设位之初，类聚群分，以戴其尤能者为之君长，奉其能者为之辅相。彼所谓后王君公，皆天下人推而出之，而非其自相尊异，以据乎人民之上也。②

在他看来，历史的演进是以人类社会生活的变动为主要轨迹的。国家形式的出现，乃以"类聚群分"，即以社会生活的分层结构形成为必要前提；而才能德义之特出者为君长，便是国家的建立，它是特定历史状态下天人之际的一种自然而必然的体现形式。随着社会生活的自然变更，原政权形式与行政制度难以完全适应当下，所谓"世改而德衰，则又相率以听命于才能德义之特出者"，便体现了天人之际的历史性变动。

---

① 陈亮：《问答上》，第33页。
② 陈亮：《问答上》，第39页。

因此，历史的演进与朝代的更替都必然以特定历史阶段的天人之际为最终依据，这一点决定了历史在一系列的皇朝更替中仍存在着可以寻绎的统一性。在这一意义上，任何一个朝代的消亡或兴起都有某种必然的合理性，一个政权是否能够维持久远则取决于其政权结构与各种制度是否能够适应特定现实条件之下的天人之际及其变更。因此，陈亮与同时代的大多数人不同，他并不将三代政治视为完善的理想形式，更不认为它就是后世必不可企及的最高范本，而只认为它是历史发展中的一个辉煌时期，其各种制度是值得后世借鉴的。三代的衰亡有其历史的必然，这种必然性，在陈亮看来，便是道的自身运动。道的存在及其自身运动不仅在总相上展示为社会历史的本身，而且在本质上规范了人类实践活动的根本取向。

在陈亮那里，道并不纯粹是一种哲学上的先验设定，也非一种绝对的形而上学的价值本原，而是一种可以在人的主体性实践活动中被充分贯彻的客观实在。它具有存在的普遍性与运动的不间断性。正是这两方面性质决定了道的存在的永恒性，而这种存在的意义只有与历史意识相结合的时候才是真正可以理解的。

首先，道之存在的绝对性并不表示它可以独立于事物现象的具体存在以外，反而是必须借现象存在才能充分展示出来，其永恒性就是现象之具体存在的无限性与丰富性。道必然与事物同在，或者更直接地说，事物存在本身便是道之实在性的显现。故陈亮云：

夫道之在天下，何物非道！千涂万辙，因事作则。①

夫道，非出于形气之表，而常行于事物之间者也……天下固无道外之事也。②

天地之间，何物非道！赫日当空，处处光明。闭眼之人，开眼即是。③

"天下固无道外之事"是陈亮屡屡强调的一个命题。按他的观点，道既具有无限的包容性，同时又具有绝对的普遍性。由于天地之间触物皆道，因而日常生活中人们的一切现实活动都是对于道的实践，因此他又认为"道之在天下，平施于日用之间……而其所谓平施于日用之间者，与生俱生，固不可得而离也"④。这样，道就不具有任何超验的性质，而是普遍存在于经验世界并且必然显示于人的经验活动之中。在"平施于日用之间"这一意义上，道即体现为人们在经验中为其生活的群体性质所决定的一系列根本的生活原则。所谓"千涂万辙，因事作则"，是断然不能脱离人类现实活动的一般背景的。陈亮又云：

①陈亮：《与应仲实》，第319页。
②陈亮：《勉强行道大有功》，第100页。
③陈亮：《又乙巳秋书（与朱元晦）》，第351—352页。
④陈亮：《六经发题·诗》，第104页。

夫子之道即尧舜之道，尧舜之道即天地之道。天地以健顺育万物，故生生化化而不穷；尧舜以孝悌导万民，故日用饮食而不知；夫子以天地尧舜之道诏天下，故天下以仁义孝悌为常行。①

按照他的理解，尧、舜以孝悌导万民，即是对生化不穷的天地之道的承继并将它融入民众的日常生活，这正是尧、舜辉煌事业的原因所在；经过孔子的发扬光大，被民众不知不觉地贯彻于日用之间的天地之道便成为人们所共同遵守的生活原则。故仁义孝悌之常行实为天地之道在人伦理法之中的具体化。因此陈亮认为："礼者，天则也，果非圣人之所能为也。"②"圣人之于天下也，未尝作也，而有述焉。"③无论是仁义孝悌，还是礼仪三百、威仪三千，均原本存在于民众的日常生活之中，圣人取其合乎时宜者载之典籍而导之绵远，而非脱离生活经验另为杜撰，是所谓"礼者，天则也"。故天道即是普遍存在的现实性法则。就其普遍性而言，它恰恰是绝对的。

其次，道的存在形式绝非静止，而是处于永无止境的运动变化之中，总是通过动态的过程展开来实现其自身的实在性。四时阴阳代序而有常，昼夜晦明迭运而有则，便是天地之道常

---

① 陈亮：《汉论·高帝朝》，第212页。
② 陈亮：《六经发题·礼记》，第106页。
③ 陈亮：《六经发题·春秋》，第106页。

运而不息的确切证明。"夫阴阳之气，阖辟往来，间不容息……此天地盈虚消息之理，阳极必阴，阴极必阳，迭相为主而不可穷也。"①正是阴阳之气"间不容息"的不断运动，才使天道获得自身存在的恒久与绵远。换言之，道之存在的普遍性是通过其运动的绝对性来实现的，而其存在的永恒性又伴随着变化的必然性。因此，只要天运一日不息，道便无一日不在天下。但与此同时，它在不同历史时期所涵盖的现实内容又必然有其历史性差异。因此，尽管道的实在性不容置疑，但这并不表示它是一个可以执定的对象，因为它永远处于无间断的运动之中。要对道做出恰切的把握，就必须研究其演进的历程，充分究诘它在不同历史时期的现实内容及其变迁的实迹，故诉诸人类社会自身的历史及其文化过程便是充分必要的。

从陈亮对于道的一般理解可以看出，在他那里，道不仅是一个自然哲学的概念，更重要的，它还是一个社会历史范畴。道的存在既具有普遍性，又具有历史性，唯其普遍性与历史性的相互统一才构成道的存在的全部，因而对它的把握必须要有历史意识的充分介入。由于陈亮将天道确认为人类借以生存的现实世界及其历史发展本身，因而在理论上，天道历程即体现为人类社会现实的历史进程。这样，道在某一历史阶段所涵盖的现实内容与该历史时期的天人之际在内涵上便获得了同一性，它们都代表了处于某种特定时空结构之中的人类现实存在的一

---

① 陈亮：《与徐彦才大谏》，第314页。

般情境及其基本状态。这就意味着对于过往时代天人之际的寻绎，便是对于道实现其自身的历史运动轨迹的追寻。陈亮云：

> 洪荒之初，圣贤继作，道统日以修明，虽时有治乱，而道无一日不在天下也；而战国、秦、汉以来，千五百年之间，此道安在？而无一人能识其用，圣贤亦不复作，天下乃赖人之智力以维持，而道遂为不传之妙物，儒者又何从而得之，以尊其身而独立于天下？[①]

这是陈亮以历史主义的观点，更确切地说，是以历史哲学的维度，对当时流行的"道统说"所提出的质疑。这既是他平时孜孜探求的问题，也是他与朱熹反复论辩的一个主要问题。从中可以明显地看出，他的历史研究、对天人之际的寻求与对道的体察在观念上是相一致的。

在这种观念之下，道即天人之际存在的实况。在历史进程中，它既展示为某种现实的客观必然性，又展示为人的主体性对于这种必然性的觉解、把握、领会以及在现实政治与各种制度之中对它的具体施用。既然天人之际具有历史性差异，则道的现实内容便是历史的。因此，历史现实的变动即意味着道之现实的历史内容发生了变动，这一变动的连续过程是道的自身发展，也是社会历史的一般发展。故陈亮认为："夏、商、周之

---

① 陈亮：《钱叔因墓碣铭》，第484页。

制度定为三家，虽相因而不尽同也。五霸之纷纷，岂无所因而然哉。"①三代制度虽相互因袭但差异存乎其中，战国诸侯纷争各自为政但于三代制度的因袭之迹也存乎其中。三代相因而不尽同，五霸相异而有所袭，是由社会现实的历史性变动所决定的，都体现了特定现实情境之中的天人之际。如果制度之相因的方面体现了道之历史运动的连续性，那么其相异的方面便体现了连续过程之中的阶段性。唯此相因相异、增损沿革的相互缠结交替或连续性与阶段性的相互统一，才构成了天人之际完整的历史发展。而不同时代的人们对于前代制度的因革损益便同样取决于天人之际的历史性变动，是道的必然性要求，并在本质上体现为主体性对于道的洞达与实践。故在陈亮看来，若认为道仅存在于三代，战国秦汉以后道便不存，乃是十分荒谬的，至少是人为地割断了历史发展过程的连续性，破坏了社会历史整体发展的统一性。

显而易见，道常行于事物之间，甚至即为事物存在之本身的基本界定，表现了陈亮在哲学上浓厚且显著的拒斥形而上学的倾向。这一基本界定与先秦儒家，尤其是体现于《易经》之中的天道观念的结合，构成了陈亮关于道常存而不灭、常运而不息的根本观念。在此观念所涵盖的意义之下，道的存在乃是与历史现实相同一的。当这种同一性被确认为天人之际的时候，道的实在性便转化为天人之际的现实性，其自身的运动演变便

———————————
①陈亮：《又乙巳春书之一（与朱元晦）》，第344页。

展示为天人之际的历史性变动。故仅仅是道常在不灭、常运不息这一基本性质就足以决定其自身的存在及其所蕴含的现实内容乃是历史的，既具有其历时性绵延又具有其特定时空形态下的现实性，并且其运动的展开过程也必然与人类社会自身向善的运演保持着进阶上的同一性。我们可以认为，在陈亮的历史观念之中，已然隐藏了某种逻辑与历史发展的同一性思想，至少他已十分明确地表述了社会历史过程是连续性与阶段性的统一，并强调了这种统一性不容割裂。这种关于历史的观念在陈亮那里实为根深蒂固，是他看待处理现实诸问题的思想基础。

第二节 古今之变、三才与时措之宜

天人之际或道之历史运动轨迹的一般追寻，作为一种知识形态，是历史学；作为一种认识活动，则是通古今之变；其结果或根本效用，则归于现实诸问题的合理措置，是时措之宜。故陈亮认为，历史哲学作为认知活动的完整过程体现为"察古今之变，识圣人之用，而得成顺致利之道"①。

那么关于历史的认识活动如何可能？或者说，历史研究的依据何在？按照陈亮的理解，这种依据就是关于人类已往之实践经验的载籍，它们是历史现实的载体。只有以历代史著的研究为手段，深入于史著背后的历史现实，把握其天人之际的确切内涵及其历史性变动的所以然之故，历史的认识活动才是充分可能的。由于陈亮在哲学上将道纳入社会历史的发展过程，以道的历时性运动作为社会历史变动的观审维度，又以通古今之变为历史知识学的基本手段与目的，因而他不仅十分重视历

---

①陈亮：《书林勋本政书后》，第256页。

史著作的阅读，并且由此引导出了他关于"六经"颇不同于时人的见解。陈亮云：

> 昔者圣人以道揆古今之变，取其概于道者百篇，而垂万世之训。其文理密察，本末具举，盖有待于后之君子。……古之帝王独明于事物之故，发言立政，顺民之心，因时之宜，处其常而不惰，遇其变而天下安之。今载之《书》者皆是也。[①]

> 道之在天下，平施于日用之间，得其性情之正者，彼固有以知之矣。当先王时，天下之人，其发乎情，止乎礼义，盖有不知其然而然者……圣人之于《诗》，固将使天下复性情之正，而得其平施于日用之间者。乃区区于章句、训诂之末，岂圣人之心也哉！[②]

> 《周礼》一书，先王之遗制具在，吾夫子盖叹其郁郁之文，而知天地之功莫备于此，后有圣人，不能加毫末于此矣。……盖至于周公，集百圣之大成……而人道备矣。人道备，则足以周天下之理，而通天下之变。通变之理具在，周公之道盖至此而与天地同流，而忧其穷哉……文武之政，

---

① 陈亮：《六经发题·书》，第103页。
② 陈亮：《六经发题·诗》，第104页。

布在方册，其人存则其政举。自周之衰以迄于今，盖千五百余年矣，天独未厌于斯乎？①

《诗》《书》《礼》《乐》，吾夫子之所以述也。至于《春秋》，其文则鲁史之旧，其详则天子诸侯之行事，其义则天子之所以奉若天道者，而孔子何作焉……夫子，周之民也，伤周之自绝于天，而不忍文、武之业遂坠于地也，取鲁史之旧文，因天子诸侯之行事而一正之……是以尽事物之情，达时措之宜，正以等之，恕以通之，直而行之，曲而畅之。②

天下之理具于《易》，治道之本末著之《洪范》，而《诗》之喜怒哀乐，盖学者所以用功于平时。举而措之之大端，而当时之学者载而为《论语》……帝王继世之用，《书》载之明矣，而三王之损益，夏、商文献之不足，而周道独详焉，夫子之所深叹，而《春秋》所以备四王之制，百世以俟圣人而不惑者也。③

显然，"六经"绝不是关于某种抽象义理的说教，它们所记载的也不仅仅是仁义道德之说，而是先王遗制与圣人之志，是

①陈亮：《六经发题·周礼》，第104—105页。
②陈亮：《六经发题·春秋》，第106—107页。
③陈亮：《告先圣文》，第401页。

先王致天下于太平的实迹。"帝王之法度，至成周而极矣。凡事变之所至，人情之所有，习俗之所偏尚，耳目念虑之所可及者，固已毕具。"①先王致治之迹既多，"至于周公，集百圣之大成"，其制度考文"文理密察，累累乎如贯珠，井井乎如画棋局，曲而当，尽而不污"②，故能使文、武之政布于方册，以俟后世之有考。孔子既哀周之衰亡，而不忍文、武之道业遂坠于地，故取鲁史之旧，因天子诸侯之行事，揆之以道而作《春秋》，故"《春秋》，继四代而作者也。圣人经世之志，寓于属辞比事之间"③，而后世遂可借以考见先王之迹与圣人之志。因此，"六经"的根本意义在于记载了先王施治的实迹，体现了特定的历史现实，反映了处于该现实条件之下人类对于天道的实然性体悟、把握以及对它的实践与贯彻。简言之，"六经"即载道之书，"圣人之所以通百代之变者，一切著之《春秋》。'六经'作而天人之际其始终可考矣"④。这样，我们可以明显看出，陈亮实际上是将"六经"视为特定现实条件之下的产物的，即"六经"本身即是历史的；由于它们体现了天人之际的历史性变动，故其内涵也同样是历史的。在陈亮那里，确乎已有"'六经'皆史"的观念，尽管这一命题直至清代才被章学诚明确提出来。

---

① 陈亮：《问古今法书之详略》，第170页。

② 陈亮：《六经发题·周礼》，第104页。

③ 陈亮：《春秋比事序》，第254页。

④ 陈亮：《传注》，第137页。

实际上，只有取消"六经"独立于历史过程的绝对性而将其纳入历史的一般范畴，陈亮关于社会历史作为过程的统一性思想以及历史认识活动的可能性观念才是可以坚持到底的。如果"六经"不是历史现实的体现，而"无非仁义道德之说"，那么所谓尧舜之治、三代之道的实际情形，又从何知之？今世儒者又从何得之？唯当"六经"是历史的，先王之遗制与三代行道之实才可能在人们的认识活动中获得还原。这样一来，"六经"那种在人们一般观念中的至高无上的绝对性便实际已被陈亮动摇，因为在"载道"，在体现特定时空状态之下天人之际的实迹这一根本点上，历代史著的价值与"经"是相同一的。陈亮确乎曾以此为基点，而将"六经"与"诸史"相提并论：

> "六经"诸史，反复推究，以见天运人事流行参错之处，而识观象之妙、时措之宜，如长江大河，浑浑浩浩，尽收众流而万古不能尽也。①

"天运人事流行参错之处"，即是天人之际；其浑浑浩浩，尽收众流而万古不尽，即是天道人事的历史性变动，是社会历史作为存在者本身的绵延。"六经"与诸史充分体现了天运人事之流行参错，是人类过去之现实经验的直接载体，而在主体意识的直接参与之下，天人之际的古今之变与人类过去的现实经

---

① 陈亮：《钱叔因墓碣铭》，第484页。标点略有不同。

验都可在主体本身获得还原。故陈亮云："芟荑史籍之繁词，刊削流传之讹谬，参酌事体之轻重，明白是非之疑似，而后三代之文灿然大明，三王之心迹，皎然不可诬矣。"①

如果说将"六经"与诸史并论，均以为载道之书，表现了陈亮对"六经"之绝对性的某种否定的话，那么这一点却并不同时就必然意味着他对"六经"之权威性的蔑视。恰恰相反，陈亮是极为强调"六经"的权威性的，不过在他看来，这种权威性不在于它们保存了圣人关于仁义道德的言论与说教，而在于它们在记述天人之际的基础上充分体现了圣人"相时宜以立民极"的根本精神。正是这种参稽事势之变而因时立制的精神，才是真正的圣人之道，才是"六经"之权威性所在，堪为万世之法程，乃所谓"百世以俟圣人而不惑者也"。陈亮云：

> 帝尧始因时立制，可以为万世法程。而百王之纲理世变者，自是而愈详，故裁而为《书》，三代损益之变，后世圣人将有考焉……圣人之所以通百代之变者，一切著之《春秋》。"六经"作而天人之际其始终可考矣。②

> 孔子之作《春秋》，其于三代之道或增或损，或从或违，必取其与世宜者举而措之，而不必徇其旧典。③

①陈亮：《又乙巳春书之一（与朱元晦）》，第344页。标点略有不同。

②陈亮：《传注》，第137页。

③陈亮：《问答上》，第39页。

"因时立制""取其与世宜者举而措之"，必以现实的天运人事为根本依据，其中不仅包含圣人对其当代之天人之际的明白洞达与深切把握，并且其制度与时措之宜是以切于当世之现实利用为根本目的的，因此它同时体现了圣人的经世之志。在陈亮看来，"六经"的根本精神恰在于推详事势之变而因时立制，它是以切于当世实用为实质的。

唯圣人为能尽天地之道、详人物之情、推古今之变，综核名实，参稽异同而因时立制，所谓"惟皇作极"；而"凡厥庶民，极之敷言，是训是行，以近天子之光"①。故因时立制，即是为民立极。陈亮认为"自伏羲、神农、黄帝以来，顺风气之宜而因时制法，凡所以为人道立极，而非有私天下之心也"②。周公既"集百圣之大成"而制作礼典，文理密察，无复一毫之间，而人道为之大备。而人道大备，就足以涵摄天下一切众理，而尽一切时代通变之道，周公之道之政，正因此而可以与天地同流。故天道之常在而不灭，必存乎人道对其因时而制宜的通变。自三王五帝以迄于周公、孔子，圣人积古留传之道法即是因时立制，而通变之理固已寓于其中。无论是"惟皇作极"还是圣人的因时立制，都须以当代的天人之际及古今制度之沿革嬗变的历史性审察为基础，因而它代表了人之能动的主体性对于天道的把握与实践。按照陈亮的理解，这就是人对于道的干

---

① 《尚书·洪范》。
② 陈亮：《六经发题·周礼》，第104页。

预，天道是必然地凭借人道才得以彰显。故云："夫日异而月不同者，时也；纪日以成岁者，法也。时者，天之所为也；法者，人之所为也。法立而时不能违，则人谋足以定天命。盖自然之理，而未有知其由来者也。"[①]另一方面，现实世界是人的活动境域，而世界的实在性则必须在主体性的参与之下才有其终极意义与价值，正是人的实践活动才将世界现象联系为一个有意义的统一整体。在将道表述为世界存在之本身的前提下，那么仅仅是人本身的实践活动就已经意味着对于道的干预了。因此在陈亮看来，因时立制而为民立极，即是天道在现实人事之中的贯彻，故《易》云"与天地合其德"，"先天而天弗违，后天而奉天时"[②]，故人能"赞天地之化育"。正以天道不仅不可能离开现实人事，而且须依赖人能动的实践活动才得以实现出来，故陈亮又特别强调孔子曾经说过的"人能弘道，非道弘人"[③]。

诚然，人是存在的主体，是社会实践的主体，是历史绵延的主体。只有人的现实实践活动才是天人之际发生客观性变动的真正根源。由于陈亮先行界定了道的运动与社会历史过程的同一性，因而当他将注意力充分倾注于人的现实活动的时候，当他充分意识到人事即天人之际发生历史性变动之根源的时候，他就很自然地引申出"道赖人以存"这样一种基本观念。

这一观念是借助《易经》中的三才思想来证明的。《系辞

①陈亮：《问古今损益之道》，第174页。标点略有不同。

②《易·文言》。

③《论语·卫灵公》。

下》云："《易》之为书也，广大悉备，有天道焉，有人道焉，有地道焉。兼三材而两之，故六。六者非它也，三材之道也。"《说卦》云："昔者圣人之作《易》也，将以顺性命之理，是以立天之道曰阴与阳，立地之道曰柔与刚，立人之道曰仁与义。兼三才而两之，故《易》六画而成卦。"《易》之所以能广大悉备而弥纶天地，是因为它囊括了天地人三才之道。既分三才，即表明它们之所以确立的原点各有歧异。承《说卦》之说，陈亮云："一阴一阳之谓道，而三极之立也，分阴阳于天，分刚柔于地，分仁义于人，天地人各有其道，则道既分矣。"[1]这里似乎强调了天地人各有其道，但若由此得出陈亮认为三才之道各不相侔的结论则肯定是错误的。《易经》虽分立天道、人道、地道，但必兼三才而成卦，故其分立的目的恰在于最后的统会。所谓"兼三才而两之"，仍将三才之道归结为阴阳之变。在陈亮那里，"天地人各有其道"的前提也正是"一阴一阳之谓道"，其内涵与"兼三才而两之"是一致的，均隐含着三才之道的大原乃出于天这一意义。因此在绝大多数情况下，陈亮不言三才之分立，而言三才之并立，强调其缺一不可。[2]换言之，三才虽可分而不可离，唯其各自有分而又归其有极，从而构成一个完满的统一整体，才是道的最为完整的内涵。

非常明显，三才观念的确立，其中包含着人在宇宙中之地

---

[1] 陈亮：《问皇帝王霸之道》，第172页。
[2] 参见陈亮：《钱叔因墓碣铭》，第484页。

位的深沉思考，也包含着对于人为宇宙之中心这一地位的确认。《礼运》云："故人者，其天地之德，阴阳之交，鬼神之会，五行之秀气也。""故人者，天地之心也。"《荀子·王制》："水火有气而无生，草木有生而无知，禽兽有知而无义，人有气有生有知亦且有义，故最为天下贵也。"在先秦儒学文献之中，人为天地之心的观念是被普遍接受的，故虽三才并举，实仍以人道为其系统运行的核心。既然天道阴阳、地道柔刚、人道仁义是圣人"将以顺性命之理"而对三才之内质所作的不同规定，它们便都是主体性的赋予。因此之故，人道不是天道之被动的接受者，反而是天道之主动的制导者与实现者。荀子曾强调"大天而思之，孰与物畜而制之！从天而颂之，孰与制天命而用之！"[1]天命而可制，缘何人力不可以实现对于道之实在状态的干预呢！故陈亮云：

> 人之所以与天地并立而为三者，非天地常独运而人为有息也。人不立则天地不能以独运，舍天地则无以为道矣。夫"不为尧存不为桀亡"者，非为其舍人而为道也。若谓道之存亡非人所能与，则舍人可以为道，而释氏之言不诬矣。[2]

---

[1]《荀子·天论》。
[2] 陈亮：《又乙巳春书之一（与朱元晦）》，第345页。

（汉）高祖、（唐）太宗及皇家太祖，盖天地赖以常运而不息，人纪赖以接续而不坠，而谓道之存亡非人之所能预，则过矣……道非赖人以存，则释氏所谓千劫万劫者是真有之矣。①

"人不立则天地不能以独运"，故道之存亡必为人力之所能与，是陈亮一个极为重要的基本观念。既然三才并立而不相离异，并且人道在其中居于主动的核心位置，天地赖之以常运不息，道赖之而后存，那么所谓道的历史性运动，当它充分体现为现实性的时候，实际上即是人对于道实现适时干预的一系列结果。在陈亮看来，圣人依乎天道、切乎人物之情而创制垂统，是相度时宜、审度事势而为民立极，故因时立制便是人对于天道的适时干预。但这种干预不能脱离天人之际的现实情境，必须受其制约。因此，"相度时宜"或"因时"便成为这种干预之合理性的根本规定。在更确切的意义上，所谓人对于道的干预，乃是调适，即调节现实人事以协同天人之际，使三才系统在合理性前提下趋于新的和谐与平衡。故陈亮有云："《易》：'穷则变，变则通，通则久'，是以圣人成天下之大顺，致天下之大利，和同天人之际，而使之无间。"②和同天人而成顺致利，也正是因时立制的目的。

---

① 陈亮：《又乙巳春书之一（与朱元晦）》，第346页。
② 陈亮：《问古今法书之详略》，第171页。

由此可见，因时立制之所以是绝对必要的，之所以为"万世之法程"，不仅由于它为古先圣王积古留传之道法，不仅由于它体现为圣人所确立的"六经"的根本精神，而且还由于它恰切地把握道之实际现存相状的根本原理，是接续人纪、维持天道的根本手段。毫无疑问，这一原理之中已然蕴含了"通古今之变"的丰富内容。所谓"通"，至少有两方面意义。其一是博通。在此意义上，它体现为天人之际的历史追寻，即要求对道的已往历程与历代制度的因革损益之实迹作宏观上的审察与究诘。其二是变通，即以博通为基础，以现实制度的合理化为目的，斟酌古今，参合同异，制定出切合于现实之天人之际的各种措施。就此而言，"变通"即是对道合乎时宜的现实措置，是为时措之宜。按照陈亮的理解，它既是对道的接续，也是对道的更新；既是惩前代之弊，也是为后世立法。故云：

> 人主为治，有所惩者斯有所善。前人之政或未善，则嗣其后者不容无所惩，有如袭其为而倦于更焉，则人心去而不可复。何也？含洪光大者，乃胶人心之理。[1]

> 适遭其变，则亦有所惩而已矣……大抵天下之事，有所遭者必有所变，遭其会而不知变焉，则变穷而无所复入矣。三冬之凛，万物悴焉，莫有生气；一经阳春之燠，则

---

[1]陈亮：《汉论·章帝》，第203页。

悴者荣矣。天道之善变也如此，人君适遭变之穷，而犹祖其故智，天下之人其不掉臂而去也乎？故夫前人有可随之规，则谨守而勿失者，乃善述人之事；前人无宏远之谋，则惩创而有所反焉，斯为善达权之君。若昧夫时措之宜，胶焉而不调，吾虑其难善于后矣。①

可以看见，在陈亮那里，因时立制或通古今之变前提下的时措之宜，是受到特别重视的。在理论上，它是主体对于天道的实践与贯彻，是将道的必然性要求在现实世界中实现出来的根本途径；在现实性上，则是改革并完善现行制度从而达到天下大治的有效方法。故能博古今、惩前弊、审事势、尽通变以达于时措之宜，遂成为陈亮心目中的"英雄之主"或"明君"的标准。按照这一标准，并从其时代现实出发，他又将能否变通宋朝"家法"以振起疲弱国势与实现中原恢复之业提到能否真正"奉天承运"的高度。"今中原既变于夷狄矣，明中国之道，扫地以求更新可也；使民生宛转于狄道而无有已时，则何所贵于人乎！"②若不能"扫地以求更新"，便是人道的坠失，同时也必然是天道的坠失，因为"人道失其统纪，而天地几于不立矣"③。另一方面，在把"究天人之际，通古今之变"作为一种历史知识论的意义上，其"究""通"的目的即体现为因时立

①陈亮：《汉论·章帝》，第203—204页。

②陈亮：《问答下》，第49页。

③陈亮：《问答上》，第35页。

制，换言之，基于天人之际之当前实况的真正把握，切实转换、制定出切于当世之实用的制度方略，其实便代表了陈亮关于历史知识论之价值的终极认识，因此他认为："所贵乎学者，以其明古今之变而已乎？"①

综观上述，究天人之际、通古今之变以达于时措之宜，乃是陈亮历史思想的核心，也是其关于历史学之经世致用的概括。道即现实的阐述使他获得了历史发展之统一性的整体观念，并使这一观念得到了哲学上的有力支持。"六经"即载道之书，与历代史策并见天运人事之流行参错的解说，体现了陈亮以历史的统一性观念去融通经史的努力，这一点对后世影响殊深。三才观念的重新揭示与重新诠释，强调了天人之道的本质同一性，并确认三才系以人道为运行轴心，从而深化了道即现实的基本内涵，在宽阔的历史背景之下充分凸显了人的主体实践性，同时也使其理论有了历史文化本身的厚度。正由于三才系统的和谐运行是由人来实现的，因而道不可能独立于人事之外，必赖人以存，而因时立制在本质上遂成为对于道的干预，是主体性对于客观必然性的把握与制导。对于这一点的强调，不仅表明陈亮必欲将社会制度的历史性绵延以及社会历史本身纳入主体的实践范畴，而且表现了他必欲改革、更新现行社会制度的基本思想。他以恢复中原为基本目的的种种改革主张，正是以此为其理论支点的。就文献渊源而言，尽通变之道而达于时措

---

①陈亮：《问古今财用出入之变》，第161页。

之宜，是《易经》的一项基本理念。《周易·系辞》云："形而上者谓之道，形而下者谓之器，化而裁之谓之变，推而行之谓之通，举而措之天下之民谓之事业。"变通是合宜之举措的前提，故须"明于天之道而察于民之故"，唯此方能"备物致用，立功成器，以为天下利"①，是为圣人成顺致利的焕然事业。尽管陈亮之说并非没有根源于儒家经典的依据，但其基本观点却与当时思想学术界的一般趋势不相合拍，他遇到了理学大师朱熹的严厉批评与反击。

①《周易·系辞上》。

朱熹与陈亮在学术思想上不能相合，曾交书激烈论辩。现存资料表明，这场论辩最激烈的时期是淳熙十一年至十三年（1184—1186）。历来的研究者均将这场重大论争概括为"王霸义利之辩"，虽然表面上看固然是不错的，但究其实质，双方在历史观念上的重大差异显然是更为基本的，也体现出更为重大的理论重要性。朱、陈之辩，其实质是关于历史观念的论辩。其基本内容可略为概述如下：

一、汉唐是否能承继三代之统绪？

众所周知，理学家有所谓"道统说"，其大意以为尧、舜、禹、汤、文、武、周公之道，传之孔子，孔子传曾子，曾子传子思，子思传孟子，孟子而下无有传之者，遂为绝学。及至北宋二程先生出，方得直接于孟子之后。就近处而言，道统说的首创者是唐代韩愈，稍后的李翱认为颜子、曾子得孔子之传，而孟子之后，公孙丑、万章之徒，盖传之矣，唯秦灭书以后，此道之传授始废缺。①宋初，孙复以为自汉至唐，"始终仁义、不叛不杂者，惟董仲舒、扬雄、王通、韩愈"②，盖以诸人皆传孔孟之道，也皆得其"道统"之传。石介《泰山书院记》云："自周以上观之，贤人之达者，皋陶、傅说、伊尹、吕望、召公、毕公是也。自周以下观之，贤人之穷者，孟子、扬子、文中子、吏部是也……吏部后三百年，贤人之穷者，又有泰山先生。"③则又以孙复居于道统之传。这说明道统说有一发展过程，自韩愈首创之后，响应者纷然，当宋学初起时，其代表人物尤不否认汉唐有传孔孟之道者，没有所谓"直接"之说。其后，程颐为其兄程颢撰墓表时说："周公殁，圣人之道不行；孟轲死，圣人之学不传。道不行，百世无善治；学不传，千载无真儒……先生生乎千四百年之后，得不传之学于遗经，志将以斯道觉斯民……先生出，倡圣学以示人，辨异端，辟邪说，开历古之沉迷，圣人之道得先生而后明，为功大矣。"④朱熹传程颐之学，遂申述其说而确立"道统"之说，他在《中庸章句序》中说："盖自上古圣神继天立极，而道统之传有自来矣……夫

①参见李翱：《复性书上》，见郝润华、杜学林：《李翱文集校注》（卷2），中华书局2021年版，第15页。

②参见《宋元学案·泰山学案》，见黄宗羲著，沈善洪主编：《黄宗羲全集》（第3册），浙江古籍出版社1992年版，第140页。

③石介：《泰山书院记》，见四川大学古籍整理研究所编，曾枣庄、刘琳主编：《全宋文》（第15册），巴蜀书社1991年版，第358页。

④程颐：《明道先生墓表》，见程颢、程颐：《二程集》，中华书局1981年版，第640页。

尧、舜、禹，天下之大圣也……自是以来，圣圣相承：若成汤、文、武之为君，皋陶、伊、傅、周、召之为臣，既皆以此而接夫道统之传；若吾夫子，则虽不得其位，而所以继往圣、开来学，其功反有贤于尧、舜者。然当是时，见而知之者，唯颜氏、曾氏之传得其宗。及曾氏之再传，而复得夫子之孙子思……自是而又再传以得孟氏，为能推明是书①，以承先圣之统，及其没而遂失其传焉……故程夫子兄弟者出，得有所考，以续夫千载不传之绪……盖子思之功于是为大，而微程夫子，则亦莫能因其语而得其心也。"②"道统"一词即首见于此，而道统之说也由此确立。孟子之后皆不得圣人道统之传，唯二程夫子始"直接"于孟子之后，以传千载之"绝学"，便也成为学界之"定论"。自此以后，学者除以朱熹为"道统"的当然传人以外，此说遂无复移易。

道统说在当时影响极大，流行亦广，几乎为学者所普遍接受，而在朱、陈关于三代汉唐的论辩之中，它既是朱熹所坚持并用以批评陈亮的基本原则，同时也是陈亮所特别加以非难的对象。陈亮尝云：

使汉唐之义不足以接三代之统绪，而谓三四百年之基业可以智力而扶持者，皆后世儒者之论也。世儒之论不破，

①指《中庸》。
②朱熹：《中庸章句序》，见朱熹集注，陈戍国标点：《四书集注》，岳麓书社2004年版，第19—20页。

则圣人之道无时而明，天下之乱无时而息矣。悲夫！①

"汉唐之义不足以接三代之统绪"，正是道统说的基本观点；"三四百年之基业可以智力而扶持"，则是以道统说去解说历史所得出的基本结论。陈亮要破除道统说的基本态度是显而易见的。但是实际上，他并不否定三代以道治天下，也不一般地否定尧、舜、禹、汤、文、武、周公、孔子之道有一个传统，他所坚决反对的只是有所谓"不传绝学"，反对将战国秦汉以降的千五百年历史排斥于这一道统的传承体系之外，而要求将道统说真正贯彻到底，贯彻于历史的全过程，因为唯此方是道实现其自身之实在的全程。按照他的理解，"夫子之道即尧舜之道，尧舜之道即天地之道"②，若天地之道博厚高明悠久无疆，则尧舜之道也必然同其博厚高明悠久无疆，而不可能秦汉以后即不存。当先王致治之初，仰则观象于天，俯则观法于地，近取诸身，远取诸物，遂确立以天地之道措置于民情物故的致治原则。及尧舜作而王天下，"通其变，使民不倦，神而化之，使民宜之"③，故夏、商、周三代之制度，虽相因而又不尽相同。尧舜之通变，三代之相异，均出于时势之变而不得不然，故唯"明于天之道而察于民之故"，相度时宜、法天立极才是致治的根本原则，故谓"因时立制"乃为"万世法程"。汉唐诸君所建

①陈亮：《问答上》，第34页。
②陈亮：《汉论·高帝朝》，第212页。
③见《易·系辞下》。

立的具体制度虽不同于尧舜三代，但其间的差异正有其历史现实之变动的深刻原因。因此在陈亮看来，汉唐之制不同于三代反而是合理的，因为它正体现了因时立制这一致治原则。若就这种精神实质而言，汉唐之所以治天下之道实与三代无异。若必以汉唐为不足以接三代之统绪，则不仅否定了道之常存不息的绝对性，而且否定了圣人之道的普遍有效性，这样也就割裂了作为道的完整运动而展开的社会历史之过程的连续性与统一性。

这是陈亮的一个基本观点。它以道为常存不息并且实际上体现为世界存在之本身的一般界定以及三才必然并立而不能相离的观念为理论基础。汉唐足以接三代之绪的肯定，体现了陈亮关于社会历史之发展过程的统一性思想，强调了人在历史进程中的主导地位，它是以历史的现实主义观点对道统说所提出的批驳。

但是就道统说得以表述的立场及其内容而言，它是纯粹道德主义的，而根本不是历史主义的，更不是关于现实世界及其历史运动的。作为其核心观念的"人心惟危，道心惟微，惟精惟一，允执厥中"[①]，其实强调必须于道心、人心之间寻得其统一的制衡点，也就是"允执厥中"。但在朱熹那里，这十六字被

---

①语出《伪古文尚书·大禹谟》。然此说必渊源有自，非魏晋人所能造。《论语》有"天之历数在尔躬，允执其中"之说，而《荀子·解蔽》则引《道经》云："人心之危，道心之微。"所谓"十六字心传"，确乎有其深刻内涵，然其实义未必如宋以来的学者们所理解的那样。惟兹事体大，非此处所能辨明。

理解为尧、舜、禹"相传之密旨"，道心、人心被分别解释成天理、人欲，而在观念上又将天理与道相同一，因此道即是天理，即是人类由于降衷秉彝而先天具就的道德本体。而"人心"则等同于人欲，因此在价值上是与"道心"相对立的。朱熹的解释，显然是以道德立场为基点的，他之否定汉唐能承接三代之统绪，实际上是对汉唐诸君之行为作的一种道德判断。

按照朱熹的理解，政治的最高境界是道德的实现，是道德本体之自然的外向发越，"是以欲其择之精而不使人心得以杂乎道心；欲其守之一而不使天理得以流于人欲，则凡其所行，无一事之不得其中，而于天下国家无所处而不当"[①]。这种道德与政治全然合一的理想境界，朱熹认为只存在于三代，因此尧、舜及三代圣人均以人心道心、惟精惟一之旨迭相传授。"夫尧、舜、禹之所以相传者既如此矣，至于汤、武，则闻而知之，而又反之以至于此者也。夫子之所以传之颜渊、曾参者此也；曾子之所以传之子思、孟轲者亦此也……此其相传之妙，儒者相与谨守而共学焉，以为天下虽大，而所以治之者不外乎此。然自孟子既没，而世不复知有此学。"[②]本于这一观点，朱熹断定汉唐之制为不合理，因为它未曾源于天理的纯粹性或道德的至善性。

---

① 朱熹：《答陈同甫（第八书）》，见朱熹撰，朱杰人、严佐之、刘永翔主编：《朱子全书》（第21册），上海古籍出版社、安徽教育出版社2002年版，第1586页。
② 朱熹：《答陈同甫（第八书）》，见朱熹撰，朱杰人、严佐之、刘永翔主编：《朱子全书》（第21册），上海古籍出版社、安徽教育出版社2002年版，第1586—1587页。

"天理"、"人欲"二字不必求之于古今王伯之迹，但反之于吾心义利邪正之间。察之愈密，则其见之愈明；持之愈严，则其发之愈勇……老兄视汉高帝、唐太宗之所为，而察其心，果出于义耶、出于利耶？出于邪耶、正耶？若高帝，则私意分数犹未甚炽，然已不可谓之无。太宗之心，则吾恐其无一念之不出于人欲也。直以其能假仁借义以行其私，而当时与之争者才能知术既出其下，又不知有仁义之可借，是以彼善于此而得以成其功耳。若以其能建立国家、传世久远，便谓其得天理之正，此正是以成败论是非，但取其获禽之多而不羞其诡遇之不出于正也。①

显而易见，朱熹的观点实际上是一种纯粹的道德主义观点，充其量属伦理学范畴，所以他强调立心之本必源于道德，只要行为的动机本于纯粹道德，行为的结果是否能有其确切的现实效用，则是并不重要的。或许正由于这一原因，朱熹在与陈亮的论争中极少牵涉具体的历史事件。在他那里，只有动机的纯粹性及其德性价值原则是绝对的，这也是他用以判断汉唐是否得以承继三代统绪的最终标准。尽管汉祖唐宗均能建立国家，且传世久远，但其行为的动机绝未本于天理或纯粹的德性原则，

①朱熹：《答陈同甫（第六书）》，见朱熹撰，朱杰人、严佐之、刘永翔主编：《朱子全书》（第21册），上海古籍出版社、安徽教育出版社2002年版，第1582—1583页。

甚至"其无一念不出于人欲","其所以为之田地根本者，则固未免乎利欲之私"①，因此，"尧、舜、三王、周公、孔子所传之道，未尝一日得行于天地之间也"②。既然如此，若认为汉唐是对三代统绪的承继，岂非荒谬？

二、历史是否可能有无本质的运动？

循朱熹以上之说，他得出汉唐不足以承继三代之统绪的结论便显得十分自然。尽管这一观点所否定的实际上是汉唐之治在道德上的正当性，而不是历史本身，但朱熹的确未曾论及历史过程的连续性，在其观点中又确乎包含了对于历史过程之统一性的否定，因此在陈亮看来，朱熹大有必要回答诸如此类的问题，即历史的不合理绵延是如何可能的？战国秦汉以下的千五百年历史又是凭什么原则来开创并维持的？如果超出圣人之道以外还别有可以开辟出如汉唐数百年之基业的原则，那么这是否意味着圣人之道并非达成天下之治的唯一原则？或更直接一点，是否即便背离了圣人之道也能致天下于治且能维持久远？

依朱熹所说，汉唐专是人欲，圣人之道未尝一日得行于天地之间。而若把汉唐历史作为一种存在的现实来看，朱熹的这一说法，就恰恰意味着人欲甚至私意是能够主持世界的。而陈

---

① 朱熹：《答陈同甫（第八书）》，见朱熹撰，朱杰人、严佐之、刘永翔主编：《朱子全书》（第21册），上海古籍出版社、安徽教育出版社2002年版，第1587页。
② 朱熹：《答陈同甫（第六书）》，见朱熹撰，朱杰人、严佐之、刘永翔主编：《朱子全书》（第21册），上海古籍出版社、安徽教育出版社2002年版，第1583页。

亮独不相信这一点。他以为："只是情之流乃为人欲耳，人欲如何主持得世界！"①如人欲可以主持世界，则又需圣人之道何为？按照他的一贯主张，道是宇宙间亘古常在之物，天运无一息之或停，道即无一日不在天下；道的实在性及其对现实人事的本质规定均须借主体之能动的实践活动才被转换出来，故道的最充分的意义必体现于三才系统的和谐运行之中，而这一系统是以人为核心的。因此，天地常运而人为常不息，人虽赖天地以立，而道亦赖人以存，绝无舍人而天地可以独运、舍道而人欲可以独立主持世界之理。正以天地常运，而时势推移，天人之际或有不和谐之时，故作为主体的人便须相度时措之宜，因时而立制，以重新协和天人，以实现道在现实世界中之存在的彰明。正是社会现实的客观性变动以及通过人的实践所不断实现出来的天人之际的和谐平衡，展示了道之永恒的实在性，展示了人参赞天地之化育的主体性，同时也构成了社会历史之运动的本质。因此致治的大原，在陈亮看来，乃是主体在明于天之道而察于民之故，即在天人之际之切实究详的前提下将天道的客观性要求在现实人的世界中实现出来，将天道转化为切于世用的实践性原则。"尧舜之所以治天下者，岂能出乎道之外哉，仁义孝悌，礼乐刑政，皆其物也。"②而汉唐之世，岂无"仁义孝悌"之伦常、"礼乐刑政"之施设？事随世变，"天下大势之

---

① 陈亮：《与陈君举（第一书）》，第391页。
② 陈亮：《廷对》，第119页。

所趋，天地鬼神不能易，而易之者人也。自有天地，而人立乎其中矣……圣人论《易》之法象而归之变通，论变通而归之人，未有偏而不举之处也"①。然则汉唐之制虽不能尽如三代，却适足以证明变通之道可以为万世之法程。"贾生之一书，仲舒之三策，司马子长之记历代，刘更生之传五行"，虽或有异于先秦儒者之说，但能"切于世用而不悖于圣人"。②故就汉唐之治而言，岂可以其因"天下大势之所趋"而其所为变通者有异乎三代，遂遽然谓之悖谬乎圣人，而道为之不存哉！

尤其重要的是，在陈亮看来，若果如朱熹所论，则不仅否定了圣人之道为唯一根本的致治原则，而且还在根本上取消了社会历史运动的本质。故云：

　　自孟、荀论义利王霸，汉唐诸儒未能深明其说，本朝伊洛诸公，辩析天理人欲，而王霸义利之说于是大明。然谓三代以道治天下，汉唐以智力把持天下，其说固已不能使人心服；而近世诸儒，遂谓三代专以天理行，汉唐专以人欲行，其间有与天理暗合者，是以亦能久长。信斯言也，千五百年之间，天地亦是架漏过时，而人心亦是牵补度日，万物何以阜蕃，而道何以常存乎？故亮以为：汉唐之君本

----

① 陈亮：《人法》，第124页。
② 陈亮：《扬雄度越诸子》，第99页。"贾生之一书"，指贾谊所著《新书》。"董仲舒之三策"，指董仲舒对汉武帝策问的回答，通常谓之《天人三策》。"司马子长之记历代"，指司马迁著的《史记》。"刘更生之传五行"，指刘向的《洪范五行传》。

领非不洪大开廓，故能以其国与天地并立，而人物赖以生息。惟其时有转移，故其间不无渗漏……诸儒之论，为曹孟德以下诸人设可也，以断汉唐，岂不冤哉！高祖、太宗岂能心服于冥冥乎！天地鬼神亦不肯受此架漏。[①]

夫心之用有不尽而无常泯，法之文有不备而无常废。人之所以与天地并立而为三者，非天地常独运而人为有息也。人不立则天地不能以独运，舍天地则无以为道矣。……使人人可以为尧，万世皆尧，则道岂不光明盛大于天下？使人人无异于桀，则人纪不可修，天地不可立，而道之废亦已久矣。天地而可架漏过时，则块然一物也；人心而可牵补度日，则半死半活之虫也。道于何处而常不息哉？[②]

顺承朱熹所谓汉唐专以人欲行，圣人之道未尝一日得行于天下之说，就自然得出"天地可架漏过时，而人心可牵补度日"的结论。在陈亮看来，这一观点无论如何都是不能接受的！因为这一观点的致命缺陷，不仅在于它断然否定了汉唐之治的合理性，更在于它否定了道之常存不息的绝对性。由于它将汉唐数百年的历史在总体上理解为仅仅是非理性之盲动的结果之蝉

---

① 陈亮：《又甲辰秋书（与朱元晦）》，第340页
② 陈亮：《又乙巳春书之一（与朱元晦）》，第345页。

联，因而它在根本上否定了社会历史运动有其自身的存在本质。而陈亮认为，无本质的历史运动不仅是不可理解的，也是无法想象的。如若天地可以"架漏过时"而为块然一物，则一再为儒学经典所阐明的万物得以煦妪覆育且生生不已的天地之道安在？如若人心可以"牵补度日"，则其存在的完整性都有缺失，更谈何主体性？然则人只是"半生半死之虫"而已，果真如此，则同样一再为儒学经典所阐明的可以参赞天地之化育的人道又安在？

公平地说，陈亮的这一诘难，对于朱熹而言是有力的，确实也构成一种理论上的重大挑战。正因此故，这一问题其实也是他们反复论难的一个最主要问题。不过完全出乎陈亮意料的是，朱熹对他的这一理论挑战却浑不在意！在朱熹那里，他恰好并不否认天地可以架漏度日，而人心可以牵补过时。因为基于道德本质主义原则，既然不合理的历史运动是可能的，那么无本质的历史运动便同样是可能的。特别值得注意的是，朱熹对这一观点的论证，虽然同样以道之亘古不灭的永恒性为基本前提，但他断然否定了道的存在是可以为人所干预的。换句话说，道的存在只是存在者本身，它不是人力可以干预的对象：

> 若论道之常存，却又初非人所能预。只是此个自是亘古亘今常在不灭之物，虽千五百年被人作坏，终殄灭他不

得耳。汉、唐所谓贤君，何尝有一分气力扶助得他耶？①

必须认真指出，朱熹这里的措辞，在逻辑上是有毛病的。如若道之常存既"初非人所能预"，那么就不可能"千五百年被人作坏"，也无须要求人的"气力"去"扶助得他"。道既可"被人作坏"，且要求人有"气力"去"扶助"，那么它就不是"非人所能预"。尽管如此，朱熹的意思仍然是清楚的，即道是脱离于事物现象之具体存在的绝对实体。其存在的绝对性既然不容受到任何侵犯，那么它便不容受到任何除它本身以外之力量的干扰、控制或引导，哪怕是人类能动的实践活动，因为它本身即为合理性的终极本原。根据孟子所阐明的性善说，善在人类是先天具就的，人性乃是天道之最为充分的流注，故性即是道；它既是存在的本体，也是道德的本体。但另一方面，人类在其后天的经验处境中又极易受到外物的诱导，非本质的欲心遂由此产生，其结果则导致道德之心或"本心"的陷溺乃至迷失。朱熹正是在这一意义上来理解"人心惟危，道心惟微"这一"禹廷传心密旨"的。但无论如何，"惟危"者与"惟微"者却必然同时存在，这使朱熹找到了反驳陈亮的基点：

　　来书"心无常泯，法无常废"一段，乃一书之关

---

① 朱熹：《答陈同甫（第六书）》，见朱熹撰，朱杰人、严佐之、刘永翔主编：《朱子全书》（第21册），上海古籍出版社、安徽教育出版社2002年版，第1583页。

键。……盖有是人则有是心，有是心则有是法，固无常泯常废之理。但谓之无常泯，即是有时而泯矣；谓之无常废，即是有时而废矣。盖天理人欲之并行，其或断或续，固宜如此。至若论其本然之妙，则惟有天理，而无人欲，是以圣人之教人，必欲其尽去人欲而复全天理也。若心，则欲其常不泯而不恃其不常泯也；法，则欲其常不废而不恃其不常废也。……夫人自有生而梏于形体之私，则固不能无人心矣。然而必有得于天地之正，则又不能无道心矣。日用之间，二者并行，迭为胜负，而一身之是非得失、天下之治乱安危，莫不系焉。①

由于人在经验处境中道心、人心均不能无，故日用之间遂有天理、人欲二者的并行。但人欲必须加以否定，因为它不仅是非本质的、非道德的、不合理的，并且是天理之流行发现的障碍，故做圣人功夫必须"尽去人欲而复全天理"方可。但与此同时，朱熹并不否认即便在人欲横流的过程中，其局部的"一言一行"仍有"偶合"于道的可能，正因道是"亘古亘今常在不灭之物"，终是"珍灭他不得"。但他强调，这种"偶合"由于是盲目的而非出于道心的自觉运用，因此在本质上就不能视之为天理的流行。他由此指责陈亮是"指其（汉唐之君）须

---

① 朱熹：《答陈同甫（第八书）》，见朱熹撰，朱杰人、严佐之、刘永翔主编：《朱子全书》（第21册），上海古籍出版社、安徽教育出版社2002年版，第1586页。

臾之间偶未泯灭底道理，以为只此便可与尧舜三代比隆，而不
察其所以为之田地本根者之无有是处也"①。

汉唐之君"为之田地本根者之无有是处"，其全体只在利欲
中，却又不妨其局部行为有不自觉地或盲目地暗合于道的可能，
这一观点同时也成为朱熹对陈亮的三才观念进行批驳的依据：

> 夫三才之所以为三才者，固未尝有二道也，然天地无
> 心而人有欲，是以天地之运行无穷，而在人者有时而不相
> 似。盖义理之心顷刻不存，则人道息，人道息则天地之用
> 虽未尝已，而其在我者则固即此而不行矣。不可但见其穹
> 然者常运乎上，颓然者常在乎下，便以为人道无时不立，
> 而天地赖之以存之验也。夫谓道之存亡在人而不可舍人以
> 为道者，正以道未尝亡而人之所以体之者有至有不至耳。
> 非谓苟有是身则道自存，必无是身然后道乃亡也。②

在这里，朱熹虽同意三才"未尝有二道"，但更强调道本身
之存在的绝对性，而且他对于"人道"的理解与陈亮大相径庭。
陈亮将人道理解为主体的实践精神，朱熹则将它同一于义理道
德之心。因此，道虽不亡，但人之所以体之者不至，即人道为

---

①朱熹：《答陈同甫（第八书）》，见朱熹撰，朱杰人、严佐之、刘永翔主编：《朱子全
书》（第21册），上海古籍出版社、安徽教育出版社2002年版，第1587页。
②朱熹：《答陈同甫（第八书）》，见朱熹撰，朱杰人、严佐之、刘永翔主编：《朱子全
书》（第21册），上海古籍出版社、安徽教育出版社2002年版，第1587—1588页。

不存。这不仅表明三才并非必然地相互联结，而且有相互分离的可能，并非所有由人的主体精神所发出的行为，哪怕它们在现实性上都确然有效，即意味着对道的体察或实践，它们也有可能构成对道的支离甚或侵害。正由于"义理之心顷刻不存"，即人道息，即道为不行，故"一念之间不似尧而似桀，即此一念之间便是架漏度日、牵补过时矣"①。换言之，道德之心的隐没即造成了无本质之历史绵延的可能。故朱熹断言："千五百年之间，正坐如此，所以只是架漏牵补过了时日。其间虽或不无小康，而尧、舜、三王、周公、孔子所传之道，未尝一日得行于天地之间也。"②

朱熹进一步认为："天下固不能人人为尧，然必尧之道行，然后人纪可修、天地可立也；天下固不能人人皆桀，然亦不必人人皆桀，而后人纪不可修，天地不可立也。"③在他看来，汉唐虽未必人人皆桀，却并不妨碍其"人纪不修""天地不立"，而使千五百年"架漏牵补过了时日"。既然如此，那么处于此"架漏牵补"过程中的人，就恰好并不是人，而不过是某种无本质的存在罢了，故朱熹又云："且曰心不常泯，而未免有时之或

①朱熹：《答陈同甫（第八书）》，见朱熹撰，朱杰人、严佐之、刘永翔主编：《朱子全书》（第21册），上海古籍出版社、安徽教育出版社2002年版，第1588页。
②朱熹：《答陈同甫（第六书）》，见朱熹撰，朱杰人、严佐之、刘永翔主编：《朱子全书》（第21册），上海古籍出版社、安徽教育出版社2002年版，第1583页。
③朱熹：《答陈同甫（第八书）》，见朱熹撰，朱杰人、严佐之、刘永翔主编：《朱子全书》（第21册），上海古籍出版社、安徽教育出版社2002年版，第1588页。

泯，则又岂非所谓半生半死之虫哉？"[①]

由上述可见，朱熹所坚持的基本观点是道本身之存在的绝对性虽不容怀疑，但它并不必然地展现于现实世界。这种超越于经验之表的绝对存在，同时也是人之所以为人的本质。因此，它一方面拒斥一切经验行为对它的任何干预，另一方面又规定了一切经验行为只有当它们合乎其本身目的的时候才是合理的。因而就经验世界的人而言，所谓对道的体察与把握，除了纯粹的道德之心之直契，即合乎道本身之目的的动机以及这种动机的纯粹贯彻以外，绝没有其他的任何途径。这样，当朱熹确认了汉唐之君唯利欲之是从以后，同时即确认了汉唐之治在道德上的（也即本质上的）不合理性，其过程的绵延便是无本质之盲动的连续，因此他可以毫不尴尬地接过陈亮的非难而予以断然肯定：千五百年只是架漏牵补过了时日，其间的人也只不过是"半生半死之虫"而已。

在朱熹看来，道心人心、天理人欲可以同时共在，因此汉唐之君即便有做得对而合乎圣人之道者，充其量也只是固有天理之不自觉的偶尔流露，是以谓之"暗合"，"故汉唐之君虽或不能无暗合之时，而其全体却只在利欲上"[②]，因此他切责陈亮之说乃是"坐谈既往之迹，追饰已然之非"，"指其偶同者以为

---

① 朱熹：《答陈同甫（第八书）》，见朱熹撰，朱杰人、严佐之、刘永翔主编：《朱子全书》（第21册），上海古籍出版社、安徽教育出版社2002年版，第1588页。

② 朱熹：《答陈同甫（第八书）》，见朱熹撰，朱杰人、严佐之、刘永翔主编：《朱子全书》（第21册），上海古籍出版社、安徽教育出版社2002年版，第1588页。

全体，而谓其真不异于古之圣贤也"①。

对朱熹的以上观点，陈亮提出了异常激烈的反驳：

> 心有时而泯可也，而谓千五百年常泯可乎？法有时而废可也，而谓千五百年常废可乎？至于"全体只在利欲上"之语，窃恐待汉唐之君太浅狭，而世之君子有不厌于心者矣……使千五百年之间成一大空阙，人道泯息而不害天地之常运，而我独卓然而有见，无乃甚高而孤乎！宜亮之不能心服也……使后世之君子不免哭穷途于千五百年之间，亮虽死而目不瞑矣！②

> 亮大意以为本领闳阔，工夫至到，便做得三代；有本领无工夫，只做得汉唐。而秘书必谓汉唐并无些子本领，只是头出头没，偶有暗合处，便得功业成就，其实则是利欲场中走。使二千年之英雄豪杰不得近圣人之光，犹是小事，而向来儒者所谓"只这些子殄灭不得"，秘书便以为好说话，无病痛乎！

> 天地之间，何物非道？赫日当空，处处光明，闭眼之人，开眼即是，岂举世皆盲，便不可与共此光明乎！眼盲者摸索得着，故谓之暗合，不应二千年之间有眼皆盲也。

①朱熹：《答陈同甫（第八书）》，见朱熹撰，朱杰人、严佐之、刘永翔主编：《朱子全书》（第21册），上海古籍出版社、安徽教育出版社2002年版，第1588页。
②陈亮：《又乙巳春书之二（与朱元晦）》，第349—350页。

亮以为：后世英雄豪杰之尤者，眼光如黑漆，有时闭眼胡做，遂为圣门之罪人；及其开眼运用，无往而非赫日之光明，天地赖以撑拄，人物赖以生育。今指其闭眼胡做时便以为盲，无一分眼光；指其开眼运用时只以为偶合，其实不离于盲，嗟乎，冤哉……天下之盲者能几？赫日光明未尝不与有眼者共之。利欲汩之则闭，心平气定，虽平平眼光亦会开得，况夫光如黑漆者，开则其正也，闭则霎时浮翳耳。仰首信眉，何处不是光明……今不欲天地清明，赫日长在，只是"这些子殄灭不得"者便以为古今秘宝，因吾眼之偶开便以为得不传之绝学，三三两两，附耳而语，有同告密；画界而立，一似结坛，尽绝一世之人于门外，而谓二千年之君子皆盲目不可点洗，二千年之天地日月若有若无，世界皆是利欲，斯道之不绝者仅如缕耳。此英雄豪杰所以自绝于门外，以为立功建业别是法门。这些好说话且与留着妆景足矣。若知开眼即是个中人，安得撰到此地位乎！①

非常明显，在对朱熹的以上反驳之中，陈亮重申了他所坚持的关于历史的基本观念。第一，人类社会的自身绵延必然有其过程的统一性，作为历史事实，这种统一性不能视而不见，更不能被人为地抹煞。如果认为天地可以"架漏过时"，那么就

---

①陈亮：《又乙巳秋书（与朱元晦）》，第351—352页。

肯定了社会历史可以陷入某种无本质的盲动，而这种观点无疑是对历史过程之统一性及其文化传统的人为割裂，故陈亮谓其"使千五百年之间成一大空阙"。另一方面，若果真千五百年只是"架漏过时"，那么这恰恰就意味着人的"智力"，而且是非人道之本质的智力，便可以把持得天下，在陈亮看来，这是尤其荒谬的，因为历史进程所呈现出来的只可能是三才之间协同—制约—互动的总相，唯有这种总相才构成了真切的历史现实。第二，他再次强调了人道在历史进程中的主导作用，认为对天地之运或客观之历史现实的把握、干预及其适时调适，顺时而施宜，乃为人道的本质能力，而人类自身的社会历史是无论如何都不能脱离这种人道本质的实践能力的。故朱熹认为人心可以"牵补度日"，"人道泯息"而不害"天地之常运"，在陈亮看来，便是最为直接的对于人道实现其自身之本质能力的否定，是对人作为主体的实践精神及其历史原创性的否定。第三，道的自身存在具有体现于、贯彻于事物之实然状态的必然性，正如赫日当空，开眼即是。既然如此，人们便无法想象千五百年之间道之全然不存于天地之间是如何可能的。故朱熹之所谓"不传底绝学"，乃是抛开历史之具体过程的一种主观臆断，其结果恰恰是将外王之功业的建立排挤于圣门道法之外，从而分裂了圣人之道。第四，即便就纯粹道德的基点来立论，汉唐诸君尽管有"闭眼胡做"之时，但由此而断言其"全体只在利欲上"，也恐怕显得过于浅狭，不能因一叶障目而谓世界皆一团漆黑，更无法想象何以"二千年之间有眼皆盲"。故朱熹

"暗合"之说，实为倒偏为正，更继而以偏概全，同样是一种非历史的主观臆断。正如陈傅良所说："且汉唐事业，若说并无分毫扶助正道，教谁肯伏……'暗合'两字，如何断人！识得三两分，便有三两分功用；识得六七分，便有六七分功用。却有全然识了，为作不行，放低一着之理；决无全然不识，横作竖作，偶然撞着之理。"①

但是实际上，朱熹的观点原就未本于客观的历史现实，他是反对将道的寻求诉诸"古今王霸之迹"这种具体的历史过程的，因此他依然坚持其说，未有丝毫让步：

　　窃以为亘古亘今只是一体，顺之者成，逆之者败，固非古之圣贤所能独然，而后世之所谓英雄豪杰者，亦未有能舍此理而得有所建立成就者也。但古之圣贤，从根本上便有惟精惟一功夫，所以能执其中，彻头彻尾无不尽善。后来所谓英雄，则未尝有此功夫，但在利欲场中头出头没，其资美者乃能有所暗合，而随其分数之多少以有所立。然其或中或否，不能尽善则一而已。②

至此，双方的基本观点均已和盘托出，其若方圆之不能周

①陈傅良：《答陈同父》（二），见陈傅良著，周梦江校点：《陈傅良先生文集》，浙江大学出版社1999年版，第461—462页。

②朱熹：《答陈同甫（第九书）》，见朱熹撰，朱杰人、严佐之、刘永翔主编：《朱子全书》（第21册），上海古籍出版社、安徽教育出版社2002年版，第1590页。

合，固也，必也。尽管陈亮坚信"亮之说话一时看得极突兀，原始要终，终是易不得耳"[1]，但又不免有人微言轻而不能取信于人之慨，遂云："不深察其心，则今可止矣。"[2]

三、历史经验是否可为知识对象？

包含于朱、陈以上论辩中的又一重要问题，是人类过去的事迹与经验是否可为知识对象并有其确切的现实效用。用现在的说法，即"历史"是否可以成为一种知识对象？"历史知识学"是否可能成立？朱、陈双方关于这一问题的不同观点，在很大程度上是与这一问题相关的，尽管看起来他们仅仅围绕着汉唐是否值得效法这一具体问题而展开。

在陈亮那里，这一问题的实质恰好可以转化为通古今之变是否可能，或历史的认识是否可能。不言而喻，他是坚持从正面来回答这一问题的。历史既然是人类生存的过往经验，那么它可以成为今时人们生存经验的借鉴，是当代生活的历史资源，因此今时的人的现实生存方式，本质就是接续历史传统的方式，这在他那里，几乎是再清楚明白不过的事，是不需要证明的。按照他的理解，道必然展示于历史的全部过程，因此历史研究并非发思古之幽情，而是对于现实之历史的追寻，是对于道的究诘。其基本目的则是通过对人类已往事迹的追寻为其时代谋

---

①陈亮：《又乙巳秋书》，第353页。
②陈亮：《丙午复朱元晦秘书书》，第355页。

求一条走出困境的现实道路。因此，历史之经验事实的认识价值及其借鉴作用是被作为历史学本身的价值与作用而肯定的。在他看来，汉唐的"英雄之君"既然以其超拔的智慧与宏阔的本领而收廓清宇内之功，"天地赖以撑拄，人物赖以生育"，奠定了数百年国家之基业，则其所以致治的经验，无论如何都足资借鉴，并且值得效法。如前所述，他竭力反对汉唐无道的观点，确信汉唐是对三代之道的承继，由此引申出对汉唐的效法即对三代圣人之道的效法。陈亮坚持这样一种观点，即事势必有转移，古今必有异宜，三代治道即使尽善尽美，也毕竟显得过于遥远，要使其在现实中复活是不可能的，正所谓"古今时变，方失其宜，岂能遽以周礼而敌天命乎？"①汉唐之道虽未必尽可为法，却毕竟更为切近，其政事人物也皆班班可考，因而更"着实而适用"，"然则汉武之旧，宣帝之政，果不可易也"②。因此在与朱熹的论辩中，他一方面反对汉唐之君"为其田地本根者无有是处"的观点，认为"使其田地根本无有是处，安得有来谕之所谓小康者乎？"③另一方面则主张汉唐致治之道实为可法，并引王通之说为证："王通有言：'《皇坟》《帝典》，吾不得而识矣。不以三代之法统天下，终危邦也。如不得已，其两汉之制乎！不以两汉之制辅天下者，诚乱也已。'仲淹

---

① 陈亮：《问古今治道治法》，第168页。
② 陈亮：《问古今治道治法》，第168页。
③ 陈亮：《又乙巳春书之二（与朱元晦）》，第348—349页。

取其以仁义公恕统天下，而秘书必谓其假仁借义以行之。"①即以朱熹之论不合于王通之说而予以拒斥。

　　然而在朱熹那里，道的存在不具有贯彻于社会历史过程的必然性。因此，关于道的存在及其知识之获取，就没有必要诉诸古今之变的追寻，但求"反之于吾心之义利邪正之间"便即已然足够。换言之，至少在求道这一意义上，关于历史的经验知识是没有价值的。按照他的理解，汉唐之君在本质上无有是处，唯在利欲场中头出头没，即便其有所"偶合"于或"暗合"于三代圣人，也如盲人瞎撞，而非其立心之本，"盖举其始终而言，其合于义理者常少，而其不合者常多；合于义理者常小，而不合者常大"②。"立心之本，当以尽者为法，而不当以不尽者为准。"③因此汉唐绝无值得效法之理。对于陈亮所援引的王通之说，朱熹如此反驳："帝王本无异道，王通分作两三等，已非知道之言。且其为道，行之则是，今莫之御而不为，乃谓不得已而用两汉之制，此皆卑陋之说，不足援以为据。若果见得不传底绝学，自无此蔽矣。"④实际上，他所强调的正是"不传

①陈亮：《又乙巳春书之二（与朱元晦）》，第349页。按："仲淹"即王通之字。"秘书"是指朱熹。所引王通语见《中说·关朗篇》。

②朱熹：《答陈同甫（第八书）》，见朱熹撰，朱杰人、严佐之、刘永翔主编：《朱子全书》（第21册），上海古籍出版社、安徽教育出版社2002年版，第1589页。

③朱熹：《答陈同甫（第八书）》，见朱熹撰，朱杰人、严佐之、刘永翔主编：《朱子全书》（第21册），上海古籍出版社、安徽教育出版社2002年版，第1588页。

④朱熹：《答陈同甫（第九书）》，见朱熹撰，朱杰人、严佐之、刘永翔主编：《朱子全书》（第21册），上海古籍出版社、安徽教育出版社2002年版，第1591页。

底绝学"，即使仅仅从道统说的维护而言，他也必须排斥王通，必须否定汉唐之制为值得效法，不然，何以见得此学之绝而不传？所谓"千五百年架漏牵补"之说，也同样出于道统说的当然要求，陈亮曾针对此说讽刺朱熹"一生辛勤于尧舜相传之心法，不能点铁成金而不免以银为铁，使千五百年之间成一大空阙"[1]，朱熹遂云：

> 若夫点铁成金之譬，施之有教无类、迁善改过之事则可，至于古人已往之迹，则其为金为铁固有定形，而非后人口舌议论所能改易久矣。今乃欲追点功利之铁，以成道义之金，不惟费却闲心力，无补于既往；正恐碍却正知见，有害于方来也。若谓汉唐以下便是真金，则固无待于点化，而其实又有大不然者。盖圣人者，金中之金也。学圣人而不至者，金中犹有铁也。汉祖、唐宗用心行事之合理者，铁中之金也；曹操、刘裕之徒，则铁而已矣。[2]

既是如此，岂有抛弃"金中之金"而反去效法"铁中之金"之理！因此在朱熹看来，若必以汉唐为可法，即无异于"必欲弃舍自家光明宝藏而奔走道路，向铁炉边渣矿中拨取零金"；而

---

[1] 陈亮：《又乙巳春书之二（与朱元晦）》，第350页。
[2] 朱熹：《答陈同甫（第九书）》，见朱熹撰，朱杰人、严佐之、刘永翔主编：《朱子全书》（第21册），上海古籍出版社、安徽教育出版社2002年版，第1591页。

陈亮之"指铁为金",便是"认贼为子,而不自知其非也"。①

朱、陈关于三代汉唐之辩的一般情形已如上述,双方观点确乎绝不相容,难以达成共识。不过我们仍有必要追究这样一个问题,即双方持论大相径庭的原因究竟何在?就其时代的实际情形而言,这场论辩的实质又是什么?

陈亮曾表示过这样的意见:"亮与朱元晦所论,本非为三代、汉、唐设,且欲明此道在天地间如明星皎月,闭眼之人开眼即是,安得有所谓暗合者乎!""亮之论乃与天地日月雪冤","元晦之论只是与二程主张门户"。②这一意见正提示我们须考虑以下几点:

第一,朱、陈论辩在理论上之真正的核心问题,是道作为终极存在的内涵及其性质问题。双方对此持有截然不同的观念,此则是其论点互不相入的根本原因。在朱熹那里,道是某种观念的绝对化,它既是存在的本体,更是价值的本体。尽管它是现象世界之存在本体,但当它体现于人这一特殊的现象层面时,它又转化为人类之普遍道德的根本原质,因此而成为价值本体。在作为存在之本体的意义上,道是世界的最后原因,故就世界之现存相状而言,一切现象均为道的分化。显而易见,道的分化并非道本身,而分化的多样性也绝不妨害其本体的唯一性,因此朱熹在本体论意义上特别阐发了"理一分殊"之说。这样,

---

①朱熹:《答陈同甫(第九书)》,见朱熹撰,朱杰人、严佐之、刘永翔主编:《朱子全书》(第21册),上海古籍出版社、安徽教育出版社2002年版,第1591页。

②陈亮:《与陈君举(第一书)》,第390—391页。

在理论上就形成了道与器、形上与形下、本体与现象的二重分离，因此之故，现象之存在的合理性便有必要以道的绝对性标准来重新加以审定，因为存在的并不必然是合理的。这一观念与性善说的结合，成为阐释人性何以先验善而后天却未必善的理论基础。也正由于这种结合，存在的本体才有可能翻转为价值的本体，并使"道德的"成为"合理的"最终规定。因此在朱熹的理论模式之下，道与器乃有相互分离的可能，现实世界就其存在状态而言也并不必然地具有合理性。如果不合理的存在在理念上须为道所拒斥，那么就道的绝对性而言，这种不合理的存在就恰好可以表述为非存在，充其量只是非本质的存在。正因如此，他才断言千五百年"架漏牵补过了时日"。另一方面，作为某种观念的绝对化或普遍的德性原则，道又显然具有超越于时空的绝对性，而不是必须显现于具体的历史过程，故朱熹又坚持认为虽"千五百年被人作坏，终殄灭他不得"。

而在陈亮那里，道没有那么许多隐微曲折的内涵，他只认为道既然是一切万物赖以生成的本原性根据，那么它就必然显现于事物存在之中，甚至就是现实世界本身，所以他言道的存在是具有普遍性的显著性的，所谓"闭眼之人，开眼即是"。道不离器，器不离道，两者原本相互统一，唯道器的共在，方能叫做现实的存在。因此在他那里，根本不存在本体论上的"理一分殊"问题，也没有二元世界在主体那里如何统一的问题。既然道不可能与器相分离，那么只要世界存在，道的存在便不容置疑。基于这一观念，他并未如朱熹那样将道理解为道德的终极原则，而是将它理解为事物存在的法则。因此，随着事物之存在状态的实际改变，道所指的具体内容便必然随之改变，但这一法则本身的存在却依然是绝对的，并且是必然地贯彻于存在的具体时空的过程中的。

如此看来，朱、陈论辩虽十分激烈，但双方在道的基本内涵的界定上却存在着极大的差异性，在理论上几乎不存在交会点。而在双方都未曾修正其所执持的道之观念的情况下，这场论辩如果不是导致"此亦一是非，彼亦一是非"这种结果，而是达成了共识，倒反而令人奇怪。略需补充说明的是，朱、陈二人都坚持了道的存在的绝对性，这似乎是两者的"共性"或共同点，但如前所述，朱熹所坚持的道的永恒性与绝对性，是就其与"理"的同一性而言，"道理"虽存在，但它未必呈现于事件、事实，所以汉唐虽不能不承认它们的存在是一个事实，但未必承认它们是"道理"的存在。陈亮则强调"道理"与"事实"相互不能分离的必然性。不论是当时还是后代，关于陈亮与朱熹的这场论辩，站在朱熹立场而否定陈亮者为多。不过，如若仔细推敲一下，在朱熹那里，如果"道"（理）与"事"是可以分离的，"道"是未必借"事"来体现的，那么其实事情就会呈现出很糟糕的一面，因为他所坚持的基于"事理圆融"的一事一物皆含至理，因而可以"格物致知"这一重要观点，就会出现在逻辑上不周延的情况。

第二，陈亮关于道的界定支持了他所主张的社会历史之发展过程的连续性与统一性观念，他在论辩中也始终贯彻了这一基本的历史观念。而朱熹所借以批驳陈亮之历史思想的却是"道统说"，这确乎难免有"为二程主张门户"之嫌。而且究实而言，"道统说"本身根本不是关于历史事实的描述，反而是撇开历史之具体运动过程的某种观念抽象，因此当朱熹企图用这种并非历史的观念去解释历史的时候，他就不可避免地会遇到十分棘手的麻烦，并且在根本上难以避免谬误。一方面，我们的确很难想象在排除了外部力量之闯入的前提下，一个民族之固有的文化传统是如何突然中断的，也同样难以想象历史在其进程中如何可能突然转向一个无本质的过程。尽管朱熹从"立心之本"或动机的纯粹性对此作了阐释，而恰恰在这一点上，我们仍可以提出这样的诘问：道德原则或纯粹道德动机是否能够确定不移地成为社会历史之运动的本质实在性？如果历史研究仅仅以道德动机为对象而不是以历史现实以及构成该现实的人物事件、政治制度等为基本对象，恐怕也是令人惶惑的。

第三，朱、陈之辩不仅体现了两种历史观念的冲突，而且反映了两种不同的关于知识的价值观念。在朱熹那里，知识的最后目的在体道而成就圣人品格，在个体道德的自我完善；道之深邃幽眇的哲学品格，则是体道的过程，也即全部知识过程，表现出整体上的内倾性。正因这一缘故，朱熹在论辩中曾告诫陈亮要"从事于惩忿窒欲、迁善改过之事，粹然以醇儒之道自律"①，

---

① 朱熹：《答陈同甫（第四书）》，见朱熹撰，朱杰人、严佐之、刘永翔主编：《朱子全书》（第21册），上海古籍出版社、安徽教育出版社2002年版，第1581页。

"将来不作三代以下人物"①，"但当穷理修身，学取圣贤事业，使穷而有以独善其身，达而有以兼善天下，则庶几不枉为一世人耳"②。但在陈亮那里，知识的目的不仅仅是道德的，它还须通过实践功夫在经验世界转换出切于现实的实际效用，唯有这种知识价值的实际转换，才是他所理解的"圣贤事业"。因此，他所重视的乃是主体对于现实世界的实际干预以及实现这种干预能力的切实培养。显而易见，这一思想实为其时代的直接产物，是要为恢复中原这一时代使命的完成提供某种理论依据与思想指导。就此而言，朱、陈关于三代汉唐之争，直接反映了理学这一普遍流行的思潮与恢复中原这一时代主题不相和谐的基本事实，体现了两种取向迥异的价值观念的根本冲突。这一冲突在现实性上的归结，便是主体的能动精神，除开道德领域的切身事务以外，是否也应该将现实事务的恰当措置与驾驭，譬如恢复中原这一迫切的时代事务，纳入其当然的实践领域？正是在这一问题上，充分体现了朱、陈论辩的时代意义，并且实际上是其实质之所在。

<hr>

① 朱熹：《答陈同甫（第六书）》，见朱熹撰，朱杰人、严佐之、刘永翔主编：《朱子全书》（第21册），上海古籍出版社、安徽教育出版社2002年版，第1584页。
② 朱熹：《答陈同甫（第十书）》，见朱熹撰，朱杰人、严佐之、刘永翔主编：《朱子全书》（第21册），上海古籍出版社、安徽教育出版社2002年版，第1593页。

第三章 政治与事功

陈亮的史学思想以"相度时宜、因时立制""究天人之际以达夫时措之宜"为基本要义，这一思想与他对所处时代局势的分析及其一般观念相结合，便成为其政治经济思想的理论中坚。振起国势以扫荡萎靡阘茸之风，富国强兵以实现中原恢复之事，是陈亮全部政治经济思想的中心，在其具体论述中，又始终贯穿着对现实的批判精神与现行制度的改革主张。

孝宗即位之初，确曾有恢复中原之志，然自符离战败、和议再成之后，在军事上未再有大的举措。与此同时，以奉持祖宗家法为名义的因循蹈旧之风日益滋盛，以至财用日以匮乏，人民日以贫困，国力日以羸弱，人才日以阘茸。甲胄之士，无有奋励之志，而张其骄扬之气；文学士子，少以国事为意，而骋其文采华辞。其情形正有类于"相臣将臣，文恬武嬉，习熟见闻，以为当然"①。陈亮云：

> 今中原半为夷狄，而国家之大耻未洒，此天下之义，不能以一日安者，顾独恬然如平时。为士者论安言计，动引圣人；居官者宴安江沱，无复远略；而农民、工商，又皆自谋之不暇。圣上慨然有北向之志，作之而不应，鼓之

---

① 韩愈：《平淮西碑》，见韩愈撰，马其昶校注，马茂元整理：《韩昌黎文集校注》，上海古籍出版社1986年版，第476页。

而不动，是天下皆无人心，而崇高之势亦无如之何也。然则厌弃文士，崇奖武夫，本不为过，而数年以来，武举之程文、武人之威仪进退、武官之议论词气，往往更浮于进士。①

在他看来，中原大半沦为"夷狄"，国家之大耻未洗，当此非常变故之际，最宜君臣协力，和衷共济，然实际情形却与此相反，政事疲弊几至百事之不理，文恬武嬉竟相偷晏安之乐。这种"举一世而忘君父之大仇"的情形，他认为实道德性命之学有以启之，故言之往往腐心切齿：

> 二十年之间，道德性命之说一兴，迭相唱和，不知其所从来。后生小子，读书未成句读、执笔未免手颤者，已能拾其遗说，高自誉道，非议前辈以为不足学矣。世之为高者，得其机而乘之，以圣人之道为尽在我，以天下之事无所不能，能麾其后生以自为高，而本无有者使惟己之向，而后欲尽天下之说一取而教之，顽然以人师自命。虽圣天子建极于上，天下之士犹知所守，吾深惑夫治世之安有此事乎？而终惧其流之未易禁也！②

---

①陈亮：《问武举》，第158页。标点略有不同。
②陈亮：《送王仲德序》，第270页。标点略有不同。

自道德性命之说一兴，而寻常烂熟无所能解之人自托于其间，以端悫静深为体，以徐行缓语为用，务为不可穷测以盖其所无，一艺一能，皆以为不足自通于圣人之道也。于是天下之士，始丧其所有，而不知适从矣。为士者耻言文章、行义，而曰"尽心知性"；居官者耻言政事、书判，而曰"学道爱人"。相蒙相欺，以尽废天下之实，则亦终于百事不理而已。①

基于这种观点，他遂疾言斥责"今世之儒士自以为得正心诚意之学者，皆风痹不知痛痒之人也。举一世安于君父之仇，而方低头拱手以谈性命，不知何者谓之性命乎！"②"今者举一世而忘君父之大仇，此岂人道之所可安乎！"③

不消说，在陈亮看来，这种士林学风亟待纠正，因为它尽废天下之实，终至于百事之不理，不唯无裨于河山恢复之大业，反而有助于习故蹈常之颓风。但学风之偏弊所关涉的并不只是士林，还有官场，这意味着学风的纠正须与政治制度的改革相互结合，因为学风与政风的实质是同一的。故陈亮在批评学风之失的同时，又深刻地揭露了当时的官制之弊，以为必须改革：

本朝之制，大抵尚循唐旧，盖六世而天下病之……循

①陈亮：《送吴允成运干序》，第271页。标点略有不同。
②陈亮：《上孝宗皇帝第一书》，第9页。
③陈亮：《上孝宗皇帝第一书》，第3页。

至今日，则有可论者：阶官，则升改于荐削而叙进于年劳；列职，则平进于资格而躐用于堂除；禄，则视其品之崇庳而随所莅之厚薄；地，则立五等之虚封而为郊祀之常典；文武之贴职，则又以均出入之劳而不必其真有功也；至于功劳之大小，一切以官赏之，盖虽天子之师傅不能以靳于立功之武夫。此尚可久而不变乎？①

对于当时弊窦丛生的现实政治，陈亮确乎有深刻的认识，因此他要求于"祖宗家法"变而通之，"不思所以变而通之，则维持之具穷矣"②，"维持之具既穷，臣恐祖宗之积累亦不足恃也"③。实际上，陈亮一切关于现实政治的见解都紧紧围绕着恢复中原这一主题，无论是学风的纠正还是制度的改革，其目的均在于兴天下之气以图国家的根本强固。在他看来，实现中原恢复之大业，是以肃清内政、人民富厚为先行条件的，因此它同时也成为陈亮分析现实政治之种种弊病并提出改革主张的指导思想。

陈亮认为："赤子嗷嗷无告，不可以不拯；国家凭陵之耻，不可以不雪；陵寝不可以不还；舆地不可以不复。"④言而总之，中原必须恢复。然而这种必要性究竟何在？除了他在《中兴论》

---

① 陈亮：《问任官之法》，第159页。
② 陈亮：《上孝宗皇帝第三书》，第12页。
③ 陈亮：《上孝宗皇帝第一书》，第7页。
④ 陈亮：《中兴论》，第22页。

以及上孝宗诸书中曾提到的诸如"钱塘为东南一偏，非天命人心所可久系"，以及"夷狄之德，黎民怀之"，恐其植根既久难以动摇之类的原因以外，是否还有更为深刻的思想原因？我们认为答案是肯定的，这种思想原因即在于陈亮的春秋学思想。

元代刘埙认为："龙川之学尤深于《春秋》。"[①]这一见解颇合乎事实，并且相当深刻。陈亮于诸经中特重《春秋》，以为《春秋》备四王之制，为王道之极则，其大义所在，则关乎君道之根本。孔子之所以作《春秋》，是因为他有伤于周室之陵夷，叹王道之不举，故为揭正名之大义，严夷夏之大防，以惧乱臣贼子，而为后世立法。陈亮云：

> 昔者春秋之时，君臣父子相戕杀之祸，举一世皆安之。而孔子独以为三纲既绝，则人道遂为禽兽夷狄，皇皇奔走，义不能以一朝安。然卒于无所寓，而发其志于《春秋》之书，犹能以惧乱臣贼子。今者举一世而忘君父之大仇，此岂人道之所可安乎！使学者知学孔子，当进陛下以有为，决不沮陛下以苟安也。[②]

> 西周之末，犬戎之祸，盖天地之大变，国家之深耻，臣子之至痛也。平王东迁以来，使其痛内切于心，必将因

①刘埙：《隐居通议·论陈龙川二则》，见《陈亮集·附录》，第559页。

②陈亮：《上孝宗皇帝第一书》，第2—3页。

臣子之愤，借晋、郑之势，以告哀于天下之诸侯，以大义责其兴师以奖王室，其不至者，天下共诛之，则可以扫荡犬戎，洗国家之耻而舒臣子之愤矣。然后正纪纲，修法度，亲鲁、卫，以和柔中国，命齐、晋为方伯，以纠合天下之诸侯，文、武之迹可寻，东周之业可兴也。今乃即安于洛邑，虽周民赖以粗安，宗祀赖以不绝，然使其臣子忘君父之大仇，而置天下之诸侯于度外，周之名号虽存，而其实则眇然一列国耳。当平王在位之时，世之君子尚意其犹有待也，及待之四十九年，而士君子之望亦衰矣……孔子伤宗周之无主，痛人道之将绝，而作《春秋》，其书天王之义严矣……其书讨贼之义严矣……孔子之心，未尝不庶几天下之民一日之获瘳也。是君道之大端，而圣人望天下与来世者，可谓深切著明矣。[1]

显然，陈亮的用意不仅仅在阐明孔子之作《春秋》的缘由，更在以古讽今，以《春秋》之大义对孝宗力加规谏劝勉。按照陈亮的理解，当西周之末世，犬戎侵陵中国，若平王真能励志奋发，以天子之令号召天下，则犬戎可平，国耻可雪；无奈其苟安于洛邑，置天下于度外，终至神州陆沉，使天子之国降为"眇然一列国"，使人道废绝而沦为"禽兽夷狄"。不管陈亮的这一理解是否切合于东周的实际情形，但其以东周规劝南宋之

---

① 陈亮：《上孝宗皇帝第二书》，第9—10页。

意却是极其显明的。他对平王的种种指责，实质上直指孝宗之非。

《春秋》以"正名"为根本大义，故陈亮谓其"书天王之义严矣"；"正名"之下，又有"尊王攘夷"的根本主张。"尊王"之义，主于"大一统"，唯天下之纪统于一，"尊王"之义方始大显。"攘夷"的实质即"尊王"，强调对夷狄的排斥，所谓"《春秋》，内其国而外诸夏，内诸夏而外夷狄"①。"尊王攘夷"，总在明夷夏之大防，使中国、夷狄不得混而为一。除"正名"之大义以外，《春秋》又有"三世说"，即拨乱世、升平世、太平世，说《春秋》者以为孔子政治理想之所寄托。"升平世""太平世"可与《礼运》中的"小康""大同"相呼应。而"尊王攘夷"、诛乱臣贼子，实际上也是"三世说"中的拨乱之道，故孟子说"孔子成《春秋》而乱臣贼子惧"②。"尊王攘夷"之所以为"拨乱"，唯经拨乱而反正，方能入于"升平世"，继而转进于"太平世"。故陈亮上孝宗之书，屡言"欲为社稷开数百年太平之基"，似未可仅以吊诡之语视之，其背后实有《春秋》思想为依据。而他所强调的中原必须恢复，同样以"尊王攘夷"这一春秋学的经典思想为其主导。只有以此为先行条件，才有可能实现"大一统"，使天下统于一，才有可能开辟出社稷的"太平"之基。

---

① 《春秋公羊传·成公十五年》。
② 《孟子·滕文公下》。

"尊王攘夷"必宗主"中国"。故陈亮云："中国，天地之正气也，天命之所钟也，人心之所会也，衣冠礼乐之所萃也，百代帝王之所以相承也，岂天地之外，夷狄邪气之所可奸哉！"①故中国乃为文明之渊薮，代表了一种与民族特定的生存方式和价值方式相融会的历史文化传统，是为天命人心所以维系之所在。因此，"尊王攘夷"也就不仅仅是抵御外侮，更是为了捍卫文明而对野蛮的抗拒。在陈亮看来，孔子作《春秋》，书天王之义，严夷夏之辨，正欲为人道立极，故若坐视中原沦陷而不之恤，使"堂堂中国，而蠢尔丑虏安坐而据之，以二帝三王之所都，而为五十年犬羊之渊薮，国家之耻不得雪，臣子之愤不得伸，天地之正气不得而发泄也"②，便是使人道废绝，使天命乖离，使文明坠地，使圣人之道幽闭而不显。故云："使学者知学孔子，当进陛下以有为，决不沮陛下以苟安也。"③"今中原既变于夷狄矣，明中国之道，扫地以求更新可也；使民生宛转于狄道而无有已时，则何所贵于人乎！"④因此在陈亮那里，是否能实现中原恢复之大业，实质上即为是否能真正继承圣人之道并实现人道的完善的当代使命。他是将这一问题真正提到历史文化之传统的继承与发扬这一高度来认识的。

"尊王攘夷"是陈亮来源于《春秋》大义的一种根本的政治

---

① 陈亮：《上孝宗皇帝第一书》，第1页。

② 陈亮：《上孝宗皇帝第一书》，第2页。

③ 陈亮：《上孝宗皇帝第一书》，第3页。

④ 陈亮：《问答下》，第49页。

观念，正是在这一观念的指导之下，他竭力主张恢复中原，为之四处奔走叫呼，且反对与金人缔结和议，非难汉、唐之君以公主"和亲"，攻击徽宗约金伐辽之策，咎责朝中大臣之不讲《春秋》而致夷狄"专中国之祸"①。这一思想常为今天的研究者确认为"爱国主义"。一种文化观念，原是在绵长的历史过程中积淀于民族的整体意识的。

---

① 参见陈亮的《问答下》《汉论·景帝朝》《酌古论·桑维翰》。

王、霸，在中国古代代表了两种不同的政治模式，因此也是两种不同的关于政治的价值理念。尽管王霸观念产生于春秋时期，但它所引起的伦理学问题却一直为后代的思想家所关注，并逐渐演变为关于政治评判的价值尺度。孟子云："以力假仁者霸，霸必有大国；以德行仁者王，王不待大。"①这是儒家对于王霸的典范性界说，也是对于王霸所做的道德价值评判。朱熹云："力，谓土地甲兵之力。假仁者，本无是心，而借其事以为功者也。霸，若齐桓、晋文是也。以德行仁，则自吾之得于心者推之，无适而非仁也。"②故王道政治在本质上是道德的普遍推行与实现，是仁义的普施博化，而霸道则不必依于仁义，它所强调的是现实功业如何被确切地实现。在一般道德意义上，王道注重行为的动机，强调动机必须合乎普遍善的道德观念或

①《孟子·公孙丑上》。
②朱熹集注，陈戍国标点：《四书集注》，岳麓书社2004年版，第264页。

原则；霸道则注重行为的最终效果，强调效果须合乎主体之所以施动的一般目的。孟子是仁政的竭力倡导者，因此在其价值判断中表现出了尊王贱霸的浓厚倾向。作为孔孟儒学的一种基本精神，这一点一直为后世学者所普遍奉行。但事实上，纯粹的王道政治，除了在被理想化的三代，恐怕在历史上从来未被真正实现过，而齐桓、晋文之"霸道"却有过辉煌的业绩，在春秋战国时代常为各国诸侯所津津乐道。荀子之论王霸较孟子为尤详。尽管他也奉王道为理想，但并不在价值上贬抑霸道，只是强调在目的的实现过程中不能使用诡术，虽霸道，也必以义为之制、以信为之经，如若舍弃信与义，或者把"义"或"信"理解为"权谋"，那么，其结果就只有灭亡而已。故曰："故用国者，义立而王，信立而霸，权谋立而亡。"[1]故霸道并不仅仅是以力服人，仍然须以信义为其前提。秦汉以后，作为政治模式的王霸问题实际上并未受到像春秋战国时期那样的普遍重视，人们所真正感兴趣的只是对于王霸的价值权衡与评估。理学兴起以后，特别是在南宋，由于其理论的基本性格是内倾的、反思的，它更为强调行为动机的至善，甚至要审察喜怒哀乐未发之先的本心本性，因此这种价值权衡在很大程度上便以形上的道德本原为依据，从而带有浓厚的非经验的甚至超经验的色彩。个体在经验领域的一切活动，既必以自我本善之性的复归为终极目的，则其主张就必倾向于尊王贱霸，必要反对一

---

[1]《荀子·王霸》。

切关于现实之功利的倡导与追求。在这一点上，陈亮的确与当时的理学家颇为不同。他不仅不讳言功利，而且竭力倡导功利，尤其要求把所谓功利切实转换为恢复中原的民族大业。在他看来，金人南侵，中原沦陷，国家分裂，人民涂炭，绝不可能是王道政治所应有的结果，故改变这种情形正为现实政治的当务之急。而要达到这一基本目的，诉诸一切有利于富国强兵的措施与手段便不仅是必要而急迫的，并且是正当的，是正义的；追求人民和社稷的利益与福祉，是当然地符合于至善原则的。若置这种利益于不顾，唯提倡一己之所谓心正意诚，那么即便其个体道德修养臻乎纯粹境地，在本质上也仍然为道德的坠失。

如何使国家改弱就强，实现统一大业，在陈亮那里是一个至为重要而且迫切的现实问题，其迫切性至少是个体内在德性的培植所不可比拟的。要实现这一大业，就必须诉诸现实的政治、经济与军事活动，必须诉诸实际功利的寻求。他反对理学的一般倾向，言之往往腐心切齿，因为在他看来，道德性命之空谈不仅无裨于现实事功的成就，而且足以使朝廷之政策与国人之心态误入歧途。理学以道德的涵养与完善为倡导，在政治上倡言王道而嗤黜功利，以为非道德性质的经验活动必将导致自我本心的迷失，其风气所趋，以至"世之曲儒末学，后生小子，窃闻其说而诵习之，讪侮前辈以为不足法，蔑视一世才智之士，以为醉生梦死而不自觉"[1]。这种学风与士人心态显然与

---

[1]陈亮：《问古今治道治法》，第168页。

恢复中原这一特殊的时代使命相左，故陈亮屡屡将国力之困乏与朝廷举措的畏葸懦弱乃至于民心的涣散不振，归咎于理学对于孟子仁政之说的片面诠释与发展。曾云："自孟、荀论义利王霸，汉、唐诸儒未能深明其说。本朝伊、洛诸公，辨析天理人欲，而王霸义利之说于是大明。"[①]但值得深思的是，汉唐诸儒虽未尝辨析天理人欲以至于丝毫不谬，而汉唐之治却能垂之久远且国力雄厚、威服四邻；"本朝"独主于王道，却终致山河破碎，人民流离，国势不张，而受邻邦之辱。陈亮对此有深沉的感慨：

> 本朝专用儒以治天下，而王道之说始一矣。然而德泽有余而事功不足，虽老成持重之士犹知病之，而富国强兵之说于是出为时用，以济儒道之所不及……今翠华局处江表，九重霄旰以为大耻，儒者犹言王道，而富强之说慷慨可观，天下皆以为不可行，何也……始之以王道，而卒屈于富强，岂不将贻天下之大忧邪？[②]

所谓"德泽有余而事功不足"，"始之以王道，而卒屈于富强"，确乎是一种理论与现实的悖反、观念与历史的悖反。这种令人不安并且令人忧虑的悖反现象之揭示，代表了陈亮对于现

---

①陈亮：《又甲辰秋书（与朱元晦）》，第340页。
②陈亮：《问皇帝王霸之道》，第172—173页。

实的一种历史性反思，也是他提出王霸问题的基本前提。

陈亮是一位历史的现实主义者。在他看来，与其曲解历史乃至无视历史现实以维护某种观念的统一性，毋宁修正观念本身以使之合乎历史现实，并从中抽引出切于当世实用的理论与方法。按照他的理解，所谓皇帝王霸之道，原无一定不易之准则，它们曾出现于不同的历史阶段。这一事实本身即表明它们为古之圣主明君本于相度时宜、因时立制之精神而采取的不同的政治之道。"一阴一阳之谓道。而三极之立也，分阴阳于天，分刚柔于地，分仁义于人，天地人各有其道，则道既分矣。伏羲、神农用之以开天地，则曰皇道；黄帝、尧、舜用之以定人道之经，则曰帝道；禹、汤、文、武用之以治天下，则又曰王道；王道衰，五霸迭出，以相雄长，则又曰霸道。皇降而帝，帝降而王，王降而霸，各自为道。而道何其多门也邪？无怪乎诸子百家之为是纷纷也。"①依陈亮之见，皇、帝、王、霸实际上仅为名言之不同，而不应有精神实质之区别，因为它们都为"一阴一阳之道"在历史展开的阶段性现实之中的显现；若必谓皇、帝、王、霸各自为道而互不相侔，则"道何其多门也邪？"这一点是不可思议的。如果不否认历史有其发展的连续性与统一性，则"皇降而帝，帝降而王，王降而霸"，仅仅是社会现实之历史性变动的体现；斟酌这种现实的历史性变动而施以合乎时宜的政治之道，即究详当世的天人之际以为民立极，正为切

①陈亮：《问皇帝王霸之道》，第172页。

于世用又根本有效的政治原则。他确信历史发展的根本依据在于社会现实的不断变更，因此不同时代的政治措施必互有因革，任何一种既定的政治模式都不可能以其固有形式而永垂后世。皇、帝、王、霸的历史嬗变，无疑就是关于这一点的确切明证。"昔尧、舜之际专尚德化，三代之王以仁政，伯国以谋，战国以力。治乱之不同，所从来异矣。由汉迄今，有国家者始兼而用之。"①汉以降之兼用霸王之道，并非对于三代王道的背叛，因为它不仅有历史现实之变动为其必然前提，而且在精神上也合乎圣贤垂训之则。"孔子之叙《书》也，上述尧、舜而不道其前，则皇道固已不可为法于后世矣。""帝王之道，万世之法程也，然而子思称夫子之言曰'王天下有三重焉'，则帝道又或可略也。"春秋战国时期，诸侯纷争，各相雄长，"孟轲、荀况驾王道于诸侯之庭，而五伯则羞称而讳道之"，然五霸各自做出一番轰轰烈烈的事业。这表明三代之王道乃是对皇道、帝道之合乎现实的修正，五霸之不用王道，同样是历史的选择，故皇、帝、王、霸之道，均依现实时势，也即特定时代之天人相与之际而转移，任何一道都不能被悬为绝对。降及汉、唐，"董生、刘向、扬雄，汉儒之巨擘也，相与世守其法而不废，诸儒之说既一于王道矣，而汉家之制度乃以霸王之道杂之"②。"秦以刑名齐天下，汉氏易之以宽厚，宜本于儒者之道矣，而所谓'齐、

①陈亮：《谋臣传序》，第238页。
②以上均见陈亮：《问皇帝王霸之道》，第172页。

鲁诸儒言人人殊'者，虽曹参犹知厌之，而况于轻儒嫚骂之主乎！盖公之清净，不独行于齐矣，则文帝之躬行元默以移风俗，非有取于笃恭而天下平之论也。"[1]即汉高帝之取天下，汉文帝之治天下，均未尝一切本诸儒者王道之论。"宣帝起自闾阎，知吏道之病民，故综核名实，信赏必罚，而天下治；凡儒者多端之说，一切置之而无所惑也。"[2]汉代诸君虽以霸王之道杂之，并未纯粹依于儒者王道之说，也并未妨碍汉家天下垂于数百年之久。至于唐代，"李氏之兴，一曰仁义，二曰仁义，而详考其制度，则无以异于汉氏也。虽不曰霸王之杂，可乎？"[3]在他看来，自禹、汤、文、武所推行的王道衰微以后，儒家所理想的王道、仁政就从未以其所构想的原本样式在历史上被实现过，而以"综核名实，信赏必罚"为基本精神的霸道与"霸王之杂"的治世之道，则不仅被实现过，而且事实上取得了极大的成功。其中的历史经验值得深刻反思，其取得的天下繁荣昌盛的治国之成效，则值得借鉴。

王道衰微而有霸道，五霸消亡而有汉家的霸王之杂，其中体现了天人之际的历史性变动，具有某种不可逆转的历史必然性。从历史发展的连续性来考虑，这种政治制度的相互转移与嬗变也必然包含着某种内在的逻辑联系。因此陈亮认为："五霸之纷纷，岂无所因而然哉。""使若三皇五帝相与共安于无事，

①陈亮：《问古今治道治法》，第167页。
②陈亮：《问古今治道治法》，第168页。
③陈亮：《问皇帝王霸之道》，第172页。标点略有不同。

则安得有是纷纷乎？"①并断言汉家"谓之杂霸者，其道固本于王也"②。按他的理解，政治之真正确定不移的根本原则，惟存乎慎辨当世的天人之际，审度其时代的实际情形而因时立制，而不在于对任何"主义"的执持。在这一意义上，无论是王道、霸道还是王霸之杂，均有其适用于特定时空境况的充分合理性，并且历史已经证明在其各自的现实性上都是有效的。因此，某种政治原则的合理性必须同时体现为实践上的有效性，而这种有效性无论如何都与功利相联系，因为有效性本身的确立即意味着功利的实现。若根本排斥这种有效性，譬如固执王道之理想而不顾国家分裂、人民贫困，那么这种"王道"也就根本没有值得天下为之竞趋的诱人魅力，并且在现实性上是不合理的，因为它并未体现出天人之道合一的价值实现。基于这一观念，陈亮坚持王通关于"王伯之道不抗"的观点③，坚持汉唐之制以"霸王之道杂之"是值得效法的，反对拘泥于王道之说，唯道德性命之求的理学家言，而确信治天下必贵于实。

　　故才智之士始得奋其说，以为治天下贵乎实耳。综核

---

① 陈亮：《又乙巳春书之一（与朱元晦）》，第344页。

② 陈亮：《又甲辰秋书（与朱元晦）》，第340页。

③ 陈亮：《问皇帝王霸之道》，第172页。王通在《问易篇》云："文中子曰：'强国战兵，霸国战智，王国战义，帝国战德，皇国战无为。天子而战兵，则王霸之道不抗矣，又焉取帝名乎？'""不抗"，即不相对立。见张沛：《中说校注》，中华书局2013年版，第146页。

名实，信赏必罚，朝行暮效，安用夫大而无当、高而未易行之说哉！然则汉武之旧，宣帝之政，果不可易也，儒者徒自苦耳。[①]

"治天下贵乎实""综核名实，信赏必罚"，代表了陈亮关于治道治法的根本观念。正是在"贵乎实"这一意义上，"王伯之道不抗"，即王霸之道并非互不相容，而是完全可以统一的。霸道虽以现实功利的追求为目的，但在实践上并不是为达目无所不用其极的"强梁主义"，而是在结果上表现为人民利益的实际谋求。齐桓公任用管仲而成九合诸侯之功，为一时霸主，然人民也因此被其惠泽。在陈亮看来，管仲之动机虽或出于功利，然其结果则与王道之旨无异，故屡称管仲贤者，慕其雄才，浩叹"管敬仲、王景略（猛）之不作久矣"[②]。朱熹曾以动机之未本于纯粹道德而谴责汉唐诸君，断言汉唐尽是人欲，并亦不取其事功。陈亮则坚信动机必体现于行为之结果，并就其结果而判定汉唐虽以"霸王道杂之"，然其道固本于王，王霸在实践上是可以相互统一的。他说：

> （汉高帝）彼其崛起之初，眇然一亭长耳；其盛者不过一少年子弟，安知天下之大虑，而勃然有以拯民于涂炭之

[①] 陈亮：《问古今治道治法》，第168页。标点略有不同。

[②] 参见陈亮的《又甲辰秋书（与朱元晦）》和其他与朱熹诸书，以及《汉论·昭帝朝》等。

心。三章之约，非萧何所能教；而定天下之乱，又岂刘文靖之所能发哉！彼其初心未有以异于汤、武也。而其臣凡下，无以辅相之。虽或急于天位，随事变迁，而终不失其初教民之心，则大功大德，固已暴著于天下矣。[1]

又略论汉朝诸君云：

汉高帝豁达大度，以与天下更始，禁网阔疏，而天下之人得以阔步高谈，无危惧之心。反帝王之末流，还天地之全体，此其功德，非后世儒生之所能知也。文、景因而弗改，而武、宣之法禁始严矣。中兴屏去苛法，简省文书，以舒天下之气，大纲虽非高帝之旧，而其意犹在也。[2]

高皇代虐（秦）以宽，易暴以仁，除苛解娆，剔荒濯秽；向之桎梏者今俄而枕簟矣，向之枵腹者今俄尔饘粥矣，向之相刃者今俄而骨肉矣，此其功直与天地等矣。加以文帝以仁柔而驯之，武帝以经术而治之，宣帝以纪纲而正之，虽中更新室之变，而民心终依依不忍离汉者，不可谓其功之细也。群盗蝟兴，三精雾塞，吾赤子复罹荼毒之苦，光皇烟赤帝之灰而复燃之，援民于浊淖之中，而饮以清泠之

---

① 陈亮：《问答上》，第34页。标点略有不同。
② 陈亮《问古今法书之详略》，第171页。

水，斯民复知有汉矣。继以明帝之政平讼理，章帝之宽厚长者，而汉脉遂寿于四百年之永。虽以奸雄之（曹）操，睥睨汉鼎，终垂涎而不敢孥者，民之戴汉旧矣。君子考论汉家之治，谓非七制之功可乎？[1]

这里的阐述实际上表明这样一种观点，即判断某一时代之政治优劣的一般依据，只能是关于政治的一般思想、原则、观念及其具体措施在现实中被实现出来的实际效果，而不是这些思想观念本身，更不是隐微的动机。而在具体判断中，还必须考虑到特定的现实与历史背景。依据现实的治效标准，则不必纠缠于王霸问题。刘邦未曾以儒术得天下，也未曾以儒术治天下，然当"秦人挈宇宙而鼎镬之"，生民无聊之甚之时，其"出而拯之于水火之中，措之衽席之上。而子子孙孙，第第相承，又皆有以覆护培植之，使其父子兄弟得以相保相安于闾里之间"[2]，便是其心无一念之不在斯民的证明，其功绩可等于天地，而其心迹则同于汤、武。这种现实的政治效果便包含了王道所应有的实际内容，故王霸之道不抗。

如果政治仅仅停留于、满足于某种道德理念或礼乐教化之倡导，而不重视民生的实际改善，不谋求国家的富强与繁荣，甚而卑弃物质、蔑视功利，自甘于懦弱受辱而犹放言王道，在

---

① 陈亮：《汉论·七制》，第193页。
② 陈亮：《汉论·七制》，第192页。

陈亮看来，这无论如何都是不可思议的，因为这不可能是政治活动的完整内容。因此，他曾一再提出这样的问题："孔孟之学，真迂阔而不切事情邪？"按他的理解，王道并不意味着国家的贫弱，更不意味着它必须建立于这种贫弱的基础上。如果王道在本质上是对人民推行仁政，是属意于人民实际生活状况的改善，那么它恰好就必须建立在国家富足、人民生活安定的基础之上，在现实性上，国家富足的谋求就必然体现为某种功利，只不过这种功利，是天下之公利，而非一己之私利。天下之公利，即天下之公义。正因此故，一言功利就被指责为霸道，以为有悖于孔孟精神，不仅显得极其偏狭，而且实际上也背离了孔孟所言王道的本质精神。王道之实，必以"大道之行也，天下为公"为终极归趋。孔子所承周公之道，岂不见诸行事之深切著明！在孔子那里，"举而措之之大端，而当时之学者载而为《论语》"①，故"《论语》一书，无非下学之事也"②。"夫子曰：'如有用我者，吾其为东周乎！'此夫子之志，《春秋》之所由作也。"③故"圣人经世之志，寓于属辞比事之间"④。既言经世，则孔子绝不排斥对于现实之事业功利的追求。"孟子言王道，本之以农桑，而鸡豚狗彘之微，材木鱼鳖之用，往往无所

①陈亮：《告先圣文》，第401页。

②陈亮：《语孟发题·论语》，第108页。

③陈亮：《六经发题·春秋》，第107页。

④陈亮：《春秋比事序》，第254页。

不及，至于言经界、谷禄，其事为尤详。"①则孟子不仅不排斥事业功利，而且王道所借以推行的现实基础，正在于这种事功的开辟与建立。故若本领不宏阔，便担当开辟不去，便无由得致其位，"孔、孟以天下之贤圣而适当春秋战国之乱，卒不得行其道以拯民于涂炭者，无其位也"②。故"不得其位，则此心何所从发于仁政哉？"③因此，即便从孔孟学说本身来考察，其所言王道也并不排斥事功，王霸之道依然不相违抗。将它们对抗起来如同冰炭的不是孔孟，而是当世的道学家们。故陈亮认为："世之儒者，揭《易传》以与学者共之，于是靡然始知所向。然予以谓不由《大学》《论语》及《孟子》《中庸》以达乎《春秋》之用，宜于《易》未有用心之地也。"④"夫渊源正大之理，不于事物而达之，则孔孟之学真迂阔矣，非时君不用之罪也。"⑤即理论必须回归于现实以求其实际效用。

以上表明，陈亮之论王霸，重在阐明其"治天下贵乎实"的基本原则或"主义"。所谓"实"，既指人们所面临的特定的社会历史现实，也指切合于这种现实的政治主张与具体措施，还指政治措施所应取得的实际效用。在这种"贵乎实"的"主义"之下，不仅是皇、帝、王、霸，而且历史上一切关于政治

①陈亮：《问古今治道治法》，第167页。

②陈亮：《问答上》，第34页。

③陈亮：《又乙巳春书之一（与朱元晦）》，第346页。

④陈亮：《杨龟山中庸解序》，第258页。

⑤陈亮：《勉强行道大有功》，102页。

的不同见解与不同的学术主张，都可以经过斟酌参取与扬长避短，实现相互补充、相互兼容，使之切合于现实政治的实际利用。在陈亮看来，各种不同的政治学说均代表了人们在特定的历史条件之下对于现实诸问题的思考及其不同的措置之法，因此也必然各有其合理性；因为它们不符合儒家学说而被指责为"异端"，那只不过是后来产生的、立足于儒家思想才有的观念。然推原各派学说之本意，并非故为雄辩以与儒家相颉颃，更不是故意要分裂圣人之道。因此在学术问题上，只有不同的思想与不同的见解，并无所谓"异端"。陈亮云：

> 异端之学，何所从起乎？起于上古之阔略，而成于春秋战国之君子伤周制之过详，忧世变之难救，各以己见而求圣人之道，得其一说，附之古而崛起于今者也。老庄为黄帝之道，许行为神农之言，墨氏祖于禹，而申、韩又祖于《道德》。其初岂自以为异端之学哉？原始要终而卒背于圣人之道，故名曰异端，而不可学也。①

> 农、墨欲以敦本而御世，申、韩欲以核实而救时，是皆周末忧世君子之所为，而非欲为是异端以分裂圣人之道也。②

---

① 陈亮：《子房贾生孔明魏征何以学异端》，第126页。标点略有不同。
② 陈亮：《问古今文质之弊》，第169页。

　　这就意味着无论儒、墨、道、法，只要其学说言之成理、行之有效，便可加以斟酌变通而参取之，以切于当世之实用，而不必尽拘执于孔孟之言。①因此，陈亮曾与诸生商略如此问题："今天下之习日趋于轻浮变诈矣，老聃之思虑，孔氏之遗法，周末忧世之君子，各致其说以救时弊者，可以区别而用之欤？"②这里的答案其实是肯定的。陈亮不仅表明"王霸之杂，事功之会，有可以裨王道之阙而出乎富强之外者，愿与诸君通古今而论之"③，而且确信"苟有用心之地，则凡天下之学皆可因之以资吾之陟降上下焉"④，还曾明白宣布"正欲搅金银铜铁熔作一器，要以适用为主耳"⑤。

　　这种关于"异端"的言论，在主张儒学道统说的理学家看来，其本身就是"异端"，这恐怕也正是朱熹与之激辩的一个重要原因。但若换个角度看，却又的确体现了陈亮更为宽阔的学术胸怀，尤其重要的是，体现了他要以"切于实用"这一基本原则去统摄诸家学说的一种努力。在他看来，不论是皇、帝、王、霸，也不论是儒、墨、道、法，凡天下一切学术，都可以在"要以适用为主"的原则之下获得统一。因此，在王霸问题

---

①在陈亮看来，即使孔子也是博取众家之论的，并非执于一端以攻其余。参同上所引二文。

②陈亮：《问古今文质文弊》，第170页。

③陈亮：《问皇帝王霸之道》，第173页。

④陈亮：《钱叔因墓碣铭》，第484页。

⑤陈亮：《又乙巳春书之一（与朱元晦）》，第346—347页。

上，他固然不尽主张王道，当然也不尽主张霸道，甚至也未必就倡导"王霸杂用"。我们认为，陈亮之论王霸、辩"异端"，实际上恰恰是要求人们从王霸、"异端"诸问题的纠缠之中超拔出来，将这些问题暂时搁置起来，唯着眼于社会政治的实际情形，变通古今，参合异同，以达夫时措之宜，而无须必求尽合于某种"主义"。这一明显而又强烈的实用主义倾向，与他在哲学上的拒斥形而上学是完全一致的。

　　因此，我们有必要澄清陈亮研究中一种极其重要且被普遍接受的基本观念，即确认陈亮主张"义利双行，王霸并用"，并认为这是陈亮学术之整体的基本性格，是他与理学阵营相互对垒的关键所在。从朱熹开始，直至今天的研究者们，这一观念在不断地重复中被不断地肯定，已成为关于陈亮思想的一种定论。诚然，在朱、陈论辩最激烈的时候，朱熹曾以"义利双行、王霸并用"来判定陈亮的思想学说，希望陈亮"绌去'义利双行、王霸并用'之说，而从事于惩忿窒欲、迁善改过之事，粹然以醇儒之道自律"①。但陈亮认为，朱熹的这一说法是对他极大的误解，故须就此问题继续辨明其心迹："来教乃有'义利双行，王霸并用'之说，则前后布列区区，宜其皆未见悉也。海内之人，未有如此书之笃尽真切者，岂敢不往复自尽其说，以求正于长者。"②显而易见，以"义利双行，王霸并用"来衡定

---

① 朱熹：《答陈同甫（第四书）》，见朱熹撰，朱杰人、严佐之、刘永翔主编：《朱子全书》（第21册），上海古籍出版社、安徽教育出版社2002年版，第1581页。
② 陈亮：《又甲辰秋书（与朱元晦）》，第340页。标点略有不同。

陈亮的学术思想，仅仅是朱熹的观点，而陈亮自己是绝不接受的。尤其重要的是，在陈亮看来，真正主张"义利双行、王霸并用"的恰恰是朱熹，而不是他本人。陈亮曾曰：

> 诸儒自处者曰义曰王，汉、唐做得成者曰利曰霸，一头自如此说，一头自如彼做；说得虽甚好，做得亦不恶：如此却是义利双行、王霸并用。如亮之说，却是直上直下，只有一个头颅做得成耳。①

> 近世儒者谓三代以天理行，汉、唐专是人欲，公、私、义、利，以分数多少为治乱，其说亦不为无据矣，而不悟天理人欲不可并用也。②

> 世儒之论，皆有官不容针私通车马之意，皆亮之所不晓……有公则无私，私则不复有公。王霸可以杂用，则天理人欲可以并行矣。③

事情是非常清楚的，问题在于如何理解陈亮的这些言论。

---

① 陈亮：《又甲辰秋书（与朱元晦）》，第340页。标点略有不同。
② 陈亮：《问古今损益之道》，第174页。标点略有不同。
③ 陈亮：《丙午复朱元晦秘书书》，第354页。顺便说一句，侯外庐先生等主编的《宋明理学史（上卷）》（人民出版社1984年版）把"天理人欲可以并行"作为陈亮自己的论点，其实是有理解上的明显错误的。见该著第437页。

从表面上看起来，穷究皇、帝、王、霸之学的是陈亮，倡言事业功利的也是陈亮，而朱熹则是晬面盎背，唯道德纯粹之是求，所谓正谊不谋利、明道不计功，故主张"义利双行、王霸并用"的宜若陈亮，而朱熹不与焉。但是按照陈亮的理解，他是坚决反对"义利双行、王霸并用"的，始终主张这一点，反而是朱熹。因为：

第一，朱熹从道统说的立场出发，坚持以道心宰制人心，曾云："夫人自有生而梏于形体之私，则固不能无人心矣。然而必有得于天地之正，则又不能无道心矣。日用之间，二者并行，迭为胜负，而一身之是非得失、天下之治乱安危，莫不系焉。是以欲其择之精而不使人心得以杂乎道心，欲其守之一而不使天理得以流于人欲，则凡其所行，无一事之不得其中，而于天下国家无所处而不当。"[1]朱熹在这里强调了道德修养的必要性，这种必要性在本质上渊源于"人心惟危，道心惟微"的所谓尧、舜、禹授受"密旨"。尽管朱熹在价值上唯取乎"道心"而不取乎"人心"，但已然断定了这两者在人的存在的现实性上都是"不能无"的，既然"不能无"，实际上就是必然有。如果"道心"为本然道德之心，在现实性上主导着"义"与"王"，而"人心"则是私欲之心，主导着"利"与"霸"，那么"道心"与"人心"在"日用之间，二者并行，迭为胜负"的肯定，无

---

①朱熹：《答陈同甫（第八书）》，见朱熹撰，朱杰人、严佐之、刘永翔主编：《朱子全书》（第21册），上海古籍出版社、安徽教育出版社2002年版，第1586页。

疑是肯定了"天理""人欲"二者的相互并行，这样也就肯定了"义利双行、王霸并用"。而在陈亮看来，心不可分判为二，故"天理""人欲"不能并用。理、欲不能并用，则义利不是双行，王霸无须并用。是正所谓"直上直下，只有一个头颅做得成耳"。

第二，朱熹认为三代专以天理行，而汉唐专是人欲，故汉唐不能承接三代之统绪。这一观点的另一种表述，就是三代以王道行，汉唐则以霸道行，故汉唐之君全是功利，在本质上无有是处。按照陈亮的理解，如果朱熹的这一观点果然能够成立，那就不仅意味着历史的绵延可以被人为地截断，而且意味着仅仅是"人欲"在现实性上就足够主持得世界；如果"人欲"足以主持得世界，那么它就变得与同样能够主持得世界的"王道"或"天理"相等价了。因此，朱熹将义利、王霸截然对立起来的最终结果，反而是肯定了"义利双行、王霸并用"的合理性及其客观有效性。尤其糟糕的是，在王霸的截然对立之中，朱熹将纯粹道德的内容归诸前者，而将事业功利属诸后者，这样一来，似乎王道本身乃是排斥事功的，"立功建业别是法门"，并非王道所应有的内容。在陈亮看来，这一观点仅仅在表面上似乎维护了王道的纯洁性，而实质上却是为利欲、为霸道的纵横驰骋保留了恢宏的余地，是所谓"官不容针而私通车马"。不仅如此，由于它将立功建业排斥于王道之外，便在本质上肢解了孔孟儒学，割裂了它内外涵摄的整体统一性，从而取消了它作为现实政治之指导思想的正当性。如果儒学仅满足于道德性命的寻求而没有将事功的追求也包容在内，那么从理欲、王霸相对立的观点来看，便意味着人们在现实领域之事功的开辟必须在别种思想，譬如霸道的指导之下才能实现；若果真如此，则儒学便没有足够充分的资格成为现实政治的主导原则，因为政治在实践上是不可能纯粹排斥事功的。因此陈亮认为，道心、人心之二分及其相互之间在价值上的截然对立，首先就导致了对"义利可以双行、王霸可以并用"的肯定；必欲维护儒学道统的纯粹性而将汉唐之治拒斥于道统之外，断定其"专是人欲"而斥之于王道之外，这一做法所导致的结果，乃是更为严重的对于儒学之整体统一性的支离宰割，甚至是儒学本身的灭裂。所以他坚持认为"天理、人欲不可并用"，因为"有公则无私，私则不复有公矣。公私可相附而行，则儒者反破其门户扃鐍以与人共之，将使时君世主何所执以为一定不易之治乎？"①

综合上文，我们表明以下观点：

其一，陈亮对皇、帝、王、霸问题的历史性思考，建立于其时代所谓"德泽有余而事功不足"与"始之以王道而卒屈于富强"这种实际的政治状况之上，这是他所体认到的、在其时代又表现得特别尖锐的一种思想文化与现实政治的背反现象。在陈亮的思考之中，始终贯穿了他所坚持的社会历史发展的连续性与统一性观念，重申了政治的根本任务在于对特定时代的历史现实给予恰当措置，必须通古今之变，因时、顺时立制，

---

①陈亮：《问古今损益之道》，第174页。

故"治天下贵乎实"。

其二，既然政治的根本任务在于现实事务的恰当措置，那么它就不能在根本上排斥事业功利；既然通古今之变而因时立制是切实有效的治道原则，那么历史上一切关于政治的不同见解都可经过变通、整合而实现其价值转换，进而为今时所利用。因此，陈亮强调，将道德与功利、王道与霸道在价值上截然对立起来，固执道德以嗤黜功利，泥于王道而贱弃事功，不仅在理论上是不明智的，在实践上更是必然为迂阔而不切于实情的。

其三，"王伯之道不抗""杂霸而本于王"，是陈亮关于王霸问题的根本观念。他坚持认为，绝不能把事业的开辟、现实的功利，尤其是国家存在的完整性，以及民生利益的实际提升从王道之中剥离出去，恰恰相反，必须确认所有这些与所谓"事功"相关的内容，它们原是为王道所包含的。否认这一点，便是对儒学之整体统一性的肢解，是对儒学作为政治之指导思想的本质否定。

其四，陈亮并不主张"义利双行、王霸并用"，他论证了坚持这种观点的反而是朱熹及其追随者们。应当肯定，他的论证是有力的，其论证方法是合乎逻辑的。"双行""并用"，只有当"义""利"或"王""霸"被作为两种不同系统的时候，这一表述才是恰当的。而在陈亮那里，王霸之道原不相对抗，道德与功利则相互统一，它们仅仅是某一系统，譬如儒学当中所涵盖的不同层面。这样，即便是义利、王霸的现实运用，也仍然是对该种系统之基本精神的恰当坚持与贯彻，而无所谓"双行"或"并用"。

其五，究实而言，如果按照传统观念将王道与霸道视为两种精神不同、价值对立的"主义"，那么陈亮之论述王霸问题的实质，并不在于要左袒任何一方，反而是在要求人们的思想观念从王霸问题的滞碍束缚当中超拔出来，将"主义"的问题先搁置起来，将注意力充分倾注于其时代所面临的各种现实问题的解决；凡有利于这一点的，无论其出于儒、墨、道、法，无论其出于皇、帝、王、霸，都可参取而用之。治天下贵乎实而已，安用乎大而无当、高而未易行之论乎？这恐怕才算是他的"主义"。

　　尽管陈亮在与朱熹的论辩中表现出了明显的轻视动机、重视实效的功利主义倾向，以至于其观点被陈傅良概括为"功到成处便是有德，事到济处便是有理"①，但这并不意味着他不提倡个体内在的道德修养，更不意味着他撇弃传统文化中的"内圣"精神而"专言事功"。实际上，在陈亮那里，个体的内在精神或"心"，不仅是事功得以实现的前提，而且在特殊的个体即人君那里，它同时即为政治与教化的本原。这一思想集中体现在其后期著作，尤其是《汉论》之中。而《汉论》的重新发现，

――――――――――

①见《止斋文集·致陈同甫书》。必须指出，此说不是陈亮自己的观点，今《陈亮集》不见此语。陈傅良的这一概括并非情实，对后世造成不良影响。全祖望谓陈亮"专言事功"之说，盖即承此而来。

则提示我们须对陈亮事功学说的传统看法做出重要修正。①

中国古代的政治思想确乎有极浓厚的王权意识，"天子"作为一种观念代表了这一意识的极化。"天子"不仅享有特殊的崇高地位，有至高无上的权力，是"天"的人间代表，而"政治"则是"天子"借以转换出"天意"的根本手段，因此唯"天子"才具有"惟皇作极"的特殊权力。政治制度及其根本法则（皇极）既经建立起来，于是黎民即"是训是行，以近天子之光"，故"天子作民父母，以为天下王"。②天子所以建极的依据，是"天叙有典""天秩有礼""天命有德""天讨有罪"③，首先是

---

① 《汉论》五卷载《圈点龙川水心二先生文粹》，该书原藏"台湾国立中央图书馆"善本书库，1983年邓广铭先生辗转从美国得之，以其为底本，重新编校增订本《陈亮集》。哈佛大学田浩（Hoyt C. Tillman）关于陈亮的研究（《功利主义儒家：陈亮对朱熹的挑战》，*Utilitarian Confucianism： Chen Liang's Challenge to Zhu Xi*，Harvard University Press， 1982）也以《文粹》为据，但田浩根据该本有饶辉作于嘉定壬申（五年）的序，而确认其刊于1212年（嘉定五年），恐失之粗疏。邓广铭先生认为，饶辉之序"必然与《文粹》刊行年月全无关系"。另外，田浩根据陈亮《上孝宗第一书》末尾"辛卯、壬辰之间始退而穷天地造化之初"云云，而确定《汉论》作于1171—1175年（乾道七年至淳熙二年），就其内容来看，此说恐也未安。邓广铭先生认为，"《汉论》可能就是叶氏（适）所提及的《陈子课稿》的一部分，是陈亮授徒讲学期内向学生提示的一些历史问题，为学生撰写的一些示范文字。"（参见《陈亮集增订本出版说明》，《陈亮集》卷首，第4页）而我们认为，《汉论》的写作时间较晚，属于其后期著作，很可能作于与朱熹的论辩（淳熙十三年）以后。其中的 些观点与其前论稍有不合，而与其可以确考的后期作品，如《廷对》《人法》《勉强行道大有功》以及进士及第后诸作中的观点，则颇相符合。

② 参见《尚书·洪范》。

③ 参见《尚书·皋陶谟》。

人间的彝伦，是现实生活中的人伦理法，而在观念上，彝伦则被确认为是天命所赋予的。正是"惟皇作极"对天子的内在道德提出了根本要求，道德也因此而被理解为政治的原质。《尚书·尧典》云："克明俊德，以亲九族；九族既睦，平章百姓；百姓昭明，协和万邦。"这就是后来《大学》中所谓"修身齐家治国平天下"的蓝本。而在《洪范》中，"彝伦攸叙"则是政治清明、天下大治的基本标志。因此，政治即是德化，其理想境界是道德的普遍实现，以造成举国上下同寅协恭、和衷共济、辑熙雍睦的和谐局面，是为"内圣外王"的根本内涵。①

在陈亮那里，"惟皇作极"的观念是根深蒂固的。他认为"《洪范》之九畴，盖天地之成理，君道之极致也"②。"一道

---

① 关于"内圣外王"，今学者多论之为儒学的一种共相的道德精神，甚至视之为儒学的实质。或者以所谓"外王"为"内圣"之目的，甚或谓某人"内圣"功夫如何了得，而"外王"功夫则有差云云。若果真如此，则"内圣"必非"圣"，而"外王"亦非"王"。严格说来，"内圣""外王"是体用关系。以"内圣"为体，则其体之用的自然呈现与发越即是"外王"。如若两相割裂则非是。在一般个体修身的意义上，我认为讲"内圣外王"实在并无好处，因为它本来只对最高的治道执行者的一种本质要求。孔子谓"政者正也"，执政者必以"正"律己，方可能以"正"而律他。行政的过程，即是正其不正以归于正的过程。正以律己，内圣也；正以律他，外王也；合而言之，则所谓政也。故谓"为政以德"，德无不正故也。"子率以正，孰敢不正"，唯"正"为切合乎己——他普遍之德，唯"正"为能得天下普遍之心，故唯"政"的实现，乃为圣王之德之能之共相表达，简言之，是为"内圣外王"。故"内圣外王"是中国文化对"天子"的要求，它指向一种特殊的政治境界，只不过这种完美的政治境界被认为是"天子"之德与能的同一性实现。

② 陈亮：《问古今君道之体》，第175页。

德以同风俗者，乃'五皇极'之事也。极曰皇，而皇居五者，非九五之位则不能以建极也。以大公至正之道而察天下之不协于极、不罹于咎者，悉比而同之，此岂一人之私意小智乎！无偏无党，无反无侧，以会天下于有极而已。"①所谓"一道德以同风俗"，乃是皇极既建以后所应实现的政治效果，即"会天下于有极"，而这一点无疑就要求人君之作极必须出以"大公至正之道"、排斥其"私意小智"，因为皇极的本质是"无党无偏""无反无侧"。因此他强调君主的个体品质必须是"厚处其身，而未尝以薄待天下之人"②。"厚处其身"，即须"无有作好""无有作恶"，唯以至正至公律己，充分培植其内在道德以至于"惟精惟一"之纯粹境界。故云：

　　呜呼，唐、虞、三代之君臣，夫岂无所用心于为治者？然其平居讲论，惟曰"惟精惟一"，曰"德惟一"，曰"纯亦不已"，曰"之德之纯"。究其言，疑若迂阔而不切事情，及穷其理，则治道无复出乎此。何也？专精纯诚者，合百为于一致；舛驳进退者，散志虑于多端……吁，人之一心恶可二其用也哉！又况民以德而化，德以一而进，德不进于己，则化不形于民。民化于德，德化于心，心不一则德不进，德不进则民不化。此其源流本末所在，为君者

---

① 陈亮：《廷对》，第117页。
② 陈亮：《廷对》，第116页。

要在端其本也。①

这里表明，陈亮是同意道德为政治之本原与基础这一普遍的儒家观念的。他不仅肯定治国平天下必本于正心诚意，而且认为唯"专心纯诚"才能"合百为于一致"，才能同风俗以正人心，使天下会归于荡荡王道之正。由于"民化于德，德化于心"，因而政治的本原就在于人主之心；是否能实现天下人心会归于正的实际政治绩效，同样归原于人主之心。陈亮说：

> 夫心者治之根也，治者心之影也，其心然，其治必然。②

> 一人之心，万化之原也。本原不正，其如正天下何？是故人主不可不先正其心也。此心既正，纯矣而固，一矣而无二三，培事物之根，濬至理之源，择善而固执之，不以他道杂之，虽非常可喜之说欲乘间而进，吾无庸受焉，则终始惟一，无间杂之病，施之治道，岂不粹然而明，浑然而全欤！③

> 夫天下之事，孰有大于人心之与民命者乎？而其要则

---

① 陈亮：《汉论·文帝》，第195页。标点略有不同。
② 陈亮：《汉论·孝景》，第196页。
③ 陈亮：《汉论·文帝》，第194页。标点略有不同。

在夫一人之心也。人心无所一，民命无所措，而欲论古今沿革之宜，究兵财出入之数，以求尽治乱安危之变，是无其地而求种艺之必生也，天下安有是理哉！[①]

显而易见，人主之心即为政治之根本，为治道之本原，而政治不过为人主之心对象化的状态。人主之心是否据依于道德本原之地且"纯矣而固"，即决定了现实政治是否能"粹然而明，浑然而全"。因此在他看来，人主之心终始唯一无间杂之病，则其政必为善政，其治必为善治。所谓"其心然，其治必然"，即人主之个体道德的完善与作为其外向显现形式的政治之完善是一致的。故陈亮强调"人主之心不可以不仁"[②]，"夫宽厚慈仁者，乃人主养心之本；而忌忍刻薄，非为君进德之阶"[③]，"同风俗以正人心，清刑罚而全民命，而明效大验，可以为万世无穷之法，其本则止于厚处其身而已"[④]。就此立论，他又提出了论治必以心，仅言治不足以论古人的独特观点：

> 继前人之治者，要在识前人之心。心不前人之心，而治欲光前人之治，亦难矣。何也？心者治之原，其原一正，则施之于治，循理而行，自与前人默契而无间。有如本原

①陈亮：《廷对》，第116页。
②陈亮：《汉论·孝景》，第197页。
③陈亮：《汉论·孝景》，第196页。标点略有不同。
④陈亮：《廷对》，第121页。

之地已非其正，则措之政事之间，必有背理伤道而不自知者。①

以治论古人，终不若以心论古人……奚为治不足以论古人邪？盖心有定向，治无定体。治或因于前人，则易为力；治或因于身致则难为功。此治无一定之体也。心之宽仁者虽时有忿怒，终不足以胜其宽仁；心之忌刻者虽时有赏贷，终不足以胜其忌刻。此心有一定之向也。苟舍其心而论其治，则治之粗安者可以盖其情实，而心所向者，万世之下孰能知之？是故天下不可无君子之论也。②

此说显然是就政治的道德本原立论。由"心为治之原"引导出来的必以心论古人之治的观点，它所强调的也为动机的纯粹性，即是否"循理而行"。毫无疑问，"以治论古人终不若以心论古人"这一观点，或许是可以为朱熹所同意的，但却与陈亮本人在论辩中所执持的观点颇有出入。而表述于《廷对》中的观点，显然又将政治最终归原于人主"一人之心"，从而又将人心之一的重要性置于"论古今沿革之宜，究兵财出入之数"之上，以为人心才是根本，这与他在其他著作中所阐述的基本思想，尤其是上孝宗诸书、与朱熹诸书以及《问答》《中

---

①陈亮：《汉论·孝景》，第196页。标点略有不同。
②陈亮：《汉论·孝景》，第196页。

兴论》等，显得并不十分和谐。在某种意义上，我们可以将陈亮在这里的表述视为接受了朱熹的某些影响而对其前说所作的修正。

但是，这仅仅是问题的一方面。另一方面，陈亮毕竟与朱熹不同，即使在以上这一问题上，他也始终只说"心者治之原""治原于一心"，未曾干脆直截地说"德者治之原"，因为在他那里，"心"还有非纯粹道德意义的一方面内涵。注意到这一点，就陈亮思想的全面理解而言，恐怕是更为必要的。

就"心者治之原"这一命题而言，根据陈亮的阐释，"心"的内涵实际上是意志。意志有其专注的一贯性，即所谓"心有一定之向"。而意志之所专注的既可以是"宽仁"，也可以是"忌刻"；既可以是善，也可以是非善。无论其专注的善与非善，只要它确切地表现为君主之意志，就都可能成为政治的本原。因此在陈亮看来，所谓政治之本原，乃是一般意义上的君主意志；道德不过为意志之善的指向而已。君主之心之志，一定于宽厚仁慈，则其所实现之政便是仁政；若君主之心之志偏离于善，而指向忌忍刻薄、唯我之私，那么它就成为不善之政乃至于苛政的本原。因此在陈亮那里，把"心"理解为一切外在行为活动之本原，是没有问题的，但如果将他所言之"心"理解为一个纯粹道德概念，则必定是谬误的。正是在这一点上，陈亮之说足以区别于陆九渊之心本原说。在陈亮那里，善恶皆存乎心，善政恶政亦皆原于人主之心。"心既扰扰，则以刑罚，说者或以刑罚为务；以征伐，说者或以征伐为务；以聚敛进者，或以聚敛为务；否则心主乎嗜欲，主乎便佞，又否则主乎广宫室，广台榭，而天下不胜其扰矣。"①因此，"治新于人主之作意，而其弊也，亦自夫作意者遗之也"②。"苟其心之所用有间杂之病，则治道纷然无所底丽，而天下有受其弊者矣"，故"人主之心，贵乎纯一而无间杂"③，正所谓"人心之危，道心之微，出此入彼，间不容发，是不可一息而但已也"④。

一方面，"心"作为意志的阐释使"心者治之原"这一命题与儒家文化传统中的德化政治观念相联结，另一方面又使陈亮所一贯坚持的"必定恢复之大计"的主张获得了理论基础。按照他的理解，"必有天下之大志，而后能立天下之大事"，"大凡立天下之大事者，非有天下之大志者不能也"⑤。意志的决断在君主那里是有其特殊重要性的，它是具体的政治决策得以形成的根本前提，也是这种决策能否在实际贯彻中取得实效的根本前提。在他看来，恢复中原无疑为"天下之大事"，且为当务之所急，而要实现恢复之业，君主就必须坚定恢复之志。若"圣心"决意于恢复，则一切治具条画就必将以此为取向和中心，则恢复之业便可指日而待。若心意不决，踟蹰犹疑，则非但无济于中兴之功，且正为弊政之原。故云："夫处心不定者，

①陈亮：《汉论·文帝》，第195页。
②陈亮：《汉论·孝宣》，第197页。
③陈亮：《汉论·文帝》，第194页。
④陈亮：《勉强行道大有功》，第101页。
⑤陈亮：《汉论·高帝朝》，第210页。

皆害治之本；而执德不回者，乃运化之枢。人主其可不纯用其心也哉！"①在这一意义上，"心者治之原"遂又与《中兴论》及上孝宗诸书保持了观念上的一致，因为这些著作都是以激励孝宗"厉志复仇"，启其北向之志，决恢复之大计为主要论点的。

意志在个体的具体表现就是喜、怒、哀、乐、爱、恶、欲之七情，而在君主那里，其情感表现便同样与政治风化密切相关，并且在陈亮看来，七情的恰当表达，其实也为政治的某种手段，故谓"夫喜、怒、哀、乐、爱、恶，人主之所以鼓动天下而用之之具也"②。由于六情为意志的表现，因而当人主公其"喜怒哀乐、是非好恶"于天下，"皎然如日月之在天"，便有"雷动风行，天下方如草之偃"之势③。据此立论，他对孝宗有相当严厉的批评：

> 乙巳、丙午之间，虏人非无变故，而陛下不独不形诸喜，而亦不泄诸机密之臣；近者非常之变，虏人略于奉慰，而陛下不独不形诸怒，而亦不密其简慢之文。陛下不以喜示天下，而天下恶知机会之可乘；陛下不以怒示天下，而天下恶知仇敌之不可安！弃其喜怒以动天下之机，而欲事

①陈亮：《汉论·文帝》，第195页。
②陈亮：《戊申再上孝宗皇帝书》，第19页。标点略有不同。
③参见陈亮的《戊申再上孝宗皇帝书》。

功之自成，是闭目而欲行也。①

这番议论是直接针对孝宗"机会在前而不敢为翻然之喜，隐忍事仇而不敢奋赫斯之怒"的懦弱而发的。在他看来，孝宗"泯其喜怒哀乐，杂其是非好恶，而用依违以为仁，戒喻以为义，牢笼以为礼，关防以为智"②，其结果必然为天下皆忘其仇耻而沉湎于苟安之乐，必然为人心日趋其涣散而政事日趋其凋敝。因此，他竭力主张"陛下用其喜怒哀乐爱恶之权以鼓动天下"，使天下人心皆同所向。六情的恰当运用即纯正光明之心的表现，因而就是"行道"，有其现实性上的致治之功。"尧、舜之'都''俞'，尧、舜之喜也，一喜而天下之贤智悉用矣。汤、武之《诰》《誓》，汤、武之怒也，一怒而天下之暴乱悉除矣。此其所以为行道之功也。"③陈亮又云：

> 夫喜、怒、哀、乐、爱、恶，所以受形于天地而被色而生者也，六者得其正则为道，失其正则为欲……夫道岂有他物哉。喜、怒、哀、乐、爱、恶得其正而已；行道岂有他事哉，审喜、怒、哀、乐、爱、恶之端而已。不敢以一息而不用吾力，不尽吾心，则强勉之实也。④

①陈亮：《戊申再上孝宗皇帝书》，第19页。
②陈亮：《戊申再上孝宗皇帝书》，第19页。
③陈亮：《勉强行道大有功》，第101页。
④陈亮：《勉强行道大有功》，第101页。

夫人心之正，万世之常法也。苟其不役于喜怒哀乐爱恶之私，则曲折万变而周道常如砥也。①

按照这里的阐释，天赋之情感的正当表现，就是排除了私意小智之掺杂的时候，即为道。这一观点丰富了他所坚持的"天下无道外之事"的基本思想。另一方面，由于将意志之正当的直接表现，即作为心之所发的六情理解为道，因而"心者治之原"这一命题便同时在道的层面上获得了其内涵的深化。

由上述可见，以心为政治之本原是陈亮的一个基本政治观念，并且实际上指导着他的政治活动。"心"所包含的纯粹道德的内容，使这一思想与"惟皇作极"的"内圣外王"传统政治观获得了一致；而"心"作为意志的阐释，又使它与陈亮所坚持的恢复主张保持了统一；六情之正即为道，其真实表达体现为实际政治之手段，乃是"心者治之原"的合理引申。顺以此论，陈亮同样充分意识到"人君"必以喜怒之中正为其修养原点，否则，"人君居得致之位，操可致之势，目与物接，心与事俱，其所以取吾之喜、怒、哀、乐、爱、恶者不一端也，安能保事事物物之得其正哉？"②因此他一再强调人主须去其私意而以天下为心，也在同样的意义上强调必致操存修养之功，

---

① 陈亮：《问答下》，第47页。
② 陈亮：《勉强行道大有功》，第101页。

即以纯粹道德来确保君主之心的不失其正。然则尽管陈亮有非常明确的反对君主独裁的主张，但他所阐明的"心者治之原"的思想，在某种意义上却刚好又为君主独裁开启了方便之门。

在写作《酌古论》的时候，陈亮就形成了以具有过人之智慧与撼动天下之大才为特征的人格理想，他时时所称道的"豪杰之士"与"英雄之主"，无不以特出才智与强大能力为其典型性格。在他看来，本领必须宏阔，唯其具有"推倒一世之智勇，开拓万古之心胸"，方能使天下之大物"斡得动，挟得转"，或力挽狂澜于既倒，或开拓百代之事业。雄才英睿，嘉猷大谋，是陈亮所理想的英雄之主所应具备的条件。因此，他对才智首先是加以肯定的，曾说：

> 大抵才智之在人，非能用之为难，而不能尽用之为难。变故之相仍而利害之相攻，祸患之迭起而雌雄之未决，于斯时也，非才智不足以胜之……又况人主之拨乱反正，非神武之才，聪明之智，未易以摄英雄而使之帖服。君子固

谓欲成中兴之美，非才智不可也。①

但是另一方面，他又认为才智的运用必须要有一定的限度，若"用之而不已"，必致弊害丛生，是所谓才智"不能尽用之为难"，因为"道无时而息，术无时而穷，才用而不已则有遗才，智用而不已则有遗智。故善用才智者深藏而时出之，如干将之出柙，牛既解则韬而藏之。苟用之而不已，其不缺且折者几希"②。他尤其强调，才智唯可尽施用于拨乱反正之际，当群雄并起、斗智格力之时，若无过人才智则无由得天下，而一旦天下既得，则须韬光养晦，"屏智虑，黜聪明，泯才智于无用，兼天下之视听以为视听，资大臣之谋猷以为谋猷，有好问之诚，无自用之失，断大事以圣人之经，假宰相以进退之权"③，只有这样，其天下之治才可能长久无弊，硕大光明。反之，"不知养才于拙，晦智于愚，其中翘然，恃其所长，视在廷之臣若无以当其任者。凡一政一事，惟恐以愚拙目我，于是介介焉以思，役役焉以察，必期下之人不能欺然后已"④，则君主不仅终不免为臣下所欺，而且其所以为治者必不能逃其弊害。"何也？一己之聪明有限，有限则易以昏；众人之聪明无穷，无穷则难以

①陈亮：《汉论·光武》，第200页。
②陈亮：《汉论·光武》，第200页。
③陈亮：《汉论·光武》，第201页。
④陈亮：《汉论·光武》，第200页。

蔽。"①故君主之治天下，切忌专恃于一己之聪明才智，而须集思广益，兼天下之视听，用众人之聪明。唯君臣共治，方能臻于至治而终究没有遗憾。陈亮云：

> 古之圣人，非不用心于为治，然其酬酢万变，陶冶一世，必有出于才智之表，而非徒倚办于才智。故治之全体，浑然醇粹，无一毫之可恨。②

> 天下之大，不可以才智运也。以才智而运天下，则其所遗者必多。何也？周防检察，将以求胜天下之奸，而天下之奸反捷出而策吾之所不及。故与天下战于才智之中者，虽足以起一时之治，使之整肃，而心地不广，规摹不宏，亦足以为治道之累。③

"天下不可以才智独运"这一观点，陈亮将它限定在君主治天下这一范围内，是陈亮关于良好的政治之所以可能的一种基本观点。因此，一方面，它可以被看作对朱熹所执持的"汉唐以智力把持天下"之说的一种正面回应与反驳。尽管陈亮认为，对于君主而言，其治天下是需要才智的，但才智充其量是一种必要条件，根本不可能是充分条件，"才智叮以致治于暂，而不

---

① 陈亮：《汉论·宣帝朝》，第227页。
② 陈亮：《汉论·光武》，第199页。
③ 陈亮：《汉论·光武》，第199页。

可以持久"①，汉唐均有数百年之治，其国祚之绵延，必不可能仅仅依赖君主的才智就可以把持，天下也非个人之智力所可把持。因此在与朱熹论辩时，他曾强调"道之在天下，至公而已矣，屈曲琐碎皆私意也。天下之情伪，岂一人之智虑所能尽防哉？就能防之，亦非圣人所愿为也。……圣人之于天下，时行而已矣，逆计、预防，皆私意也。天运之无穷，岂一人之私智所能曲周哉？就能周之，亦非圣人之所愿为也。"②这一阐述无疑为天下何以不能以才智独运的更为充分的理由。但是另一方面，上引《汉论》诸语均是针对汉朝"中兴之主"光武帝刘秀而言，"天下不可以才智运"的结论也是从他对刘秀的批评之中得出的，他认为"后之人主，既以才智角奸雄而得天下，故其守之之日，不能脱其旧习，犹欲用其故智以从事于臣民，是以为治之效有不能满人意者，汉之光皇是也"③。由此看来，在《汉论》中，陈亮似乎又不知不觉地，至少是部分地同意了天下是可能以智力把持的，因为他恰好也认为光武之治乃出于一己之才智。不过应当特别给予重视的是，他指出光武帝之以才智"从事于臣民"，并不是对他的赞美，而是对他的批评。光武虽号称"中兴"，但正因他以才智把持天下，故其"中兴之美"未能"全尽"，其为治之效也不能令人满意，所以陈亮说："然则

---

①陈亮：《汉论·光武》，第201页。
②陈亮：《丙午复朱元晦秘书书》，第354页。标点略有不同。
③陈亮：《汉论·光武》，第199页。

人主尽用才智者，可不以是为戒哉！"①由此可知，"天下不可以才智独运"这一观点在陈亮政治思想中之所以特别值得重视，是因为它实际上构成了陈亮对集权政治与君主独裁进行切中肯綮而又激切抨击的观念基础。

赵匡胤立国之初，因鉴于唐末藩镇之祸而厉行中央集权制度，军、政、财权皆总揽于朝廷。"兵皆天子之兵，财皆天子之财，官皆天子之官，民皆天子之民，纲纪总摄，法令明备，郡县不得以一事自专也。士以尺度而取，官以资格而进，不求度外之奇才，不慕绝世之隽功"，"自管库微职必命于朝廷"，"举天下皆由于规矩准绳之中"。②这种极端的中央集权，陈亮认为，在当时的情况下是必要的，北宋"二百年太平之基从此而立"。但其中也潜存着导致日后国势不振的隐患，尤其是中原沦陷宋室南渡以后，亟需有度外之才以济其度外之功，而朝廷仍严守其祖宗旧法，这种集权体制遂成为政事不举、国力困竭、财用不支的根源，故云："圣断裁制中外，而大臣充位；胥吏坐行条令，而百司逃责。人才日以阘茸，臣恐程文之士，资格之官，不足以当度外之用也。"③在《中兴论》中，陈亮直指孝宗，云：

> 臣窃惟陛下自践祚以来，亲事法宫之中，明见万里之外，发一政，用一人，无非出于独断；下至朝廷之小臣，

---

①陈亮：《汉论·光武》，第201页。

②陈亮：《上孝宗皇帝第一书》，第5页。

③陈亮：《上孝宗皇帝第一书》，第7页。标点略有不同。

郡县之琐政，一切上劳圣虑……今朝廷有一政事而多出于御批，有一委任而多出于特旨。使政事而皆善，委任而皆当，固足以彰陛下之圣德，而犹不免好详之名；万一不然，而徒使宰辅之避事者得用以借口。①

"圣断裁制中外"，"发一政，用一人，无非出于独断"，是集权政体之下极端的君主独裁，也即陈亮所反对的以一己之才智独运天下。照他看来，"人主之职本在于辨邪正，专委任，明政之大体，总权之大纲"②，唯在于秉枢执要而已。若屑屑焉每事之必亲，一切皆经御批裁制，那么它所带来的就绝不是君主权力的强化，而是它的失落，因为过分独裁的必然结果乃是"百司逃责"。在各级官僚政府竞相逃避责任的情形下，要求政事之无弊是断然不可能的，那么君主"泛应乎一日万机之繁"，要求其权力之强固，亦岂可得乎？因此陈亮认为，君主必不能过分独裁，须明执要之道，分其事权于大臣，若"专以一身任天下，其明之所不见、力之所不举者，多矣"③。

以上表明，陈亮对于集权制度之下极端的君主独裁所造成的政治弊害是有相当清醒的认识的。但似乎也应充分注意这样一点，即陈亮对于现实政弊的这种指责，充其量只是要求在行政过程中实现某些具体制度与政策的改革，而不是要求对君主

---

①陈亮：《中兴论·论执要之道》，第27页。

②陈亮：《中兴论·论执要之道》，第27页。

③陈亮：《汉论·光武》，第200—201页。

集权制政体本身实行改革。在他那里，君权之神圣的绝对性实为不可动摇，而所谓天下不可以才智独运，其更确切的内涵是强调君主之心的硕大光明，不能偏离于荡荡平平的皇极之则；若自恃其聪明才智，专以一身任天下，便是私意小智的夹杂，便是其心之失正，然则其政治便不能无弊。因此，"天下不可以才智运"与"心者治之原"在内涵上是相互连贯的。正由于陈亮未有在根本上反对君主集权政体的意思，因此在其著作中对"艺祖皇帝"略无贬词而多有颂扬，但若谓他对现实的批评仅要求回复到宋初的政治局面①，却恐是皮相之见，为陈亮所真正重视的是相度时宜而因时立制，他并不强调任何前代政治局面的回归。

---

① 这是田浩（Hoyt Tillman）的观点，参见其所著的《功利主义儒家：陈亮对朱熹的挑战》。

承上所论，陈亮既强调君主须秉枢执要、总揽权纲，而以政事委诸大臣，这自然引导出一个君臣关系问题。事实上，这一问题在整个中国古代政治中都特别重要，作为天经地义的五伦之一，它在儒家文化中受到特殊重视。在以王权为核心的政治体制中，官僚阶层处在绝对的统治者与纯粹的被统治者之间。一方面，官僚阶层担负着君主之意图的传达、政令的施行、具体政治活动的组织以及民意的上达等重任；另一方面，又须服从于君主的绝对权威。因此在某种意义上，官僚阶层既是统治者又是被统治者。正是这种双重角色，决定了政治活动中各级官僚层层对上负责的普遍特征，君臣关系的和谐也因此而显得异常重要，因为这种和谐一旦丧失，政治管理事实上便会陷入偏弊、混乱乃至瘫痪。

长期以来，维系君臣关系的纽带是儒家所特为重视的纲常观念，正如陈亮说的那样：

太极肇分，两仪奠位，君臣父子之道始立。①

君臣，天地之大义也。君臣不克其终，则大义废而人道阙矣。②

孔子之作《春秋》，其于三代之道或增或损，或从或违，必取其与世宜者举而措之，而不必徇其旧典。然于君臣之大义，未之有改也。③

在他看来，君出令而臣行令，君主政而臣辅相，这种君臣关系的特殊定位以及以此为根据的政治之道，是天地之大义在本质上所规定了的，同时也是人道本质之善美的表现，无任何理由不予恪守奉行。正常而又合理的君臣关系是相互之间的"以诚相感"乃至于"以心相知"④，同寅协恭，和衷共济，君臣共治，共致天下于大治，并维持国家社稷于久远。这要求"君以仁为体，臣以忠为体。遍覆包含，如天地之大，仁也；公家之事，知无不为，忠也"⑤。只有君仁臣忠，各得其体之正，

---

①陈亮：《汉论·惠帝朝》，第214页。

②陈亮：《问答上》，第39页。

③陈亮：《问答上》，第39页。

④参见陈亮：《汉论·高帝朝》，第213页。

⑤陈亮：《中兴论·论正体之道》，第29页。

才可能"君臣之间，相与如一体，明白洞达，豁然无隐"①。

陈亮进一步认为，君臣之间的职能区分之所以为天地之大义，是由于"天生斯民而立之君，君不能以自治，则定卿大夫之任，分职授政，择天下之士以共之，因其才之优劣而任职之高下"②。因而当人君奉天行事，择人臣以"分职授政"之时，最重要的莫过于坚执中正之道和"辨邪正"以明"君子小人之情"：

> 人君之任臣，莫大于明君子小人之情。不明君子小人之情，而惟曰信任，未有不败事者矣。③

邪正既辨，人臣既委，君主便应"虚怀易虑，开心见诚"，以体现如天地之大的宽厚仁慈，"与其位，勿夺其职；任以事，勿间其言。大臣必使之当大责，迩臣必使之与密议。才不堪此，不以其易制而姑留；才止于此，不以其久次而姑迁。言必责其实，实必要其成"④。切忌疑而用之，用而疑之。君主对臣下的开心见诚，是确保臣下尽忠并使君臣关系保持和谐的基本前提。因此，陈亮认为，君主御臣之道不在于心存猜忌而密使检察，也不在于严刑峻法而使之畏惧怵惕，而应体仁隆礼以使之竭诚

①陈亮：《中兴论·论开诚之道》，第26页。
②陈亮：《问三代选士任官》，第149页。
③陈亮：《汉论·昭帝朝》，第224页。标点略有不同。
④陈亮：《中兴论·论开诚之道》，第26页。

尽忠，所谓"君臣固当相与如一体也，何至存肆谗之人以恐惧其心志，而徊徨其进退哉！"①以此为论，他认为"刑不上大夫"是必要的：

> 先王知朝廷之尊严在乎体貌大臣而厉其节，故其用之也加之以审，而其待之也加之以礼。是以一代之臣必立一代之勋，由夫上之人以礼维其心，而不以法约其外，用礼愈严而人臣畏法益谨。传曰"刑不上大夫"，乃先王尊严朝廷之意也。②

在他看来，"刑不上大夫"之所以为必要，是由"朝廷之尊严"所决定的。他似乎认为刑上于大夫将有损于朝廷之尊严，故在论汉宣帝之待人臣时，指其有任法寡礼之失，认为"法胜而礼衰"，必导致"上之势孤而下之情隔"的结果。"上之势孤，至于久则不尊；下之情隔，至于久则不通。势不尊而情不通，遂积为相臣擅命之祸。"③因此，君主之待人臣须体于仁而依乎礼，不能以法取胜，因为"仁义者，人心之同然，惟仁义可以激人心"④。

就人臣方面言，为臣的本分是尽忠于君主，须"以其君为

---

①陈亮：《廷对》，第120页。

②陈亮：《汉论·宣帝朝》，第226页。

③陈亮：《汉论·宣帝朝》，第226页。

④陈亮：《汉论·高帝朝》，第209页。标点略有不同。

心"，而"不负于国家非常之求"。① "人臣之事君，至不可使有一毫之忌隙也"，"尽其心，竭其诚，与天相为无穷可也。"② 既立心于忠诚，以君为心，则其处事便能"无慊诸其心而忠于国家"。③

在陈亮的理解之中，君臣关系的和谐，"君臣相与如一体"，乃是国家机器正常运作的基本保证。尽管他认为君仁臣忠是相互依存、互为条件的，但并不是平等。所谓"天地之大义"原本就包含着天尊地卑这种确定不可移易的界限，正所谓"自风气初开，人极肇建，于是有君臣上下之分，而为之号以尊异之"④。因此，"君当其善，臣当其怨"，"君任其美，臣受其责"，便为天经地义，亦是陈亮所理解的"君臣之体"的实际内涵。⑤ 显而易见，他所强调的正是君主之权力的绝对性以及各级官僚尽忠于君主以维护君权的正当性。

在理论上，"君臣相与如一体"也是"天下不可以才智独运"这一命题在实践层面的展开，因为既不可以独运，便须分职授政；既分职授政，便以相与一体、君臣共治最为理想。但陈亮对于"分职授政"的重视，绝不意味着他有削弱君主之至上权力的主观意图，恰恰相反，他所强调的是君主"临下以简，

①参见陈亮：《制举》，第143页。
②陈亮：《汉论·高帝朝》，第211页。
③参见陈亮：《与徐彦才大谏》，第313页。
④陈亮：《问答下》，第45页。
⑤陈亮：《中兴论·论正体之道》，第30页。

御众以宽", 认为唯宽简方合乎天下至健之君道, 故"礼乐征伐必自天子出, 而诸侯大夫不得而干也"[1]。"一日万机"以独运天下, 必不合乎秉枢执要的宽简之道, 它必然导致君主至上权力在实际上的坠失, 而"一日失其柄, 则虽有宽仁之德而非君矣"[2]。在他看来, 君主之"位"与"柄"实比"宽仁之德"更为重要。因此, 在天下不可以才智独运以及君臣须相与如一体这种意义上所强调的对于君主之事权的分散, 其实质恰好是分散的反面, 是君主之权力的"简化"与"健化", 也即是强化。但在当时的政治背景之下, 陈亮对这一观念的重新阐明, 却又包含着对于君主"泛应乎一日万机之繁"而"百司逃责", 虽任用大臣而不与事权且又事事"防闲检察"这种"上下相蒙, 君臣异志"之现实情形的批判。他在《汉论》中对于君主或任用非人, 或虽用人却又矫诡相试, 或听信谗言而杀戮大臣等方面的揭露与指责, 也同样寄寓了他对现实的这种批判。在他看来, 现实中"君臣异志"的情形不予匡正, 无由求政治之清明, 也无由求任何实际事功之开辟, 故谓"上下同心, 君臣勠力者, 事无不济; 上下相蒙, 君臣异志者, 功无不隳"[3]。在这种批判现实的意义上, "君臣相与如一体"的倡导其实表现了陈亮要求改革现实政治之弊病的主观愿望, 并且它与恢复中原这一迫切的现实事务是相为表里的。

---

① 陈亮:《问古今君道之体》, 第174页。
② 陈亮:《问古今君道之体》, 第174页。
③ 陈亮:《中兴论·论励臣之道》, 第28页。

就君臣相与如一体这一观念本身而言，它不仅略无新意，且是非常古老的旧有观念。按照《尚书·皋陶谟》的记载，舜曰："臣作朕股肱耳目，予欲左右有民，汝翼！"天子为"元首"，大臣为"股肱耳目"，是即为"君臣相与如一体"的原始含义。"元首明""股肱良"，是"庶事康"的保证；若是"元首丛脞""股肱惰"，则"万事堕"。陈亮之论君臣关系实本于此，而实质上也未能超出此义。至于因强调君仁臣忠的所谓"君臣之体"而肯定"刑不上大夫"，则并不可取。

儒家传统的政治学说较少强调"法"而特重"礼"。我们曾论"礼"为一般意义上的"制度综合"（institutional complex），作为"制度综合"，"礼"是涵括"法"的。由于道德为政治的本原，因而有"修齐治平"之政治模式的确立。而对人性本善的突出强调，则必然导致对于法制观念的相对淡漠。因为在性善说的框架之内，人性的本善不仅表明个体具有先验道德，而且表明他先验地具有对于是非善恶的判断能力。因此，只要将本善之性充分引导出来并使之扩展于经验领域，那么现实性上的恶就是可以避免的。这意味着政治须诉诸道德，以道德教化实现移风易俗，也因此而成为政治的最高要求。在儒家的典型代表，比如孔孟那里，他们所真正重视的正是仁、义、礼、智、忠、恕等属于个体道德的范畴。但其中"礼"稍有不同，尽管"行于礼"是道德的，但它本身却是关于人们外在行为之正当性限度的规范，是贯彻于生活经验中的制度，遂在这一意义上，它涵盖了"法制"的某些实际内容。在先秦儒家中，荀子更为强调礼的重要性，其全部学说都是以礼为核心来建构的，而这一点正以他关于人性的一般观念，即"人之性恶，其善者伪也"为根本前提。正因"人之性恶"，故须对其行为实施强制性规约，以实现"化性起伪"，进而使其行为表现在现实性上终归于善的价值。荀子对礼的突出强调，实即表明以礼为形式的国家制度在政治中是不可或缺的，它是现实性是"善的"保证，政治之善政、个体之善行、社会整体之善化，实质上都是必须凭借礼之"制度综合"的贯彻为必要方式。荀子的这一思想，也保留了与法家思想相兼容的余地，故其学生韩非会成为法家的典型代表，并非没有缘由。

自汉代始以儒立国，但儒家所理想的那种政治境界虽非常美妙却过于遥远，人性虽可界定为本善，其经验表现却未必善，故汉袭秦制，虽重儒术而又兼取刑名法术，正所谓"汉家自有制度，本以霸王道杂之，奈何纯任德教，用周政乎！"①而在推崇汉代之制的陈亮看来，人性之善的高扬、仁义之性的启导与经验行为之规范的确立、国家制度的建设，尤须并行而不悖。因此，他首先确认法制为政治的必要手段：

仁义、法制，帝王之所以维持天下之具也。②

①汉宣帝语，见《汉书·元帝记》。
②陈亮：《问汉唐及今日法制》，第148页。标点略有不同。

自有天地，而人立乎其中矣。人道立而天下不可以无法矣。[1]

夫法度不正则人极不立，人极不立则仁义礼乐无所措，仁义礼乐无所措则圣人之用息矣。[2]

法制之所以必要，是因为"法者公理也"，"人心之多私，而以法为公，此天下之大势所以日趋于法而不可御也"[3]。作为"公理"之法，是对"人心之多私"的制衡，在实际政治中，则为人主所以为天地立极之具，为天下所应共同遵守的规范与准则，也为国家机器正常运行所凭借的必要手段。在本质上，法制的建立与变更是以天下事变为其依据的，因此，法制之成为必要的行政手段即体现了天下大势之所趋，而法制的日益详密则体现了天下事变的日益繁杂，故谓"天下之变日趋于下，而天下之法日趋于详也"[4]。

陈亮对于法制的重视及其以天下事变为立法依据的合理阐释，表明他对法制在国家行政管理过程中的重要作用有深刻的认识，但这并不表明他主张法治。实际上，他是竭力反对"任

---

① 陈亮：《人法》，第124页。
② 陈亮：《三先生论事录序》，第254页。按：此文也误入《朱文公文集》卷76，实非朱熹所作，应予改正。
③ 陈亮：《人法》，第125页、第124页。
④ 陈亮：《铨选资格》，第132页。

法"的，认为法制日趋于详密，欲恃法以为治，不仅无由致治，而且有其极为严重的弊害。曾云：

> 古者不恃法以为治，惧天下之以法求我也。后世立法以听人之自取，惧天下之相与为私也。庆赏刑威，圣人所以奔走天下之具，《周官》所谓八柄驭群臣者，其操纵阖辟，无不自我，岂尝立为定法，以听人之自取哉？天下而有定法，则各执其成以要其上，如持券取偿，患法之不合，而不患吾之无以堪此也；患求之未遂，而不患人之不以为然也。则天子之八柄亦衰矣。①

> 夫人情不易尽，而法之不足恃也久矣。然上下之间每以法为恃者，乐其有准绳也。以名誉取人，人或以虚诞应之，而荐举直以文移为据耳。天下宁困于荐举而终以为名誉之风不可长者，所恃在法也。以绩效取人，人或以浮伪应之，而年劳直以日月为功耳。天下宁困于年劳而终以为绩效之实不可信者，所恃在法也。②

在他看来，法制的过于烦琐严密，一切皆按循一定的制度条例，就必有任法之弊。一方面，既一切皆以法度为准绳，法

---

① 陈亮：《任子官观牒试之弊》，第122页。标点略有不同。
② 陈亮：《链选资格》，第133页。标点略有不同。

度便成为绝对准则，而君主"操纵阖辟"之权便将因此而削弱乃至丧失；另一方面，法制虽日益详密，但终究不能尽人之情，其遗漏之处可为奸宄所利用。同时，与一切皆随例而行、无所改易相伴随的必然是制度的僵化，它不仅无由求度外之人以建立度外之功，而且各级官僚无论贤智愚不肖均不得展布其四体，因此人浮于事，虽在其位而不谋其政，虽有劳绩而不得庆赏、虽无才能却因有资格而得升迁等不合理现象便不可避免。有鉴于此，陈亮不仅认为"法不足恃"，而且提出了治不可以求备的观点：

> 治之在天下，不可以求备也。必求备，则有所不可备者捷出而乘其后。故风林无宁翼，急湍无纵鳞，操权急者无重臣，持法深者无善治。奸宄之炽，皆由禁网之严；罅漏之多，亦由夫防闲之密。故圣人宁受不足之名，而推其有余以遗后人，不忍尽用其术以求多于天下。[1]

法制之日趋繁密，是求治以备的表现。而在陈亮看来，禁网之严密必多法外之遗奸，求治具之详备必多治效之罅漏。这是一种老庄式的辩证观，但"持法深者无善治"却也不失为一种卓见。

任法之弊既如此严重，依赖法制并不能达于善治，那么是

---

[1]陈亮：《汉论·孝宣》，第198页。标点略有不同。

否应当弃置法制而一任人治？这显然也非陈亮的观点。他确认当时法制之弊，"不在法也，亦不在人也，病在夫立法以听人之自取，而天下皆得执法以要其上也"①。所谓"立法以听人之自取"，即将法制条令悬为绝对而没有变通的灵活性，也即"任法之自行"。陈亮是将"以人行法之法"与"使法自行之法"相区别的：

> 法固不可无，而人亦不可少。闻以人行法矣，未闻使法之自行也。立法于此，而非人不行，此天下之正法也。法一立而人主以用人为己忧，兢兢然惧任官之非其人，（非其人）而法不能行也，故上当其忧而下任其责，天下所以常治而无乱也。病无其人而一委于法，此一时之私心也，法一详而人君以用非其人为未害，纤悉委曲，条目具备，彼固不能尽出吾法之外也，故上无近忧而下不任责，天下之事所以常可虞也。故有以人行法之法，有使法自行之法。②

按照这里的阐释，所谓"以人行法之法"，即在法制确立以后必须善择执法之人，以人执法，法赖人以行，是所谓以人行法。而"任法自行之法"，则以法制本身为绝对，而少措意于执

---

①陈亮：《任子官观牒试之弊》，第122页。
②陈亮：《人法》，第124页。括号内"非其人"三字为引者所加，语意似更清晰。

法之人的选择。这两者的区分，实际上提出了法制建设及其贯彻过程中人的素质问题。陈亮是必欲确立"以人行法之法"而反对"使法自行之法"的。他认为"三代未尝不立法，而无任法之弊；三代未尝不用人，而无任人之失"，其根本原因在于能"以人行法"，而无"人法并行之说"①，"故一世之贤者，得以展布四体以共成治功，而民之耳目手足亦各有定而不摇"②。至"汉，任人者也；唐，人法并行者也；本朝，任法者也"③。尽管他认为"艺祖皇帝立法之初"也未尝有任法之弊，但又确认"本朝"至于"今日"的一切法弊皆由任法自行而来："法当以人而行，不当使法之自行。今任法之弊，弊在于使法之自行耳。"④

"法当以人而行，不当使法之自行"，"天下不可以无法也，法必待人而后行者也"⑤，是陈亮所提出的法治与人治的辩证观，代表了他关于法的根本观念。由上述可知，这一观念的实质是反对法禁的严密，反对纤悉委曲之科目条例对于人在实践上的主动性之束缚乃至扼杀；重视立法与执法的相互关系，强调善择乎人以执法较之立法本身更为重要。法令周密，制度烦琐，一切皆依循条例，按部就班，确乎为官僚政治的一种典型

①陈亮：《人法》，第124页。

②陈亮：《问古今法书之说略》，第170页。

③陈亮：《人法》，第124页。

④陈亮：《人法》，第125页。

⑤陈亮：《人法》第126页。

特征，它所造成的是平庸拖沓、沉闷僵硬的政治局面。在反对这种官僚政治而要求对行政制度实施改革的意义上，陈亮所提出的观点有其可取的合理内核。但是"以人行法"的观点是不能被过分强调的，因为其实质乃是"人治"，对其过分强调将导致法作为某种制度原则之客观性的丧失，法的规范作用将随之不见，然则其弊害恐怕并不仅仅是"执法以要其上"，而是有法不依，上有政策下有对策，"法外遗奸"之患也将更甚。

但是在陈亮那里，他所看到的是任法自行之弊，他欲革除此弊而要求以人行法，强调某种变通的必要性，则不仅可以理解，且有其现实意义。实际上，陈亮也充分意识到了这一点，即"天下方以法为恃，而欲委法以任人，此虽尧、舜不能一日而移天下之心也"①。"天下之大势一趋于法，而欲一切反之于任人，此虽天地鬼神不能易，而人固亦不能易矣。"②"法令之密，而天下既已久行而习安之，一旦患贤智之不得以展布四体，而思不恃法以为治，吾恐奸宄得以肆其所欲为，而其忧反甚于今日也。"③另一方面，"任法者，本朝之规模也。易其规模，则非后嗣子孙之所当出也"④。这表明法制的急剧变革或尽撤法制以任人，都是既不合时宜也是不可能的，而且其弊害或将更甚于任法。"然而任天下大势之所趋，而听其所至之如何，则无所

①陈亮：《铨选资格》，第133页。
②陈亮：《人法》，第124页。
③陈亮：《人法》，第125页。
④陈亮：《人法》，第125页。标点略有不同。

责于人矣"①，又不可。有鉴于此，他强调必以变通为基本手段，须恰当处置"以人行法"与"任法自行"之间的张力，故谓"变通之道不可缓也"，"倘能于其使法自行之意而变通之，则条目微密，得无有可简者乎？关防回互，得无有可去者乎？大概以法为定，以人行之，而尽去其使法自行之意，上合天理，下达人心，二百年变通之策也"②。

变通强调制度的内部调整，要求对现行制度实施局部改革，其调整与改革的方向则是芟夷烦琐微密之科条，使法令简明确定，而确立以人行法之原则。这里值得重视的是"以法为定"，它显然是要求法制本身的确定性，即作为行政基本法则的客观性及其稳定性。陈亮认为，当时的实际情形是立法以私意，没有本诸"公理"的根本原则，"然人之私意无穷，而吾之立法亦未已，一人抑之，一人开之，抑之一说也，开之又一说也，互相是非而法亦不知所定矣"③。因此，"凡其大臣之所讲画，议臣之所论奏，往往因弊变法"④。这样就造成"朝廷科条日密，更易不定，吏民不相习知"⑤的实际情形。朝廷立法不定，往往"因弊变法"，务于补苴罅漏，热衷于颁布临时性的政策条例，遂至于"科条日密"。故政策条令的烦琐细密，更易不定，是政

---

①陈亮：《人法》，第125页。

②陈亮：《人法》，第125页。

③陈亮：《任子官观牒试之弊》，第122页。

④陈亮：《铨选资格》，第133页。

⑤陈亮：《问汉唐及今日法制》，第149页。

治不成熟甚至于张皇的表现。另一方面，法令既没有相对的确定性与稳定性，"吏民不相习知"，便无所措其手足，便谈不上对于法令的贯彻与奉行，故"法愈详而弊愈极"①，"是何以尊朝廷而壮国势"②。显而易见，陈亮"以法为定"之说乃针对这种决策的随意性与随机性而言，其意义即他一再强调的立政之大体、定国之规模，也即要求治国之方略作为一种基本法则、制度、原则必须有确定性与稳定性。与此同时，"以法为定"又是对"以人行法"的一种必要限定。

陈亮云："天下方争论法以求精密，而愚独以为当使法令宽简，而予夺荣辱之权一归于上。"③这是他所确认的法制改革的基本方向。然而，法令须就宽简的必要性何在？陈亮认为：

> 人主为治，莫患乎饰治者有余而出治者不足也。夫文物者饰治之具，而宽洪者出治之本……品式之具而根本之贼也，华藻之丽而质朴之亡也，典章之盛而道德之役役也。故善为政者，宁使治本之不立……是故临简御宽者，皆圣人体天地之量；而以严束下，以慧察物者，必非进德之阶。④

①陈亮：《铨选资格》，第133页。
②陈亮：《问汉唐及今日法制》，第149页。
③陈亮：《任子官观牒试之弊》，第123页。
④陈亮：《汉论·明帝》，第201—202页。

　　夫宽厚仁慈者，乃人主养心之本。而忌忍刻薄，非为君进德之阶。[1]

　　这是就立政之本而言。宽洪既为出治之本，故君主须临简御宽，以体天地之量，而且唯"含洪光大者，乃胶人心之理"[2]。由此我们可以就看出它与"心者治之原""天下不可以才智独运"诸说的联系。另一方面，陈亮认为为政不仅必须要合乎理，而且还必须要合乎情，而人情是"乐简易"的：

　　吁！乐简易而恶烦碎、喜柔和而惮严切者，人情之常也。为政不顺人情，而曰权之在我，制之无不从；势之在我，劫之无不服。从固从矣，服固服矣，其如苟何！[3]

　　如此看来，法令烦碎是悖逆于人情之常的，它不仅必然导致弊政，还极可能导致苛政，故须改繁杂而就宽简。再一方面，依陈亮之见，"艺祖皇帝"立法之意，原也是以宽简为本的：

　　艺祖之初，法令宽简，取士任子，磨勘考绩，年劳升转，皆未有一定之法，而天下之人尽心毕力以事其上，上之人视其劳佚、能否而为之黜陟、进退，而不必尽拘于一

---

①陈亮：《汉论·孝景》，第196页。标点略有不同。
②陈亮：《汉论·章帝》，第203页。
③陈亮：《汉论·章帝》，第203页。标点略有不同。

定之法。故上易知而下易使，明白洞达，以开千百年无穷之基。①

在他看来，宋初"取士贵得人，任官贵责效"，"治兵贵制敌，理财贵宽民"，皆"立法以公而以人行法，未尝敢曰无其人而法亦可行也"②，故虽任法而无任法自行之弊。因此，删繁就简，改严从宽，就正体现了"祖宗立法之意"，也是所谓"反其本而求之"③。

总而言之，治国之规模必须确定，而具体法令则须宽简。唯宽简方能体现君主如天地之大的仁慈，方能使大臣在其职权范围内有从容回旋的余地，方能真正切实责其治效劳绩，唯如此，才有可能求得度外之才以共襄至治之实功。实际上，陈亮对于法制宽简以及以人行法的强调，是与其人才思想有密切联系的。

正因特别强调法令的宽简，所以在论到刑法时，陈亮遂对"肉刑"的滥用严加指责，而认为刑法须止于适平：

> 井田封建，自黄帝以来，极十数圣人之思虑，所以维持而奉行之者，唯恐其一事之不详而一目之不精也。至于肉刑，则多为之涂以出之，唯恐其或用耳，岂可同日而语

---

① 陈亮：《任子官观牒试之弊》，第123页。

② 陈亮：《人法》，第126页。

③ 陈亮：《任子官观牒试之弊》，第124页。

哉。圣人之恐其一事之不详而一目之不精者，今既尽废而不可复举矣，独惓惓于圣人之恐其或用者，纵使可用，无乃颠倒其序乎！使民有耻，则今法足矣；民不赖生，虽日用肉刑，犹为无法也。礼节民心，乐和民声，政以行之，刑以防之。四达而不悖，则王道成矣。①

沉潜刚克，高明柔克，以明刑法之适平而已。②

法令须就宽简，刑法止于适平，肉刑不得滥用，在陈亮看来，这是君主欲致天下于治所应遵循的基本原则。因为政治之本存乎道德，而为政之则乃在启迪民心，以复还人性之本善的品质。尽管他所强调的是"使民有耻"，但"民不赖生，虽日用肉刑，犹为无法"之说，却显得相当深刻，它其实表明了民之"有耻"是须以有所赖以为生为前提的。基于刑法须是适平之说，他严厉抨击了当时因刑罚滥用而民命无以苟全的现实。"二三十年来，罪至死者，不问其情而皆附法以谳，往往多至于幸生，其事既偏，而平心之人皆不以为然矣。数年以来，典刑之官遂以杀为能，虽可生者亦傅以死，而庙堂或以为公而尽从之，使奏谳之典反以济一时之私意，而民命何从而全乎！"③在他看来，"正人心""全民命"乃二帝三王之所以急先务者，故须效

---

① 陈亮：《问答下》，第43页。
② 陈亮：《廷对》，第118页。
③ 陈亮：《廷对》，第118页。

尧、舜之则，礼乐、刑政并出而用之，重礼乐以导民于有耻，轻刑罚以全生民之命。"凡天下奏谳之事，长案碎款，尽使上诸刑寺，其情之疑轻者驳就宽典，至其无可出而后就极刑，皆据案以折之，不得自为轻重。"①所谓"无可出"者，乃是极少数罪大恶极之人。当尧、舜之时，"夫鞭作官刑，朴作教刑，金作赎刑，皆灾肆赦，怙终贼刑。官刑既如彼，教刑又如此，情之轻者释以财，情之误者释以令。凡可出者悉皆出之矣，其所谓怙终贼刑者，盖其不可出者也，天下之当刑者能几人？"②按照他的理解，刑罚既轻而教之以礼乐，则民命可以完全，道德可以归厚，政事必至大理。若滥用刑罚，以杀为能，反致风俗浇薄，良非治世之道。因此在强调必须减轻刑罚的同时，他又给予"赏罚"以特殊的重视，认为赏罚之道出于天命，是最合乎人性的：

> 夫赏，天命；罚，天讨也。天子，奉天而行者也。赏罚而一毫不得其当，是慢天也，慢而至于颠倒错乱，则天道灭矣。灭天道，则为自绝于天。③

> 君制其权，谓之赏罚；人受其报，谓之劝惩。使为善者得其所同欲，岂以利而诱之哉？为恶者受其所同恶，岂

---

① 陈亮：《廷对》，第118页。
② 陈亮：《廷对》，第119页。
③ 陈亮：《六经发题·春秋》，第106—107页。标点略有不同。

以威而惧之哉？得其性而有以自勉，失其性而有以自戒，此典礼刑赏所以同出于天，而车服刀锯非人君之所自为也……孔子之作《春秋》，公赏罚以复人性而已……故私喜怒者，亡国之赏罚也；公欲恶者，王者之赏罚也。外赏罚以求君道者，迂儒之论也；执赏罚以驱天下者，霸者之术也。①

按照他的理解，人性中既有仁义礼智之善端，也有耳目口鼻四肢之欲，故庆赏以劝善，乃劝人心之所同善，而非以利诱；刑罚以惩恶，是惩人心之所同恶，而非以威惧。若庆赏为善的表扬，则刑罚实为善的启导，故"公赏罚"即所以"复人性"。赏罚出于天命，最能入于人心，故非君主可以随意施为，而须出以公心，奉天而行，若夹杂私意，行赏罚而不当，即是对天命的欺妄，不当之甚以至于"颠倒错乱"，则亡国不远。这种对赏罚的突出重视，一方面源于陈亮的春秋学思想，因为《春秋》之褒贬即代天子而行赏罚；另一方面则寄寓了他对当时官进于资格、秩叙于年劳，功劳之大小一切以官赏之，君主往往随意陟黜大臣等不公正现象的批判。至于"大事必集议，除授必资格；才者以跅弛而弃，不才者以平稳而用；正言以迂阔而废，巽言以软美而入；奇论指为横议，庸论谓有典则"②，非但是赏

---

① 陈亮：《问答下》，第42页。
② 陈亮：《戊申再上孝宗皇帝书》，第19页。

罚不公，而且体现为现行制度上的"颠倒错乱"。因此，正赏罚的思想是与陈亮对现实法制之弊的批判相联系的，也为其法的观念的一个重要构成部分。

陈亮主张"将今法制重新洗换一番方好"①，由上文的叙述已大概可见其对现实法制之弊的批判之广度与深度。他要求实行制度改革，要求宽简法令，反对以烦琐细密之科条过于严切地束缚人们的手脚以至于磨灭了人的主动精神，体现了他对于主体之实践精神的重视，而其基本目的则在使贤智得以展布其四体，度外之才也有其进用之途，以形成一种宽松而有生气的政治氛围。他将各种政弊均归于法制之弊，不为无据，然以此而断言"法不足恃"，恐矫枉嫌其过正。他未曾脱略以道德为政治之本原的窠臼，所谓"以人行法"之实质仍是人治，最终必须回归于内在道德这一原点，但他所提出的法治与人治的辩证观，实足为重视。"法必待人而后行"，确乎是有其合理性的。任何一项立法本身往往不能确保该项法令在实践上必能有效地被贯彻，法令之贯彻的有效性取决于人，故人的素质，尤其是执法者的素质，实际上便成为立法本身是否有效的重要因素。这一问题不予解决，如陈亮所说的用非其人，那么欲"恃法以为治"而求其无弊，便的确十分困难。所以一方面是"因弊变法""立法无已"，日益详密，另一方面是有法不依，政令不

①转引自《朱子语类·论兵》，见朱熹撰，朱杰人、严佐之、刘永翔主编：《朱子全书》（第18册），上海古籍出版社、安徽教育出版社2002年版，第3547页。

施，往往三令五申犹不奏效。故陈亮认为，法制的过于繁杂和更易不定，不仅导致行政效率低下，而且实际上意味着朝廷之尊严与法制本身之尊严的破坏。就执法过程中人的素质这一突出问题而言，法本无弊，原在人弊，故"以法为定，以人行法"这一思想，即使在今天也仍然值得人们深思。

人才问题在陈亮所处的时代，是一个突出的时代问题。因为中原沦陷，要竟其恢复之功，不仅需要有过人之智慧的忠臣谋士，需要精明干练有文韬武略的行政官员，还需要能横戈跃马的英雄斗士。但"天下乏才"却是一种普通的社会现象与社会心理，实为那个时代之无奈的长叹。陈亮也怀着激切的热望为其时代呼唤着人才，但其观点却不是"天下乏才"，而是"何世不生才，何才不资世"，"一世之才自足一世之用"。因此，绝非天地不生才，也非天下无才，而是现行制度既不能发现人才、罗致人才，也不能使人才尽其才能之所用。陈亮的人才思想，是以改革用人制度以开发人才以及人才的培养与保护为核心的。

任贤使能，原为儒学所阐明的官僚阶层之构成的基本原则，而政治的弊坏也往往首先在用人制度上表现出来。陈亮认为，当时朝廷的用人制度可谓弊陋已极："才者以跅弛而弃，不才者以平稳而用"，"朝得一才士，而暮以当路不便而逐；心知为庸人，而外以人言不至而留"①，"故天下懦庸委琐之人，得以自容而无嫌；而狂斐妄诞之流，得以肆言而无忌。中实无能而外为欺罔，位实非称而意辄不满。平居则何官不可为，缓急则何人不退缩"②。朝廷既喜欢用易制之人，充斥其位的也就是驽劣庸才，"是宜陛下当宁而叹天下人才无一之可用"③。但事实上，天下雄伟英豪之士、奇瑰磊落之才，无不企足延颈而待用。故真正所缺乏的不是人才，而是朝廷任贤使能之策与君主求用人才的诚心。陈亮云：

> 何世不生才，何才不资世！天下雄伟英豪之士，未尝不延颈待用，而每视人主之心为如何。使人主虚心以待之，推诚以用之，虽不必高爵重禄而可使之死，况于其中之计谋乎！人主而有矜天下之心，则虽高爵重禄日陈于前，而雄伟英豪之士有穷饿而死尔，义有所不屑于此也。夫天下之可以爵位诱者，皆非所谓雄伟英豪之士也。陛下勿以其可以爵位诱，奴使而婢呼之。天下固有雄伟英豪之士，惧陛下诚心之不至而未来也。④

在他看来，所谓"天下乏才"的真正原因是君主不善任用

---

① 陈亮：《戊申再上孝宗皇帝书》，第19页。
② 陈亮：《中兴论·论开诚之道》，第26页。
③ 陈亮：《中兴论·论开诚之道》，第26页。
④ 陈亮：《中兴论·论开诚之道》，第26页。

人才。若果有求才之意，那么在任用人才时，便应去其矜天下之心，虚心推诚，与其权，责其效，且须尊重其人格。若朝用而夕逐，奴使而婢呼，则英豪之士宁穷饿而死，不肯受此嗟来之爵禄。故君主是否诚心求之，善用人才并尊重人才，便是天下人才能否为朝廷所用的关键。贤者在朝，能者在职，是政治清明的基本前提，而能否招揽人才以共襄其治，陈亮认为是考察现实政治状况并判断君主是否为"大有为之君"的重要标准。"自古大有为之君，慷慨果敢而示之以必为之意，明白洞达而开之以无隐之诚，故天下雄伟英豪之士，声从响应，云蒸雾集，争以其所长自效而不敢萌欺罔之心，截然各职其职而不敢生不满之念。故所欲而获，所为而成，而卓乎其不可及也！"①

当时的现实情形是中原之"礼乐衣冠尽委弃于地"，人民妻子呻吟于道路、辗转于沟壑，在陈亮看来，是为千百年来从所未有的奇耻大辱，是所谓天地非常之变。当此非常变故之际，欲求恢复之功，正需君主"慷慨果敢而示之以必为之意"，尤需突破寻常选拔人才的程序格式，以求得度外之士与非常之才。"有非常之人，然后可以建非常之功。求非常之功而用常才、出常计、举常事以应之者，不待智者而后知其不济也。"②但当时并没有选拔非常之才的有效策略，而由所谓常程正路（即科举）选拔之士，也尽皆"烂熟委靡"之人。陈亮认为，"取士之道，

①陈亮：《中兴论·论开诚之道》，第25页。标点略有不同。
②陈亮：《戊申再上孝宗皇帝书》，第15页。

所以敬天之所付，而求尽天下之才也，非诱之以爵禄，而使之颠倒于是非荣辱之涂而不自知也"①。但因"立法以听其自取"，故天下正"颠倒于是非荣辱之涂"，取士之道遂因之大坏。陈亮论科举之弊曰：

> 方唐之盛时，科举得人为尤盛，天下并趋于华，而人才日以浮……本朝承唐之余烈，故取士一以科举。艺祖之初，盖犹欲听有司之行其意，而严赏罚以临之，其后一付于法矣，然惟恐其法之不密也。二百年之间，于今为尤密。才智之士，老死于山林，而不敢以为有司之不公，盖亦可谓至矣！而士之骫骳烂熟亦莫甚于今，何哉？夫一切取必于虚文，其势固必至此。②

原为"求尽天下之才"而设的科举制度，竟至于使"才智之士老死于山林"，至于使天下之士"骫骳烂熟"，则其已然极弊大坏，固不待言。除科举以外，南宋又有制举之设，"设科以取士，而制举所以待非常之才也"。人君"于天下之故常惧其有阙也"，"故设为制举以诏山林朴直之士，使之极言当世之故，而期之以非常之才"③，此为设立制举的本意。但就其实际执行的情况而言，它不过成了一种变相的"科举"而已，并不能真

---

① 陈亮：《任子官观牒试之弊》，第123页。
② 陈亮：《问科举之弊》，第156页。标点略有不同。
③ 陈亮：《制举》，第142页。

正选拔出所谓非常之士，不过一种装饰之美观而已。显而易见，这种弊坏已极的人才选拔制度与颠倒错乱的用人政策，不仅已经极不合时宜，而且实际上正为人才之开发利用的严重桎梏。在这种刻板的模式之下，既不可能选拔出足以康济艰难、能当得天下之轻重有无的真正人才，也就无怪乎朝廷有天下无才之叹，正所谓"本朝以儒道治天下，以格律守天下，而天下之人知经义之为常程，科举之为正路……至于艰难变故之际，书生之智，知议论之当正而不知事功之为何物，知节义之当守而不知形势之为何用，宛转于文法之中，而无一人能自拔者。陛下虽欲得非常之人以共斯世，而天下其谁肯信乎！"①因此陈亮强调，欲得天下英豪之士以共斯世，就必须以人才选拔制度的革新为先行条件，广开才路，以不次用人，"尽收天下之人材，长短大小，各见诸用，德行、言语、政事、文学，无一之或废"②。"苟得非常之人以共之"，则中原恢复之事业，将如"电扫六合，非难致之事也"③，若一切仍其旧，故步自封，则不仅北向复仇必为空言，而且政权维持之具，也将至于穷竭而无复可恃。

在广开才路这一点上，陈亮主张唯才是用。由北地南来的所谓"归正归明"之人，其中不乏才能之士，但因其来自敌方，朝廷往往存猜忌之心而不能重用，辛弃疾即为一典型例证。陈

①陈亮：《戊申再上孝宗皇帝书》，第20页。

②陈亮：《廷对》，第117页。

③陈亮：《戊申再上孝宗皇帝书》，第20页。

亮认为，"夫善恶不常，不独来归之人为然"，"天下之事，以至公之心处之，则异类可合也；苟曲为防虑，则东南之民独不在所忧乎！"①因此，陈亮主张，应当"尽取诸郡归正、归明之人，置之麾下而杂用之，简其智勇，旌其技能，别其高下，听其去留，居者有以为业，行者有以为资，开心见诚，使各奋其所能，各得其所便，豁达明白之风，可以复动中原之心矣"②。

上述表明，在人才的开发与利用方面，陈亮是以刻板僵硬的用人制度之改革以及在此基础上求得"非常之人"以建立"非常之功"为基本思想的。显而易见，这一点正与其宽简法令而"以人行法"的要求相互符合。在人才培养问题上，其基本主张有二：

第一，人的才能只有在实践中才得以充分显现出来，因而实践也是培养人才、磨炼人物之最为切实有效的途径。"天下不可以坐取也"③，"度外之功，岂可以论说而致？"④在他看来，恢复之事绝非停留于口头所能实现，必须付诸行动，并且事实上这一行动已经到了十分迫切的地步，所谓人才匮乏、财用短缺等等，均不能成为继续苟延岁月的理由。在付诸实际行动以前，即便"府库充满""甲胄鲜明"，也依然为不足恃，及"兵端一开，其迹败矣"，因为"人才以用而见其能否，安坐而能者

①陈亮：《问归正归明人》，第166页
②陈亮：《问归正归明人》，第167页。
③陈亮：《戊申再上孝宗皇帝书》，第16页。
④陈亮：《壬寅答朱元晦秘书》，第333页。

不足恃也；兵食以用而见其盈虚，安坐而盈者不足恃也"①。故唯实践方能考验人是否真实有才，同时也唯实践方能真正培养出切实有用的人才。如"东晋百年之间，未尝与虏通和也，故其臣东西驰骋，而多可用之才"②；今若废黜和议，慨然与绝，将恢复付诸实行，则不仅天下英豪必将来归，而且在实战中还会涌现出大量人才，故谓"东西驰骋，而人才出矣；盈虚相补，而兵食见矣"③。

第二，超世迈往之才诚然难得，但"圣人不以才难而废天下之大政，亦不以任重而责天下之常才"④，须养才于平时，以冀其能当一朝之大用。陈亮云：

> 一世之才自足一世之用。尧、舜、三代之时，何其人才之多也！自汉以来，世往往以乏才为病，岂天地之生才遽不若古哉？……养之不于平时，而仓卒欲望其用，岂不难哉！⑤

三代之所以人才众多，因其在平时就注重培养各种人才，其设学校以教公卿大夫之子弟，固在于明人伦，然礼、乐、射、

---

① 陈亮：《上孝宗皇帝第一书》，第3页。
② 陈亮：《上孝宗皇帝第一书》，第4页。
③ 陈亮：《上孝宗皇帝第一书》，第4页。
④ 陈亮：《又壬寅夏书（与朱元晦）》，第335页。
⑤ 陈亮：《问人才》，第144页。标点略有不同。

御、书、数之艺，以及国家之本末源流，皆无不讲授于平时，故"其適（嫡）子往往可以继世为卿，而诸子之官又集其庶子而教之以道德，肃之以戒令，平居则考其艺能，缓急则部以军法。凡在王朝之左右者，无非可用之才也"①。而今日学校之法虽详，但无论太学还是郡县之学，皆"独汲汲于一日课试之文"，"夫以终岁之学而为一日之计，其心安得而厚、其材安得而成乎？"②它所培养出来的就不过是仅能"猎取一二花言巧语，缀辑成文，而为欺罔有司之具"的庸人而已。"立天下之学而教以此，此岂所以承天意而发越民之情性乎？"③学校既以科举为目的，而欲责天下之才于学校，岂可得乎！故学校之制也在必须改革之列。陈亮认为，三代学校之法固不可及，而汉唐之制，则仍可效尤。"汉唐盛时，虽专门诵说，犹将以讲论经理；出入文史，犹将以考求治乱。"④若能以国家之源流本末、治具条画教授讲论于平时，则虽当仓卒之际，犹不至于无才可用。要使临事不至于乏才，随才皆能尽其所用，就必须养才于平时，是为培养人才的根本之道。

在阐明其人才思想的同时，陈亮又谴责了嫉贤妒能的恶劣风气：

---

①陈亮：《国子》，第131页。

②陈亮：《问学校之法》，第157页。标点略有不同。

③陈亮：《问学校之法》，第157页。标点略有不同。

④陈亮：《问学校之法》，第157页。标点略有不同。

人才之在天下，固乐乎人君之尽其用，而尤乐乎同列之知其心。夫士之怀才以自见于世，常虑夫人君之不我用。君既知而用之矣，同列之人相与媢其长而娸薄其短，周旋四顾，无与共此乐者，其何以泰然于进退之际哉！此自古乘时有为之士，而犹怀不尽之叹，以公论常不出于同列故也。①

（英豪之士）旅出旅处而混于不可知之间，媢之者谓狂，而实狂者又偶似之，将特自标树，则夫虚张以求贾者又得而误之矣。此英豪之所以困而不达。而谓无人焉者，非也。②

对于才能之士的斫丧，非必刀锯，"同列之人相与媢其长而娸薄其短"，以飞短流长相与诋毁，甚或诬构其罪，其摧折之功往往更甚于刀锯。嫉贤妒能或许真为人的固有劣根，而论资排辈这种僵化的用人制度除了足以培植、强化这种劣根并消磨人的锐意进取之心以外，对于个人创造才能的发挥绝无半点利益，它只能制造出大量的庸人，直教才能之士也变成庸人方休。在这种本质上以摧折人才制造庸人为能事的用人体制被革除以前，在以激发人本身之创造性才能为目的的公平竞争机制被确立以

---

① 陈亮：《王珪确论如何》，第96页。
② 陈亮：《英豪录序》，第240页。标点略有不同。

前，陈亮所提出的对于才能之士"君臣上下相与共乐之而无异同疑间之论"①，"无相媚之意"，恐怕也只能为私自的一种"可愿"而已。但这一"可愿"，正体现了陈亮关于人才保护的思想。"同体共事之人，其论易以不公，而人主之听易以入。此自古之所通患，而其来非一日矣。"②看来这种对于人的创造性才能独具破坏力的传统，确乎渊源有自，代代相传，而几至于沦肌浃髓了。

陈亮的人才思想，特别呼唤不拘一格的人才以为其时代困局之摆脱谋求出路，不仅合乎其时代的现实需要，而且在表述上显得极为开明。在断定"一世之才自足一世之用"的前提下，他对庸人世界进行了严肃而尖锐的批判。他未曾将这种批判仅仅停留于局部现象的指陈与揭露，而是将庸人充斥的原因归结为现行政治制度本身，这一点显然是深刻的。在人才问题上，朱熹似乎与陈亮颇有共同语言。朱熹也曾断言"天生一世之才，自足一世之用"③，也同样痛切地指责当时的人才选拔与用人制度，以为"今科举之弊极矣"，而认为陈亮关于古代立学校以培养国子之论为"稍佳"。④但陈亮曾将天下骛趋于道学作为人才

①陈亮：《王珪确论如何》，第96页。标点略有不同。

②陈亮：《王珪确论如何》，第97页。

③朱熹：《论治道》，见黎靖德编，王星贤点校：《朱子语类》，中华书局1986年版，第2684页。

④参见朱熹：《论取士》，见黎靖德编，王星贤点校：《朱子语类》，中华书局1986年版，第2691页。

之所以阘茸的一种原因，而朱熹则认为"今日人才之坏，皆由于诋排道学"①，这是两者在学术取向上的重大差异。

①朱熹：《论治道》，见黎靖德编，王星贤点校：《朱子语类》，中华书局1986年版，第2686页。

第四章 | 贡献与局限

在南宋这一特定的时代背景之下，陈亮的学说实际上代表了一种以振兴国势、图谋富强、恢复中原为基本目的的社会改革思潮。如果北宋灭亡的史实毕竟未被世人所忘怀，而南宋衰弱的现实又足以激起人们的发扬踔厉之气，则陈亮的学说便具有传播的社会心理基础。这恐怕正是陈亮思想在当时即获得相当广泛而又强烈的社会反响的真正原因，它体现为一种特定的时代效应。本章除简述陈亮思想的传播及"永康学派"的几位主要人物以外，还将就陈亮之学与永嘉学派及婺学之间的异同作一简要分析。

第一节 陈亮思想在当时的传播

陈亮的学说是以一种崭新的面貌呈现于世人面前的。尽管其思想本身没有十分玄妙的理论思辨，没有精深缜密的体系建构，但其议论精辟，陈言高放，洋溢的慷慨激扬之气，足以振奋人心，且又切中时弊，极符合要求社会进步、民族强盛、收复故土这种普遍的社会心理。其本人之处事的率真坦直，时有不拘小节的狂态，其生活上的困顿颠踬，甚至于二度陷于囹圄，则颇为其生平增添了几分传奇色彩。自乾道八年（1172）开始，陈亮一直从事于讲学活动，门下弟子不少；他与朱熹的数年笔战，引起了学术界的普遍关注。凡此种种，皆促成了陈亮思想在当时学界的迅速传播。

朱、陈关于三代汉唐之辩，虽然迁延数年且最终未能达成一致见解，但其影响却是巨大的。及朱熹既殁，南宋学术的鼎盛时代也随之结束，学说的相对统一渐趋于多样化。当时吕皓云："盖自东莱、晦庵二三儒先生相继长往，东南之士，十十五五，各自雄长，有类乡村团结保伍，斩木揭竿，各自标号，而无所统属。龙川于此时不能表尔堂堂之阵、正正之旗，师出以律，乃反身入行队中，欲人折其木而夺其竿，固宜保伍纷迸四出，人与为敌，虽身死而论未定也。"①所谓"东南之士，十十五五，各自雄长"，"无所统属"，是学术之相对统一局面既经打破以后所出现的情形，在吕皓看来，这并不可取，因此论及陈亮，直言他不能于东莱谢世以后，表尔"堂堂之阵、正正之旗"，出以领袖士林，"乃反身入行队中"。这一观点与当年倪朴致书陈亮希望他"进为小子后生之矜式，以绍郑（伯熊）、吕（祖谦）二公后"②遥相呼应。由此可见，理学之相对统一局面的打破，实际上正与陈亮学说的传播有极大关系，尽管陈亮"虽身死而论未定"，但其思想已然产生了巨大的时代效应，这一点却是可以断定的。吕皓自谓"尝暇日取龙川陈公与晦庵朱公往复辩说王霸之淳驳与夫汉唐之要略，推析而锱铢之，疏其目，为书几万言"，而求正于叶适。叶适复书谓其"讨论精确如此，某岂不能赞一语之决？要是面前人各持论未定，不欲更注脚，徒自取烦聒"③。此既可见叶适论学态度的慎重，更可见

---

① 吕皓：《与水心先生叶侍郎书》，见廖重机等纂修，卢敦基校点：《道光永康县志》，上海古籍出版社2022年版，第478页。

② 倪朴（号石陵，浦江人）与陈亮同时，今《续金华丛书》存《倪石陵书》一卷。其《与陈同甫书》曰："近者郑（伯熊）、吕（祖谦）二公相继云亡，前辈风流几扫地矣。今之世，以文章名天下，为时辈所推许者，惟足下一人而已。宜便自励，使道德日定，进为小子后生之矜式，以绍郑、吕二公后。"详倪氏之意，语似推尊，而实含讽谏。

③ 吕皓：《水心叶先生哀辞》，见曾枣庄、刘琳主编：《全宋文》（第287册），上海辞书出版社2006年版，第269页。

朱、陈之辩即使在陈亮去世多年之后，仍然是当时学界所讨论的一个热门话题。

实际上，朱、陈之辩在其尚在继续的同时就对学术界产生了深刻影响，引起了强烈反响。今《陈亮集》虽未保留这方面的资料，但在朱熹的文集中有很多资料可资寻绎。而从朱熹对其后学的谆谆教诲之中，又足以反观出陈亮思想在学界传播的一般情形。

朱熹曾云："海内学术之弊，不过两说：江西顿悟，永康事功。若不极力争辩，此道无由得明。"①足见他是将陈亮的学说完全置于"理学"或"道学"的对立面的，若不"极力争辩"，则"此道无由得明"。而当时的实际情形却是，"陈同父学已行到江西，浙人信向已多，家家谈王伯，不说萧何、张良，只说王猛；不说孔孟，只说文中子。可畏！可畏！"②"近日一派流入江西，蹴踏董仲舒而推尊管仲、王猛。又闻有非陆贽而是德宗者，尤可骇异！"又云："倾岁入浙，从士大夫游，数月之间，凡所闻者，无非枉尺直寻，苟容偷合之论，心窃骇之。""婺州近日一种议论愈可恶，大抵名宗吕氏，而实主同父，深可忧叹！亦是伯恭有以启之。"③可见陈亮学说的传播速度相当之快，不仅"浙人信向已多"，且已"流入江西"，影响渐为广

①王懋竑撰，何忠礼点校：《朱熹年谱》，中华书局1998年版，第158页。

②朱熹：《陈君举》，见黎靖德编，王星贤点校：《朱子语类》，中华书局1986年版，第2966页。

③均见王懋竑撰，何忠礼点校：《朱熹年谱》，中华书局1998年版，第145—146页。

大。对于"家家谈王霸"的情形，朱熹表示了极大的忧虑，认为这比陆九渊的"顿悟"之说更为学者心术之害，因为"江西之学只是禅，浙学却专是功利。禅学后来学者摸索一上，无可摸索，自会转去。若功利，则学者习之，便可见效，此意甚可忧"①。"陆氏之学虽是偏，尚是要去做个人。若永嘉、永康之说，大不成学问，不知何故如此。"②朱熹的忧虑骇叹，固然表现了他对于世情的关切，表现了他欲使海内学术归于统一的积极努力，但从中也可以看出陈亮思想在当时所造成的巨大影响，实际上已成为一股新的学术潮流。这一潮流来势迅猛，在朱熹看来，不仅骇人闻听，坏人心术，而且分裂了圣人之道，必将贻误后学，贻害天下，因此攻击之真可谓不遗余力。然一时风气所向，虽朱熹也不能力挽狂澜于既倒，正有所谓"独力不能支之意"。他确信近来学风之丕变乃源于陈亮学说的散布流传，并曾以此咎责陈亮，故陈亮《丙午复朱元晦秘书书》有云："子约、叔昌卒岁一番相见，不过寒温常谈，而安得有所谓讲切者哉！来书问'有何讲论'者，犹以亮为喜与人语乎？兼之浙间议论，自始至末，亮并不晓一句。"③不管陈亮的自我解释是否可信，浙间议论"名宗吕氏而实主同父"却多少算是实情，朱

---

① 朱熹：《陈君举》，见黎靖德编，王星贤点校：《朱子语类》，中华书局1986年版，第2967页。

② 朱熹：《吕伯恭》，见黎靖德编，王星贤点校：《朱子语类》，中华书局1986年版，第2957页。

③ 陈亮：《丙午复朱元晦秘书书》，第354页。

熹对浙学的非难，也主要针对陈亮而发，正如陈荣捷先生所说的那样："朱子评浙学，大部以陈氏为对象也。"①

朱熹学问深厚，辨识明敏，对于陈亮之学在浙间的传播，并不仅限于忧思愤懑，而是能深明其学术的主导方面，切中其与理学相分歧的根源，认为其所以"尊霸贱王"，关键在从事于史学，故"深斥其所学之误，以为舍"六经"《论》《孟》而尊史迁，舍穷理尽性而谈世变，舍治心修身而喜事功，大为学者心术之害"②。其《答沈叔晦书》云："近日又有一般学问，废经而治史，略王道而尊霸术，极论古今兴亡之变，而不察此心存亡之端。若只如此读书，又不若不读之为愈也。"③其《答吕子约书》，则直接指责从事于史学之非：

> 大抵此学以尊德性、求放心为本，而讲于圣贤亲切之训以开明之，此为切要之务。若通古今、考世变，则亦随力所至，推广增益以为补助耳。不当以彼为重，而反轻凝定收敛之实，少圣贤亲切之训也。若如此说，则是学问之道不在于己而在于书，不在于经而在于史，为子思、孟子则孤陋狭劣而不足观，必为司马迁、班固、范晔、陈寿之徒，然后可以造于高明正大简易明白之域也。夫学者既学圣人，则当以圣人之教为主，今"六经"《语》《孟》《中

---

① 《中国哲学辞典大全》"朱陈之辩"条。世界图书出版公司1989年版，第261页。
② 参见王懋竑撰，何忠礼点校：《朱熹年谱》，中华书局1998年版，第143页。
③ 王懋竑撰，何忠礼点校：《朱熹年谱》，中华书局1998年版，第144—145页。

庸》《大学》之书具在，彼以了悟为高者，既病其障碍而以为不可读，此以记览为重者，又病其狭小而以为不足观，如是，则是圣人所以立言垂训者徒足以误人，而不足以开人；孔子不贤于尧舜，而达摩、迁、固贤于仲尼矣，毋乃悖之甚耶！①

朱熹曾认为："看史只如看人相打，相打有甚好看处？陈同父一生被史坏了。"②这一观点即便不足以充分说明他对史学的卑夷，却足以说明他与陈亮及浙间学者之观点发生根本分歧的所在。陈亮的学说，正是以史学为其主干。如前面所曾分析的那样，陈亮并不如朱熹所说的那样，只是把个司马迁"捧得圣人相似"，其实他的经典思想来源及其根据均在《易》与经文《春秋》。《易》讲天道自然，《春秋》讲人道以匡扶天道，陈亮将此二经义理与历史运动之实迹融合，于是成为他反驳朱熹"道统说"的权威学说来源。在陈亮看来，人的存在本身就蕴含着现实性—历史性—未来性的三相统一，一个把当前生命根植于现实—历史境遇之中的人，只要他能匡扶正义，以现实的人生困境的出离为基本目的，并且以究天人之际、通古今之变、达时措之宜为其基本彰显手段，那么从根本上说，他就是在体现最高的天道。虽然做得不够完善是可能的。正因此故，历史

---

①王懋竑撰，何忠礼点校：《朱熹年谱》，中华书局1998年版，第143页。

②朱熹：《陈君举》，见黎靖德编，王星贤点校：《朱子语类》，中华书局1986年版，第2965页。

人物都可以重新评价，但若说千五百年都无任何英雄人物主张得天道、扶持得正义，陈亮是坚决不会同意的。而在朱熹看来，"道统说"不是关于"道"本身存在的学说，而是本质关于"道"所体现的"价值"理念，是一种纯粹道德的纯粹意识或价值理念。正是在这一意义上，只要这种"价值意识"没有得到主动的清晰表达，只要这种"道德价值"没有得到事实上的实现，那么，我们凭什么说它"存在"呢？所以便可以被表述为"非存在"。简言之，陈亮与朱熹关于"王霸"的辩论，本质上是一个历史主义者与纯粹道德主义者之间的辩论。在陈亮那里，"道"在展开为历史，或者说历史行程即是"道"的自我展开及其存在方式，这一点几乎是不需要论证的，正所谓"闭眼之人，开眼即是"，他由此而走向关于人的存在作为现实性—历史性之同一的思想，走向关于个体存在与作为生活共同体的集体存在之关系的思考，进一步走向道德的个体性与群体的公共性之间关系的思考，等等。基于这些思考，引导出一个中国思想史上最令人棘手的问题：实现了群体（生活共同体）之公共利益（包括物质利益）的个体行为，或者以此为目的的个体行为，是否具有道德性？这个问题，严格说来，恐怕今天也未全然解决。

笔者坚持宋学三系区分，即程朱一系，张载经谢良佐、张九成而至陆九渊为一系，又浙东独为一系。就人物而言，浙东一系，自然以吕祖谦为主要代表，而就思想表达来说，则陈亮与朱熹的论辩反而体现得最为清晰。程朱为"理学"，陆氏为"心学"，吕氏则为"历史哲学"，实则"经史合一"之学。有意思的是，朱熹虽贬陆氏心学，诋之为"禅"而非"圣学"，但也到此为止，一讲到"浙学"或陈同甫之学，他一定更加贬斥甚至于痛恨"浙学"。推原其故，则朱、陆所论，其实不过是关于道德本体之定位与人的现实存在性之间有观点差异而已，同属于"道德本质主义者"，并无本质差异。但陈亮则不同，差异太大，甚至于全然无法调和。朱熹反对治史，痛斥浙东学风，不仅严重诟病陈亮，后来更加指责陈傅良、叶适，又往往追咎于吕祖谦，认为吕祖谦对于养成浙东如此之学风是"有罪"的。①其实这一点足以说明，在朱熹看来，治史风气之炽盛，把人的现实存在还原为历史的存在，而不必是纯粹道德的存在，这一观念所主张的人的现实生存，必将构成对其"道德本质主义"观念的严重威胁。职是之故，其辨浙学的态度较之辨陆学尤其坚决，其语气也更为激烈。

---

① 朱熹的《陈君举》："说同父，因谓'吕伯恭乌得为无罪？恁地横论，却不与他剖说打教破，却和他都自被包裹在里。今来伯恭门人却亦有为同父之说者，二家打成一片，可怪。"见黎靖德编，王星贤点校：《朱子语类》，中华书局1986年版，第2965页。

陈亮学说的传播，形成了所谓"陈学"①或"永康学派"。陈亮弟子众多，万斯同《儒林宗派》列陈氏门人喻侃以下十八人，《宋元学案·龙川学案》列喻民献以下三十四人，但因时代遥远，史料湮没，即便在这些尚有名姓可考的陈门弟子之中，也极少有有学术价值的资料留存下来。故本节仅就现有资料可证的范围，略叙其有代表性的几位人物，聊以窥当时一方学术之盛而已。

喻民献，原名汝方，义乌人。其父喻师（字夏卿）与陈亮友，故其遣从之学。民献与其从子喻侃同入太学为诸生，其母王氏勉使力学，而卒能以学问自见于乡间。②

喻侃，字伯经。本名柟老，后改名宏，复改名侃。义乌人。太学诸生，登宁宗庆元五年（1199）进士第，历任宣城县尉、

---

① "陈学"一词，恐清代王懋竑最先使用。《朱子年谱》单列一条："辨陈学之非"。王懋竑撰，何忠礼点校：《朱熹年谱》，中华书局1998年版，第157页。

② 参见《陈亮集·喻夏卿墓志铭》《陈亮集·喻夫人王氏改葬墓志铭》。

宜春县丞、金书镇南军节度判官厅公事。幕中多新进少年，议论不合，遂请祠禄而归。筑室夫人峰下，自号芦隐。著《随见类录》200卷、《芦隐类稿》50卷，以论"六经"之功用为主，今皆不存。喻侃性格雄豪，善谈论古今，往往"目光如注，气轩轩出鼻吻间，人莫能抗"。宁宗开禧二年（1206），金人犯淮，时喻佩为宣城尉。府檄令侃与县令押送军粮至前沿，县令畏缩不敢前，侃则奋然不顾艰难独行前往，卒致军粮于濠。其为宜春县丞，当地居民善讼，然其处事谅直，听必以情，民退无后言；凡诉台部者，必曰："得宜春丞一听，死无憾！"故甚为时人所称赏。在学术上，喻侃最得陈亮之学的精神，终身守之而不渝。陈亮崛起之初，侃即与其从弟从父共同往学，且独为诸生倡，以为陈亮之说明白简大、坦然易行，致群从者达数十人。又为布列纲纪，发为辞章，扶持而左右之，使亮之门恶声不入于耳，高名出于诸老之上者，皆喻侃之功。当陈亮陷狱之际，喻侃又出而号召同门，极力营解。陈亮感喟："此生死而肉骨也！"时人也壮其义行。①

喻南强，原名宽，字伯强。喻侃从弟。其父以其与陈亮性格相似，使从之学。诸弟子中，南强能探深索隐，颇得陈亮之学精要，陈亮称其"凛然可畏"。庆元中，连贡于乡，入太学，为富阳县尉，后调缙云县丞，未上，卒，年七十一。著有《梅

①参见《陈亮集·喻夫人王氏改葬墓志铭》、明崇祯重修《义乌县志·人物·儒林》以及《宋元学案·龙川学案》。

隐笔谈》14卷，今不存。当陈亮陷狱，南强与从兄侃皆竭力营救，南强尤义形于色，指责同门，以为先生无辜受祸，为弟子者当怒发冲冠。遂力为奔走，终解陈亮之狱。①

孙贯（1153—1175），原名懋，后陈亮改名贯，字冲季，永康人。陈亮下帷之初，孙贯即来从学。他质性颖悟，力学不辍。从学四年，忽染病死。陈亮哭之恸，率众弟子亲临其穴，并为志其墓。②

钱廓（1154—1183），原名扩，因与当朝的皇帝宋宁宗赵扩同名，陈亮改名廓。字叔因，浦江人。少孤，性沉静和雅，语如不能出口，其于世故淡泊，为人孝友慈爱。不喜时文，从陈亮学，志意甚锐。及归，以文行称于乡里，乡之大人长者相与延誉，或折辈行与之交。不幸早卒，陈亮与叶适均甚为遗憾，以为"使得共学以至于今，不但侪辈之不能及，固吾尊行之所共畏也"③。

丁希亮（1146—1192），字少詹，黄岩人。初师事叶适，后变名姓往永康从学于陈亮。陈亮一见奇之，谓"是人目莘莘，神谔谔，非妥帖为学徒者。且吾乡里不素识，得非岩穴挺出之士耶！"后复问学于吕祖谦。于是一时硕师良友，名言奥义，贯穿殆尽。虽常服补褐而饭疏食，然其为学益力，夜诵逮晨，手抄满屋，纵笔所就，词雄意确，论事深眇，皆有方幅。极为叶

---

① 参见崇祯重修《义乌县志·人物》《宋元学案·龙川学案》。

② 参见《陈亮集·孙贯墓志铭》。

③ 陈亮：《钱叔因墓碣铭》，第485页。

适所叹赏。①

吕祖俭（？—1196），字子约，金华人，吕祖谦之弟，曾受业于祖谦。淳熙九年（1182）官明州（今宁波），十四年（1187）去任，前后凡六年。时明州有"甬上四先生"杨简、袁燮、舒璘、沈焕，除舒璘宦游他乡以外，其他数位皆于当地从事讲学。吕祖俭以其所学讲于诸书院，议论风发，颇为时人所折服。甬上学者遂以其代舒璘，也号为"四先生"。宁宗即位，祖俭官大府丞，以上疏论救赵汝愚，贬韶州，后移筠州，卒于任所。著有《大愚集》，今不存。②

吕祖俭交游广泛，所学颇博，既得父兄学术之传，又与甬上、永嘉学者相交往，既曾问学于朱熹，又笃意于陈亮之学。陈亮云："子约以其兄之故，亦相与如骨肉。"③足见其交谊之深。他与陈亮的关系，介于师友之间，在学术上，则是陈亮之学实际上的坚决倡导者与有力传播者。这从朱熹的有关议论之中可以得到印证：

> 婺州自伯恭死后，百怪都出。至如子约，别说一般差异底话，全然不是孔孟规模，却做管、商见识，令人骇叹！然亦是伯恭自有些拖泥带水，致得如此，又令人追恨也。④

---

① 参叶适的《丁少詹墓志铭》、《宋元学案·水心学案》。
② 参见《宋元学案·东莱学案》。
③ 陈亮：《与张定叟侍郎》，第383页。
④ 王懋竑撰，何忠礼点校：《朱熹年谱》，中华书局1998年版，第145页。

伯恭无恙时，爱说史学，身后为后生辈糊涂说出一般恶口小家议论，贱王尊霸，谋利计功，更不可听。①

子约为人固无可疑，但其门庭近日少有变异，而流传已远，大为学者心术之害。故不得不苦口耳。②

可怜子约一生辛苦读书，只是竟与之说不合。③

吕子约死，先生曰："子约竟赍著许多鹘突道理去矣。"④

由此可见，朱熹虽力为吕祖俭、沈焕等人讲明圣学宗旨，但始终未能说服吕祖俭，他最后仍是赍着许多在朱熹看来是荒唐"鹘突"的道理去的。而祖俭之说，由朱熹对其批评可看出，其大旨在倡导陈亮所主张的所谓功利之学，要讲"史学"，则绝无可疑。吕祖俭也有"汉唐之论"，故朱熹谓其"流入于功利变

---

① 王懋竑撰，何忠礼点校：《朱熹年谱》，中华书局1998年版，第145页。
② 王懋竑撰，何忠礼点校·《朱熹年谱》，中华书局1990年版，第145页。
③ 朱熹：《吕伯恭》，见黎靖德编，王星贤点校：《朱子语类》，中华书局1986年版，第2955页。
④ 朱熹：《吕伯恭》，见黎靖德编，王星贤点校：《朱子语类》，中华书局1986年版，第2956页。

诈之习"，"却是教坏后生"①，而所谓"其门庭近日少有变异""贱王尊霸，谋利计功""大为学者心术之害"，则为其转向陈亮之学的明证。故浙间士人"名宗吕氏而实主同父"，至于"家家谈王霸"，以及"陈同父之学已行到江西"，在很大程度上实得力于吕祖俭的学术活动。因此，将吕祖俭作为"永康学派"的主要代表者之一，应是较为恰当的。

但此同时，吕祖俭又得其父兄中原文献之传，在这一意义上，他又传婺学而不仅仅是永康之学。然作为吕氏家学的文献之学，实以史学为主，这一点与陈亮的学术精神极相合拍，故朱熹谓"浙间学者推尊《史记》"，"婺州士友只流从祖宗故事与史传一边去"②。又云："伯恭、子约宗太史公之学，以为非汉儒所及，某尝痛与之辨……（司马）迁之学，也说仁义，也说诈力，也用权谋，也用功利，然其本意却只在于权谋功利。"③按照朱熹的理解，功利之学之所以独盛于浙地，乃在于浙间学者推崇史学，而司马迁正是权谋功利说的代表。我们确认朱、陈之辩的核心问题实为历史观念，并以此来作为其学说的基本分野，有朱熹本人的论说为充分依据。而综观朱熹对陈亮之学与浙间学风的种种批评，我们又可以看出这样一种基本

---

①参见王懋竑撰，何忠礼点校：《朱熹年谱》，中华书局1998年版，第145页。

②朱熹：《吕伯恭》，见黎靖德编，王星贤点校：《朱子语类》，中华书局1986年版，第2956页。

③朱熹：《吕伯恭》，见黎靖德编，王星贤点校：《朱子语类》，中华书局1986年版，第2952页。

事实，即作为相对独立的所谓"永康学派"实际上并未流传很久，陈亮去世以后，永康之学便与婺学合流，形成了以历史研究为主要特色的一派学术。朱熹谓"今来伯恭门人却亦有为同父之说者，二家打成一片"①，是为明证。宋代以降，浙东史学之盛，无不以经世致用为倡导，溯流讨源，乃与吕、陈之学的合流有很大关系，而对这一学术的合流起过重要作用的，正是吕祖俭。

①朱熹：《陈君举》，见黎靖德编，王星贤点校：《朱子语类》，中华书局1986年版，第2965页。

陈亮之学与以吕祖谦为代表的婺学以及以陈傅良、叶适为代表的永嘉之学，在理论上多相合拍，其个人之间的交谊也最厚。三方既地缘相接，而人物往还，共同切磋学术，相与砥砺德行，遂形成较为统一的学风，而蔚为一方学术之盛，以至言南宋浙学者，舍此三者而实无可言者。然其基本精神之统一，并不能排除其具体理论与主张的相异。现就此作一极为疏略的讨论。

一、陈学与婺学

吕祖谦之学以"中原文献之传"为其渊源，特长于经史之学，同时又以理学与朱熹、张栻相颉颃，相与上下其论，发明心性奥义。其学问既博洽古今，为人也宽厚和易，常使人如沐煦阳。为调解朱熹与陆九渊之间的理论分歧，他曾主持"鹅湖之会"。而在哲学思想上，实际上也折中于朱、陆之间，明显地表现出统合理、心之学的倾向，比如他将"理"与"心"同视为哲学上的最高范畴。以经史合一之学为其学术骨干，对朱、陆之说多有理论统合，既体现了其学术之"杂博"的一面，同时又体现为其本身的一种学术特色。比如在心性问题上，他坚持性善说，认为人心为私心，道心为本心，故须存本心而去私意，且须拔本塞源，令毫发不留。但在理欲问题上，他在坚持"窒欲"的前提下，又论述了理欲统一的一面，认为"天理常在人欲中，未尝须臾离也"①。"盖降衷秉彝，固纯乎天理也，及为物所诱，人欲滋炽，天理若泯灭，而实未尝相离也。同体异用，同行异情，在人识之尔。"②理欲既未尝相离，甚至为同体而异用，即意味着人都未免于利欲之私，而通过某种制约手段使利欲不至过于"滋炽"便为必要，因此他又认为："利者，义之和也……盖义之和处，即是利也。苟有徒义徒利之辨，则非矣。"③此说显然与朱熹关于理欲为对立之两极的观点不同，而与陈亮所坚持的以公天下之心谋天下之利即是义、即是行道的观点颇相一致。在知识的价值问题上，吕祖谦强调其实用价值的现实转换。就个体而言，这种知识的效用首先体现为变化气质，实现自我的道德完善；其次是发为事业，齐家治国，以至

①吕祖谦：《左氏博议卷第十一·秦取梁新里》，见吕祖谦编著，黄灵庚、吴战垒主编：《吕祖谦全集》（第6册），浙江古籍出版社2008年版，第281页。

②吕祖谦：《东莱吕太史别集卷第七·与朱侍讲》，见吕祖谦编著，黄灵庚、吴战垒主编：《吕祖谦全集》（第1册），浙江古籍出版社2008年版，第406页。

③吕祖谦：《丽泽论说集录卷第一·门人集录易说上·乾》，见吕祖谦编著，黄灵庚、吴战垒主编：《吕祖谦全集》（第2册），浙江古籍出版社2008年版，第2页。

于经邦弘化。因此，以"圣学"为先导而经略四方，兼济天下，将内在知识转换为合乎"圣学"目的的辉煌事业，在吕祖谦那里便被肯定为知识价值之终极还原的最后形式。在这一点上，他与陈亮的观点也同样是和谐的一面居多。在一般学术态度上，吕祖谦主张兼容并蓄，而陈亮之不攻异端，盖也受其陶冶。

然陈、吕之学的差异依然明显，除了学问本身有深广程度之不同以外，其理论上的差异也有数点可说：

其一，陈亮对当时的理学在根本上持反对态度，这一态度与吕氏绝不相同，因此在哲学上便谈不上对朱、陆之学的折中或统摄。反而"道常行于事物之间"这一基本观点，与张载之说有更为密切的理论联系。就陈亮所坚持的理论基点而言，依循其历史哲学的一般展开路向，他应当对"心本体说"更能够接契。

其二，吕氏坚持性本善说，陈亮则认为"才有人心便有许多不净洁"，认为人性是自然性与社会性的统一，较少抽象地谈论人性之善恶，其理论来源在很大程度上是《礼记》，并与荀子之说有某种较为直接的联系。这一观点的不同，导致二人关于个体之修养及道德之境界的观点多有差异。比如在陈亮那里，他并不强调必以惩忿窒欲为道德修养的必要方式，而只强调须将人的自然欲望导向为天下谋公利的途径。

其三，吕氏与朱熹一样，坚持道统说，而陈亮则根本不承认有所谓"不传底绝学"。虽然吕氏在讲明心性的同时又倾其心力于历史研究，但其在史学领域的学术表现与陈亮并不相同。

吕氏除了重在典章制度的考订与历史事实的还原以外，确乎同时也把史学领悟为道的自我展开历程，因此也以"史学"为心性养成的"道问学"的手段，主张读史要如身在其中，且将史领会为"心史"。相较而言，陈亮更倾心于历史人物事迹的研究与古今事变的推寻，他的目的不是要把历史学转为心性修养的"道问学"方式，而是将其作为人类生存的过往经验，从中抽引出某种足以指导现实世界之变革的范例，故朱熹贬诋之，以为"陈同父读书，譬如人看劫盗公案，看了，须要断得他罪，及防备禁制他，教做不得。它却不要断他罪及防备禁制他，只要理会得许多做劫盗底道理，待学他做"①。

因此，就理论的一般表述而言，陈、吕之学的差异实相当明显，但它们之所以最终能够合流，根本原因仍在于陈、吕都致力于史学研究。正是在这一共同关心的领域之中，尽管二人兴趣并不完全一致，但见解却多有契合。吕氏的功利观点及其理欲可相统一的见解，绝大多数均表现于其史学研究，故朱熹谓其"爱说史学""拖泥带水"，"有些霸术却忍不住故得出来，今害人之甚"。就历史研究而言，若纯然祛除其致用于现实的基本目的，则历史学的意义与价值便将黯然失色，因此吕氏基于历史研究而表现出以经世致用为主导精神的所谓功利思想，实际上便非常自然。而这一点恰好又构成了他与陈亮之学相互统

① 朱熹：《陈君举》，见黎靖德编，王星贤点校：《朱子语类》，中华书局1986年版，第2966页。

一的基础。对此，朱熹确乎有非常真确的见解："伯恭之学，大概尊《史记》，不然，则与陈同甫说不合。同甫之学，正是如此。""其学合陈君举、陈同甫二人之学问而一之。永嘉之学，理会制度，偏考究其小小者，惟君举为有所长，若正则（叶适）则涣无统纪。同甫则谈论古今，说王说霸。伯恭则兼君举、同甫之所长。"①由此可见，陈、吕之学的精神契合处乃在于史学，此也正为"两家打成一片"，最终得以合流的根本契机。

二、陈学与永嘉之学

永嘉之学肇始于宋初王开祖，奠定其学派规模的是以周行己、许景衡为代表的"永嘉九先生"，重振"九先生"之学的当推郑伯熊、郑伯英兄弟，转变其学风的则为薛季宣，而光大其学的乃是陈傅良、叶适。从北宋以来，学绪相承而缕缕不绝，永嘉遂焕然为学问之区，与婺学及永康之学并为浙学的重要代表。然周行己、许景衡均为程颐的及门弟子，故黄百家曰："伊洛之学，东南之士，龟山（杨时）、定夫（游酢）之外，惟许景衡、周行己亲见伊川，得其传以归。"②故其说以洛学为宗，实为二程学派在浙江最初的一个分支。许景衡以后，永嘉之学曾一度衰微，及郑伯熊、郑伯英兄弟继起，"推性命微眇，酌古今

---

① 《宋元学案·东莱学案》，见黄宗羲著，沈善洪主编：《黄宗羲全集》（第5册），浙江古籍出版社1992年版，第33页。

② 《宋元学案·周许诸儒学案》，见黄宗羲著，沈善洪主编：《黄宗羲全集》（第4册），浙江古籍出版社1992年版，第407页。

要会，师友警策，惟以统纪不接为惧。首雕程氏书于闽中，由是永嘉之学宗郑氏"。至"乾、淳之间，永嘉学者连袂成帷，然无不以先生兄弟为渠率"①。然郑氏兄弟在继承洛学的同时，又特致力于经学，郑伯熊的经学成就尤其显著。郑伯英性格峻健果决，有豪杰之气，论事奋发，必欲尽洗历朝弊政，其性格与陈亮颇为相似，故二人友处之笃，良非无由。永嘉之学由以洛学为宗而转变为"以经制言事功"的所谓"事功学派"，正发轫于郑氏兄弟，而真正完成这一学风之转变的实为薛季宣。薛氏之学，原本于经史，尤好《易经》，曾读之数百次，其学也必以开物成务为期，"于古封建、井田、乡遂、司马法之制，靡不研究讲划，皆可行于时"。同时于《诗》《书》《春秋》《论语》《大学》皆有训义，故全祖望谓"其学主礼乐制度，以求见之事功"②。薛氏卒时才四十岁，其学未能抵其全量，深可慨叹，而以其以经制言事功的治学精神，则在陈傅良、叶适那里有更为充分的体现。然陈傅良之学，其成就特在于经史，尤长于制度的具体研究，认为儒者之所以可贵，就在于能够通达世务，参稽转化，使之在现实中转换出实际功用。叶适则所学益为广博，不仅长于经史，在理论上也多有建树。就与陈亮的关系而言，永嘉诸子中以叶适为最密切，其学术主张也相对更为切近一些。

---

① 《宋元学案·周许诸儒学案》，见黄宗羲著，沈善洪主编：《黄宗羲全集》（第4册），浙江古籍出版社1992年版，第429页。

② 《宋元学案·艮斋学案》，见黄宗羲著，沈善洪主编：《黄宗羲全集》（第5册），浙江古籍出版社1992年版，第50页。

今略为言之：

其一，陈亮之所以反对道统说，在根本上是以其历史观念为依据的。而叶适之否定道统，则以历史文献为依据，详考文献渊源及其授受关系，从而断言道统说所阐明的授受关系必有谬误。可知陈、叶之反对道统说则同，而其所以反对之则异。

其二，"道常行于事物之间"是陈亮在哲学上的一个基本观点，并由此演绎为道即现实，且是其历史哲学观念的理论基石。叶适同样认为："物之所在，道则在焉。物有止，道无止也。非知道者不能该物，非知物者不能至道。道虽广大，理备事足，而终归之于物，不使散流。此圣贤经世之业，非习为文辞者所能知也。"①可见其关于道的观念颇相一致，故其在哲学上表现出浓厚的拒斥形而上学的倾向也相一致。但是这种拒斥形而上学的精神，在陈亮那里，尽管由此强调了实现知识价值之现实转换的必要性，却未曾由此建立起较为完整的知识论体系。他将这一精神充分延展于社会历史之运动过程的阐释，并由此建立了颇具特色的关于历史的哲学观念。而在叶适那里，其拒斥形而上学的精神主要体现为知识论，而不是历史的一般哲学观念。他认为，物在则道在，故知物为至道之前提，唯知道为能该物，故至道复为知物之极致。物与道的必然联结及其互动关系的阐明，表述了叶适的基本知识路线，他由此建构了一个较为完整的知识论体系，从而为其事功思想的一般表述确立了理

①叶适：《习学记言序目》，中华书局1977年版，第702页。

论基础。总之，陈、叶虽有共同的基本观念，却有颇不相同的致思取向。

其三，叶适关于人性的观点是以经验为依据的，他不赞同对人性作一种逻辑上的先验设定，认为"古人而不以善恶论性也"，但又认为"孟子性善，荀子性恶，皆切物理，皆关世教，未易轻重也。夫知其为善，则固损夫恶矣；知其为恶，则固进夫善矣。然而知其为恶，而后进夫善以至于圣人，故能起伪以化性，使之终于为善而不为恶"①。此论虽然以为孟、荀之说"未易轻重也"，实则突出了荀卿之说的合理性。陈亮之说，正不以善恶论性，故其以经验为依据而立论的精神，两者实颇相吻合。而在理欲义利观上，叶适也强调了其统一的一面，如云："仁人正谊不谋利，明道不计功，此语初看极好，细看全疏阔。古人以利与人而不自居其功，故道义光明。后世儒者行仲舒之论，既无功利，则道义者，乃无用之虚语尔。"②既无功利，则道义为无用之虚语，表明道义之落于实处，必有功利包含其中，故道义与功利可相统一。"以利与人而不自居其功"，实与陈亮所谓以公天下之心而谋天下之利并无二致。但另一方面，陈亮之说并未仅止于道德与功利之统一性的论证，而是更进一步，以功利的实现作为道德在经验中得以贯彻的必要条件，并以见之于经验的功利效果来衡量内在的道德价值。陈亮主张在经验

---

① 叶适：《习学纪言序目》，中华书局1977年版，第653页。
② 叶适：《习学纪言序目》，中华书局1977年版，第324页。

的意义上，道德价值的高低大小与事实上所实现出来的共同体之公共利益的高低大小是统一的。

其四，陈、叶二人都倾心于历史研究，但叶适的兴趣与永嘉学统相承接，因而与陈亮有所不同。永嘉学派更重视历代典制的研究，善于追寻历史制度沿革之变，以期为现实政事的推陈出新提供可靠的历史依据，而陈亮则更为重视历史人物的活动及其与时势的关系，认为只有人的活动才是天道得以呈现的本质力量，强调人的存在是人道与天道之统一价值的真实体现者。用今天的话来说，以陈傅良、叶适为代表的永嘉学派重视社会政治制度史的整体研究，而以陈亮为代表的永康学派则更重视个体性的历史人物的研究，似乎更多地强调历史人物的个体生命史，与通常所谓的"历史"是具有事实上的统一性的。而在吕祖谦那里，历史人物的个体生命史与特定时代的政治实况、制度实况是具有内在统一性的，这一统一性应当指向王道的实现，并认为这是中国文化内在本质所决定了的，因此毫无疑问，吕祖谦不仅更健全地体现了经—史统一的学术理念，更完善地体现了经—史一致的学术方法，同时也更完整地表达了历史视域之下道德与事功的统一，从而将经—史之学转换为一种"历史哲学"。

坦率地说，重视个体的生命活动，在特定语境之下，很容易产生一种心理上的自我代入，于是为某位英雄人物打抱不平，为之呼号，为之扼腕，甚至于杯酒叫呼，慷慨击节，产生驰骋千里、沙场点兵之想，都是自然的。也因此故，转而关注时代现实，则时政之弊坏、人才之阘茸，在这一独特视域之下就会变得尤其显著，故其持论之激烈、态度之峻迈，其实也是可以理解的。要特别指出的是，陈亮之所谓"事功"，或曰"功利"，绝不是其个人私利的谋划，而是站在他那个特定的时代说话。必欲改弱就强，以实现时代政治之革故鼎新，以实现国家领土之主权完整，以实现民生利益的普遍增进，在陈亮看来，如果天底下还有"道义"，那么这就是最大的道义。这最大的道义，同时也是最大的功利。虽然陈亮言辞坦率，略无遮掩，其观点在当时以及后世都被归结为所谓"功利主义"，但需要指出的是，他所提倡的"功利"，其实确乎是以正义为底蕴的，正义本身即是功利的限度。缘于此故，本书以"义以制利"作为陈亮思想的最终概括，也借以为其"功利主义"正名。平心而论，陈亮之说，的确不如同时代的理学家们那么理论缜密、体系完备，处处彰显纯粹道德本质，但他确乎是把其时代现实置于历史绵延的全过程中去重新加以审察的，正是这一独特历史维度的切入，使其思想不仅在南宋浙学诸派中显得相当突出，并且在整部中国学术史上，也都因其别具一格而应占有一席重要地位。

后　记

1996 年我出版了《陈亮评传》。作为南京大学中国思想家评传之一，这一写作任务当时是由中共中央党校刘宏章先生接受的，但刘先生因身体原因无法继续写作，遂由当时在浙江省委党校工作的李明友先生介绍，由我接手这项工作。刘宏章先生提供了他所搜集的部分资料，主要是邓恭三先生早年所写的《陈龙川传》的影印件。全书皆由本人实际撰写，但为了尊重刘宏章先生的初始工作，本书出版时与刘先生一起署名。此后，我又编辑、注释过陈亮文集中的主要作品，即《陈亮文粹》。后因学术兴趣转移，未再继续陈亮的专门研究。

尽管如此，多年以来，我本人并未停止关于"宋学"之整体建构的思考。中国学术思想行程至宋代发生了一次历史性转折，道学（理学）成为其时代的学术典范，确乎有思想文化历史本身的深刻原因。在表现形式上，这一"宋学"形态的最终建立，首先缘起于观念上的回归三代，即以三代道统为人道的最高价值，正是这一"复古"带来了思想形态的更新。它有些类似于后来欧洲倡导跨越千年以重归希腊，进而引发同样深刻的文艺复兴，所以我曾在非正式场合说过："宋学"运动某种意义上也是中国思想史上的一次"文艺复兴"运动。与以三代道统为最高价值形态的观念相关，秦汉以降道统价值不曾得到实现，因而"道"便不曾存在于天下，这在朱熹等理学家那里，其实也是自然而然的观点，否则道学运动便失去正当性了。理学家们的目的，除了个体的修身以外，实在是要为现实政治确立至上的道义法则及其至善的道德标准。这一听起来同样是"天经地义"的观点，却遭到了陈亮的严重质疑。于是，如正文中所分析的，就有了一个"历史主义者"与"道德本质主义者"之间不可沟通的对话或争论。我同样想要强调的是，尽管历史上几乎所有的研究者都左祖朱熹，但陈亮的学术关切维度及其所表达的关于人的存在完整性的思考，作为一种根本的学术特质，其实是不可忽视的。

"宋学"建构的第二面向，是经典重构。大家都晓得，这就是"四书"作为经典文本体系的建立。以传为经，确乎便是"宋学"的一种特色，也是它与"汉学"的根本区分。天道与人性在本原意义上的存在同一性，给人们展开了一个极为宏大的以"圣人之道"为核心的精神世界。在这一世界中，人达成了充分的、自主的自由，人实现了其本身的全部德性。不论学派如何众多，只要在"宋学"话语体系之下，这一基本面向是趋同的。恐怕也缘于此，陈亮的学说与观点不再被人重视，事实上成了"宋学"大背景之下的"别派"。推原浙学数家（金华学派、永康学派、永嘉学派）的共性，实不在于"功利"或"事功"，而在于把人的存在还原为历史的存在。人是历史的主体，历史因人的活动而得以绵延，人的存在价值也因其活动而得以体现，所以唯人能彰显天地之道，因为人本来就是"天地之心"。与这种重视人的现实存在的观念相关，浙学数家在存在的本原理念上，大抵皆与陆氏"心学"更能凑泊。

为完成这本"浙学大家"丛书中的陈亮卷，我请我的学生韩书安博士协助，以原先的《陈亮评传》为基础，删繁就简，使篇幅与内容合乎丛书的要求。我在前面加了一篇导论性质的文字，又通读全文，在行文上多有改动，部分地方则重新表述。此外，我对全书的所有引文重加核对，尽可能利用现代标点本，注明页码，以便于读者阅读时重审。

最后，我要向浙江省文史研究馆，特别是姜玉峰馆长表示感谢！向为本书的编辑、出版付出心血的所有人员表示感谢！当然，本书中的所有学术观点，不论正确与否，皆由作者本人负责。

是为记。

董平

2025 年初

于浙江大学哲学学院